Lenfers    Alkohol am Arbeitsplatz

.

Henner Lenfers

# Alkohol am Arbeitsplatz

## Entscheidungshilfen für Führungskräfte

Zweite, neubearbeitete Auflage

Luchterhand

Die Deutsche Bibliothek – CIP-Einheitsaufnahme

**Lenfers, Henner:**
Alkohol am Arbeitsplatz : Entscheidungshilfen für Führungskräfte / Henner Lenfers. –
2., neubearb. Aufl. – Neuwied ; Kriftel ; Berlin : Luchterhand, 1993
    ISBN 3-472-01654-X

© 1993 by Hermann Luchterhand Verlag GmbH & Co KG, Neuwied · Kriftel · Berlin
Das Werk einschließlich aller seiner Teile ist urheberrechtlich geschützt. Jede Verwer-
tung außerhalb der engeren Grenzen des Urheberrechtsgesetzes ist ohne Zustimmung
des Verlages unzulässig und strafbar. Das gilt insbesondere für Vervielfältigungen,
Übersetzungen, Mikroverfilmungen und die Einspeicherung und Verarbeitung in elek-
tronischen Systemen.
Umschlaggestaltung: Reckels/Schneider-Reckels/Weber, Wiesbaden
Satz: LibroSatz, Kriftel
Druck und Bindung: Wilhelm & Adam, Heusenstamm
Printed in Germany, Oktober 1993

# Vorwort zur zweiten, neubearbeiteten Auflage

Fünf Jahre war die Veröffentlichung ›Das ungebremste Risiko – Alkohol und Mitarbeiter‹ eine Praxishilfe für Vorgesetzte am Markt – fünf Jahre, die unserer Gesellschaft und unserer Volkswirtschaft auch das Jahrhundertereignis der Wiedervereinigung gebracht haben, damit aber gleichzeitig auch eine neue Dimension dieses Themas mit langer Tradition: Alkohol in der Arbeitswelt.

Zur Bundesrepublik Deutschland gehören inzwischen fünf neue Bundesländer. Über den Alkoholkonsum der dort lebenden Bevölkerung war früher mangels statistischer Erhebungen oder deren Veröffentlichung wenig bekannt. Inzwischen liegen aber Zahlen vor.

Die Konjunktur hat sich negativ verändert und die Arbeitslosigkeit ist stark gestiegen.

Im Rahmen der Überarbeitung des Buches zur Neuauflage mußten die sich daraus ergebenden veränderten Daten und Fakten berücksichtigt werden.

Die Aktualität des Alkoholproblems im Arbeitsleben hat sich – soviel sei hier schon bemerkt – leider inzwischen nicht verändert. Der Alkoholverbrauch pro Kopf ist weiter gestiegen: Obwohl einerseits immer mehr Menschen immer weniger trinken, bedeutet das andererseits, daß immer weniger Menschen immer mehr trinken – und das auch in der Arbeitswelt. Mehr als 12 Liter reinen Alkohol pro Jahr konsumiert statistisch jeder Deutsche – vom Neugeborenen bis zum Greis!

Arbeitszeitverkürzungen, Rezessionen, Leistungsdruck, Arbeitsplatzgefahr sind vermeintliche Auslöser zur Flucht in die Droge Alkohol.

Es gibt aber auch erfreuliches zu berichten: Gewerkschaften und Betriebsräte haben sich auf die Suche

V

nach gemeinsamen Lösungen mit den Arbeitgebern begeben und immer häufiger Betriebsvereinbarungen abgeschlossen, die von gegenseitigem Nutzen getragen sind.

Die 2. Auflage hat zum Ziel, den Gebrauchswert des Buches für den Praktiker im Unternehmen noch weiter zu verbessern. Neben einer neu gestalteten Gliederung wurden mit einem Schnellfindex die Gebrauchsanleitungen für Vorgesetzte zu den wichtigsten Fragen dem Buch vorangestellt. Zahlreiche Tabellen und *Eine-Seite-Entscheidungshilfen für Vorgesetzte* erleichtern die Nutzung des Buches.

Für die Neuauflage stand mir wieder die Hilfe des kompetenten und sehr erfahrenen Personalleiters Heinrich Zarnekow sowie meines Geschäftsführungspartners Dr. Albert Siepe zur Verfügung. Dank schulde ich auch meinen Mitarbeiterinnen und Mitarbeitern in der Trainer-Föderation.

Ich hoffe, daß es unserer gemeinsamen Arbeit gelungen ist, eine aktualisierte und für die praktische Arbeit nochmals verbesserte Fassung des Buches vorzulegen, die sowohl den anspruchsvollen Praktiker wie den interessierten Leser befriedigt.

Hildesheim, Herbst 1993        Henner Lenfers

# Vorwort zur ersten Auflage

In der langen Zeit meiner Arbeit als Management-Trainer stand immer ein Themenwunsch meiner Seminarteilnehmer im Vordergrund:

Die Führungsproblematik beim Alkoholkonsum am Arbeitsplatz.

So steht das dringende Bedürfnis der Vorgesetzten nach einer Regelung der Reaktion der Verharmlosung und des Ignorierens großer Teile der Bevölkerung gegenüber.

Deswegen ist dieses Buch für die geschrieben, die Führungsaufgaben wahrzunehmen haben; es gibt ihnen Hilfe:

a) als Führungskraft der Anforderung ›Problem Alkohol‹ gerecht zu werden, und
b) für sich selbst das Problem kontrollierbar zu haben.

Sie werden in dieser Unterlage viele Check-Listen, Gesprächsleitfäden, aber auch Selbsttests und vergleichbare Hilfen finden. Es ist deshalb eine Empfehlung an Sie, lieber Leser, dieses Buch als Arbeits- und Handbuch zu nutzen.

Der Inhalt beschäftigt sich damit, gefährdeten Mitarbeitern zu helfen, sich immer wieder noch einmal einzulassen, um dem Mitarbeiter seinetwegen und zum Nutzen des Unternehmens zu helfen; denn oftmals sind gerade Fachkräfte betroffen, die unter einem besonderen Arbeits- und Verantwortungsdruck stehen.

Das Potential, das in alkoholgefährdeten Mitarbeitern steckt, ist für die Unternehmen so groß, daß es sich lohnt, darin zu investieren – gefährdete Mitarbeiter dürfen dem Unternehmen nicht verlorengehen!

Alkohol am Arbeitsplatz gehört zu den vermeidbaren Risiken des Berufslebens. Krupp verbot bereits vor 150 Jahren das Trinken von Alkohol während der Arbeitszeit. Nicht ohne Grund!

Trotzdem ist die Suchtgefährdung durch Alkohol bis heute ungebrochen. Es ist ein brisantes Jahrhundertthema.

Zu Beginn der Recherchen schien es zunächst, als ob es am Arbeitsplatz kaum Alkohol und noch weniger Alkoholiker gäbe; dabei steht die Bundesrepublik Deutschland mit dem Pro-Kopf-Konsum an vierter Stelle der Weltrangliste.

Diesem Problem nahezukommen war unendlich schwierig; die Tabuisierung ist größer als bei allen anderen disziplinarischen Vergehen im Berufsleben. Damit ist Alkohol als Droge Nummer 1 im Arbeitsleben eine Krankheit der Lüge und des Verbergens.

Wenn doch so viele Unternehmen mitgeholfen haben, Licht in das Dunkel zu bringen, so bedanke ich mich an dieser Stelle dafür recht herzlich.

Insbesondere auch bei Heinrich Zarnekow, der mich mit seiner langen Erfahrung als Personalleiter unterstützt, mir mit unendlicher Akribie bei der Recherche geholfen und dieses Projekt stets so kritisch begleitet hat, daß nie der Praxisbezug verlorenging.

Dieses Buch wendet sich gleichermaßen an Frauen und Männer. Leider ist es nicht möglich, dies in der deutschen Sprache zum Ausdruck zu bringen, ohne den Sprach- und Lesefluß zu stören. Deshalb ist ›der Abhängige‹ auch ›die Abhängige‹, ›der Mitarbeiter‹ auch ›die Mitarbeiterin‹, ›der Partner‹ auch ›die Partnerin‹.

Aus Vereinfachungsgründen ist mit dem Begriff ›Betriebsrat‹ auch der ›Personalrat‹ des öffentlichen Dienstes gemeint.

Wenn von Betrieben und Unternehmen die Rede ist, so sind immer auch Betriebe, Unternehmen und Behörden des öffentlichen Dienstes angesprochen, deren Arbeiter, Angestellte und Beamte und damit der Personalrat.

Hildesheim, im Sommer 1988                    Henner Lenfers

# Inhaltsverzeichnis

5. Kapitel

**Arbeit und Alkohol**

6. Kapitel

**Keine Gründe für Alkohol im Betrieb**

7. Kapitel

**Einführung eines Alkoholverbots**

8. Kapitel

**Der gefährdete Mitarbeiter**

9. Kapitel

**Die Strategie des Helfens und Handelns**

# Schnellfindex für Praktiker

Diese Veröffentlichung hat **Handbuch-Charakter** und soll für den Praktiker **im betrieblichen Alltag** einen hohen Gebrauchswert besitzen. Deshalb ist das Buch in geschlossene, jeweils für sich selbst lesbare Kapitel aufgeteilt.

Eine **Schnell-Lesemöglichkeit** ergibt sich durch die Randtitel auf jeder Seite, die kurz den Inhalt des Abschnitts angeben.

Neben dem **Gesamtinhaltsverzeichnis** (Seite IX–XII) findet sich als erste Seite eines jeden Kapitels eine **Detailgliederung**.

Am Ende eines jeden Kapitels stehen zusammenfassende Checkpunkte ›**Entscheidungshilfen für Führungskräfte**‹.

Im Anhang finden Sie einen ausführlichen **Adressenteil** sowie eine Übersicht über **publizistische Angebote**.

In einem ausführlichen **Stichwortverzeichnis** sind zum schnellen Auffinden die Suchworte aufgelistet.

**Und so gehen Sie am günstigsten vor:**

Alternative 1:
Sie wollen sich ›**systematisch**‹ mit dem Thema *Alkohol am Arbeitsplatz* beschäftigen; dann lesen Sie die Beiträge in der Reihenfolge vom 1. bis zum 13. Kapitel.

Alternative 2:
Sie möchten sich mit **einzelnen Fragen** beschäftigen, z. B. *Was ist ›Alkoholkrankheit‹?* oder *Die Einführung eines Alkoholverbotes*, dann wählen Sie das entsprechende, jeweils in sich geschlossene Kapitel aus. Hierzu dient als Wegweiser der Vorspann: »Was ich schon immer mal zum Thema ›Alkohol‹ wissen wollte!«

Alternative 3:
Sie stehen vor einer **Detailaufgabe**, oder Sie suchen zu einem **Stichwort** die Meinung des Autors, dann nutzen Sie das *Stichwortverzeichnis* und lesen die jeweiligen Ausführungen unter den angegebenen Seiten nach.

Alternative 4:
Sie sind an den unterschiedlichen **Zielgruppen** interessiert, die in diesem Buch angesprochen werden: z. B. Führungskräfte, Angehörige, Betriebsräte, Politiker; dann wählen Sie das jeweilige Stichwort und Kapitel.

# Was ich schon immer einmal zum Thema ›Alkohol in der Arbeitswelt‹ fragen wollte . . .?

Seit dem Erscheinen der ersten Auflage (1988) haben wir in der TRAINERFÖRDERUNG in Vorträgen und Trainings diese vorgenannte Frage gestellt; aus über 10 000 Fragestellern sind das die 20 häufigsten Fragen gewesen:

1. **Woran erkenne ich überhaupt, ob jemand Alkoholprobleme hat?**
   Beispielsweise daran, daß derjenige während der Arbeitszeit Alkohol trinkt oder nach Arbeitspausen alkoholisiert ist.
   Lesen Sie dazu die Seiten 84–89 (5. Kap.)

2. **Ab wann ist eigentlich jemand Alkoholiker?**
   Beispielsweise dann, wenn er regelmäßig über den Kontrollverlust hinaus trinkt.
   Lesen Sie dazu die Seiten 29–40 (2. Kap.)

3. **Was tue ich, wenn mein Vorgesetzter Alkoholprobleme hat?**
   Beispielsweise mit ihm selbst, dem Betriebsarzt oder einem gemeinsamen Vertrauten sprechen.
   Lesen Sie dazu die Seiten 71–72 (4. Kap.)

4. **Wieviel Alkohol kann ich regelmäßig konsumieren, ohne mich zu gefährden?**
   Beispielsweise sind 60 g reiner Alkohol pro Tag bei Männern und 40 g bei Frauen eindeutig zuviel!
   Lesen Sie dazu die Seiten 47–49 (3. Kap.)

5. **Was mache ich, wenn ich einen Verdacht auf Alkoholmißbrauch bei einem Mitarbeiter habe?**
   Beispielsweise eine allgemeingehaltene präventive Informationsmaßnahme mit einem individuellen Gesprächsangebot.
   Lesen Sie dazu die Seiten 158–162 (9. Kap.)

6. **Was mache ich als Vorgesetzter, wenn mich Mitarbeiter auf ein Alkoholproblem eines anderen Mitarbeiters aufmerksam machen?**
   Beispielsweise eigene Beobachtungen machen und den Mitarbeiter damit konfrontieren.
   Lesen Sie dazu die Seiten 158–162 (9. Kap.)

7. **Wann darf ich als Vorgesetzter einen Verdacht auf Alkoholmißbrauch aussprechen?**
   Beispielsweise immer dann, wenn ich mir im Rahmen meiner Fürsorgepflicht Sorgen mache.
   Lesen Sie dazu die Seiten 90 f. (5. Kap.)

8. **Welche unterschiedlichen Alkohol-»Typen« gibt es?**
Beispielsweise ›Quartalssäufer‹, Spiegeltrinker, Gewohn-
heitstrinker, Konflikt- und Erleichterungstrinker ...
Lesen Sie dazu die Seiten 41–43 (2. Kap.)

9. **Was tue ich bei einem Alkoholproblem im Verwand-
ten- oder Freundeskreis?**
Beispielsweise den Angehörigen und dem Betroffenen
Hilfe anbieten.
Lesen Sie dazu die Seiten 63 f.

10. **Was ist die schnellste Hilfe bei einem Alkoholproblem?**
Beispielsweise das Behandlungsregime einer konzertierten Aktivität zwischen Angehörigen, dem Betrieb und
einer Rehabilitationseinrichtung.
Lesen Sie dazu die Seiten 73–75 (4. Kap.)

11. **Welche Möglichkeiten habe ich als Vorgesetzter zu
intervenieren?**
Beispielsweise einen konsequenten Leidensdruck aufzubauen.
Lesen Sie dazu die Seiten 171–172 (9. Kap.)

12. **Welche Ausnahmen von ›Ein Gläschen in Ehren ...‹
sind im Betrieb möglich?**
Beispielweise betriebliche Veranstaltungen außerhalb des
Betriebs und der Arbeitszeit, wenn für einen gesicherten
Rücktransport Sorge getragen ist.
Innerhalb des Betriebs: keine!
Lesen Sie dazu die Seiten 129–131 (7. Kap.)

13. **Wie ist die Handhabung bei der Bewirtung von Kun-
den und Gästen?**
Beispielsweise den Grundsatz gelten lassen: Nie mehr trin-
ken als der Kunde. Oder: Tagsüber grundsätzlich nichts!
Und wenn doch, dann außerhalb des Betriebs.
Lesen Sie dazu die Seiten 130–131 (7. Kap.)

14. **Wie spreche ich überhaupt einen Verdacht aus?**
Beispielsweise unter Verzicht auf Vorwürfe die Verhalten-
sänderungen direkt ansprechen und den Mitarbeiter zu
Erklärungen bringen; konkrete Gesprächshilfen anbieten
unter Verwendung von »Ich«-Aussagen: *Ich mache mir
Sorgen ...*
Lesen Sie dazu die Seiten 158–162 (9. Kap.)

15. **Was heißt »Co-Alkoholismus«?**
Beispielsweise, daß ich einen »entdeckten« Alkoholiker
abschirme und damit zu seinem »Kompagnon« werde.
Lesen Sie dazu die Seiten 135–139 (8. Kap.)

**16. Wie kann sich ein Alkoholiker selbst helfen?**
Beispielsweise dadurch, daß er sich rechtzeitig und freiwillig einer Selbsthilfegruppe anschließt.
Lesen Sie dazu die Seiten 234 f. (12. Kap.)

**17. Welche ›nichtöffentlichen‹ Rehabilitationsmaßnahmen gibt es?**
Beispielsweise eine Kurzzeittherapie in einer Privatklinik während des Jahresurlaubs.
Lesen Sie dazu die Seiten 235 f. (12. Kap.)

**18. Was halten Sie von einem absoluten Alkoholverbot im Betrieb?**
Beispielsweise in Betrieben mit riskanten, sicherheitsgefährdeten Arbeitsplätzen ist es zwingend notwendig.
Lesen Sie dazu die Seiten 210–211 (11. Kap.)

**19. Was kann mir als Vorgesetztem passieren, wenn ein alkoholisierter Mitarbeiter verunglückt?**
Beispielsweise strafrechtliche Konsequenzen, wenn Sie einen Mitarbeiter gefährliche Arbeiten verrichten lassen.
Lesen Sie dazu die Seiten 92–93 (5. Kap.)

**20. Was mache ich mit einem Mitarbeiter, der betrunken ist und selbst noch Auto fahren will?**
Beispielsweise ihm die Autoschlüssel abnehmen und selbst für einen sicheren Heimtransport sorgen.
Lesen Sie dazu die Seiten 96–99 (5. Kap.)

# Von der Toleranz zum Tabu

## Was ist eigentlich Alkohol?

In der Natur kommen Alkohole fast durchweg als Bestandteile von Estern (Fette, ätherische Öle, Wachse) vor. Äthanol, der bekannte Trinkalkohol, ist das Endprodukt der alkoholischen Gärung von Traubenzucker durch Hefe-Enzyme. Äthanol ist ein seit dem Altertum weit verbreitetes Genußmittel, das zwar in geringen Mengen (0,1–0,5 Promille) zur Reflexsteigerung führt, dann aber sehr stark die Empfindlichkeit der Sinne herabsetzt.

## Freund oder Feind?

*Genußmittel? Energieträger? Medikament? Rauschmittel? Gift?*

Zu jedem dieser 5 Gesichtspunkte ließen sich lange Abhandlungen schreiben. Das ist aber nicht Aufgabe dieses Buches. Soviel sei angemerkt: Als Genußmittel angeboten und zur Verschönerung besonderer Anlässe in Maßen getrunken, spielt der Alkohol eine große Rolle. Dagegen ist nichts einzuwenden.

*Genußmittel*

Wer aber alkoholische Getränke bewußt dazu einsetzt, um einen Rausch zu erhalten, betreibt bereits Mißbrauch; er setzt sich der Gefahr aus, daß er – zumindest vorübergehend – nicht in der Lage ist, sich vernunftgemäß zu steuern. Aus dem 16. Jahrhundert, von PARACELSUS, stammt der Merksatz, daß die Menge das Gift macht. Ein Beispiel: geringe Mengen Alkohol regen die Atmung an, bei extremen Mengen erfolgt eine Atemlähmung.

*Mißbrauch*

Jeder macht seine eigenen Erfahrungen mit dem Alkohol. Jeder hat es in der Hand zu entscheiden, ob Alkohol sein Freund oder sein Feind wird.

An Aufklärungskampagnen über den Alkoholmißbrauch fehlt es nicht. Und Negativ-Beispiele dafür, daß durch Alkoholmißbrauch Personen, Existenzen, Familien, Unternehmen zerstört oder stark in Mitleidenschaft gezogen wurden, sind überall zu finden.

Es ist also gut, sich der Gefahren, die in einer mißbräuchlichen Anwendung des Alkohols liegen, bewußt zu sein.

Das gilt übrigens nicht nur für den Alkohol, sondern für alles, was wir essen und genießen. Zur richtigen Zeit im richtigen Maß genossen, kann Alkohol sogar medizinische Wirkung haben. Der Bogen ist also weit gespannt:

Genußmittel! Energieträger! Medikament! Rauschmittel! Gift!

## Tradition von Rauschmitteln

*Kulturen der Welt*

In den verschiedenen Kulturen der Welt werden von den Menschen unterschiedliche Rauschmittel gebraucht und toleriert. Maßgebend für die Toleranz einer Droge ist dabei weniger deren Gefährlichkeit oder Harmlosigkeit, sondern die Herkunft, die Tradition in der jeweiligen Kultur. Die oft jahrtausend alte Tradition bewirkt eine gewisse Verhaltenssicherheit im Umgang mit der tolerierten Droge.

Aber auch eine noch so alte Tradition kann nicht dafür einstehen, daß der Einzelne im Umgang mit dem erlaubten Rauschmittel keinen Schaden nimmt. Erfaßt werden davon große Bevölkerungsteile, so daß sich ernste Gefahren für die Volksgesundheit einstellen.

So gibt es heute weltweit gravierend unterschiedliche Einstellungen zum Alkohol[1]:

*Abstinenz-kulturen*

1. die Abstinenzkulturen,
   in denen ist der Alkoholgenuß verboten, z. B. in den Einflußbereichen der islamischen und der hinduistischen Religionen.

*Ambivalenz-kulturen*

2. die Ambivalenzkulturen,
   hier stoßen eine puritanische Grundeinstellung auf

---

1 Feuerlein, W.: Alkoholismus – Mißbrauch und Abhängigkeit, Entstehung, Folgen, Therapie; Stuttgart 1984.

4

eine öffentliche Erlaubnis des Konsums; der Alkoholkonsum in der Öffentlichkeit[2] tritt zurück gegenüber dem Verbrauch im kleinen Kreis, z. B. in Großbritannien, in den USA und in Skandinavien.

Auffallend ist übrigens, daß hier der Genuß von hochprozentigem Alkohol vorherrscht.

3. die Permissiv(»Erlaubnis«)-kulturen,
   der Alkoholgenuß ist erlaubt, öffentliche Trunkenheit und damit auftretende Ausfallerscheinungen des Alkoholkonsums werden abgelehnt. Ein Beispiel: die Mittelmeerländer. Dort wird vorwiegend Wein und Bier konsumiert. Nach den dort herrschenden Trinksitten trinkt fast die gesamte Bevölkerung Alkohol, allerdings nur in kleineren Mengen; der Genuß ist auf bestimmte Situationen beschränkt, besonders auf die Mahlzeiten. Die Bevölkerung ist an einen begrenzten Alkoholkonsum gewöhnt, Exzesse sind tabuisiert.

   *Permissiv (»Erlaubnis«)kulturen*

4. die funktionsgestörten Kulturen,
   das sind solche, die den Alkoholkonsum in weitem Umfang (also einschließlich der Exzesse) tolerieren. Sie existieren zwar in einer so deutlichen Ausprägung nirgends, kommen aber in gemäßigter Form in manchen Ländern vor; dazu zählen z. B. Deutschland, Frankreich, Österreich und die Schweiz.

   *funktionsgestörte Kulturen*

> **Die deutschen Trinkgewohnheiten am Arbeitsplatz sind im weltweiten Vergleich ganz sicher als ›funktionsgestört‹ zu bezeichnen.**

## Nationale Alkoholverbote

Wenn dem so ist, sollte man dann nicht die in unserem Kulturkreis erlaubte Droge Alkohol, die – durch wel-

---

2 In vielen Staaten der USA zum Beispiel dürfen alkoholische Getränke nicht auf öffentlichen Plätzen getrunken werden; deshalb auch immer die obligatorische Papiertüte um die Flasche oder Bierdose.

5

ches Mißbrauchsverhalten auch immer – unzähligen Menschen bereits zum Verhängnis wurde, einfach verbieten?

In Mitteleuropa hat es ein absolutes Alkoholverbot nie gegeben. Die skandinavischen Länder und Island haben ein Alkoholverbot versucht, sind damit jedoch bereits in der Anfangszeit zum Teil unter ökonomischem Druck, zum Teil wegen nicht ausreichender parlamentarischer Mehrheiten gescheitert. Island mußte beispielsweise sein Wareneinfuhrverbot aufheben, weil es durch die im Gegenzug verweigerte Fischabnahme Pressionen ausgesetzt war.

Allerdings sind in einigen skandinavischen Ländern Teile von Rationalisierungssystemen, die in Zusammenhang mit einer Einschränkung des Alkoholkonsums eingeführt wurden, noch heute erhalten.

*Prohibition* In den USA wurde 1920 der VOLSTEAD ACT ratifiziert, ein Zusatzartikel zur amerikanischen Verfassung, der in Europa unter dem Namen PROHIBITION von sich reden machte; sie dauerte immerhin bis zum Dezember 1933. Die Amerikaner mußten die Erfahrung machen, daß die psychologische Wirkung der Mangelsituation mit den daraus entspringenden Konsumwünschen der Bevölkerung den Verbotsgegenstand unangemessen im Wert steigen ließ. Das begünstigte den Bruch der bestehenden Gesetze und machte Verstöße – insbesondere im Zusammenhang mit Alkoholschmuggel und heimlichem Verkauf – in der Bevölkerung zum Kavaliersdelikt.

Darüber hinaus hatte das Alkoholverbot in den USA zur Folge, daß an seinen Grenzen eine starke Alkoholindustrie aufgebaut wurde, aus der sich zum Teil auch heute noch die starke Stellung Kanadas in der Whisky-Produktion erklärt.

*Kriminalität* Neben der Schmuggelsituation machten die Amerikaner die Erfahrung, daß die Kriminalität in erschreckendem Maße zunahm. Das führte dazu, daß die staatlichen Organe schließlich mit dem Problem nicht mehr fertig wurden. Die Aufhebung der Prohibition war die Folge.

Ein generelles nationales Verbot der Alkoholproduktion bzw. des Alkoholkonsums bringt nicht den ge-

6

wünschten Erfolg. Deshalb gilt es, den richtigen Umgang mit Alkohol in den Griff zu bekommen.

## Die Nachkriegs-Entwicklung

Wie hat sich nun in unserer jüngsten Vergangenheit das Verhältnis der Bevölkerung zum Alkohol entwickelt?

Die Folgen des Zweiten Weltkrieges ließen die Bedürfnisse der Menschen wieder auf die unteren Stufen der Maslowschen Bedürfnishierarchie sinken.

Der amerikanische Psychologe A. H. MASLOW bietet eine Beschreibung der grundlegenden Bedürfnisse des Menschen, allgemein bekannt in der Form der MASLOW-PYRAMIDE. Er liefert damit ein Konzept zur Operationalisierung der Bedürfnisse, eine Motivationstheorie:

*Grundlegende Bedürfnisse*

In den meisten Fällen hatten die Menschen nach Kriegsende weder ausreichenden Wohnraum noch Kleidung oder Nahrung.

Die Deckung dieser Bedürfnisse war für den größten Teil der Bevölkerung die Hauptsorge der ersten Nachkriegsjahre.

Auch der Alkohol begann schnell wieder eine Rolle zu spielen. Privat gebrannter Schnaps war ein begehrter Schwarzmarktartikel. Daß die Destillate nicht sauber waren und häufig gesundheitliche Schäden hervorriefen, wurde in Kauf genommen.

*Schwarzmarkt*

Die täglich lebensbedrohenden Situationen des Krieges waren schließlich vorbei, man wollte fröhlich sein und auch mal vergessen. Die Bereitschaft, jeden Anlaß ausgeprägt zu feiern, war bei der Kriegsgeneration noch bis weit in die fünfziger Jahre hinein deutlich vorhanden.

Die Motorisierung der Bevölkerung setzte erst zögernd ein, so daß der Alkohol im Straßenverkehr zunächst noch keine beachtenswerte Rolle spielte. Zwischenfälle aufgrund von Alkoholgenuß wurden als Kavaliersdelikte registriert.

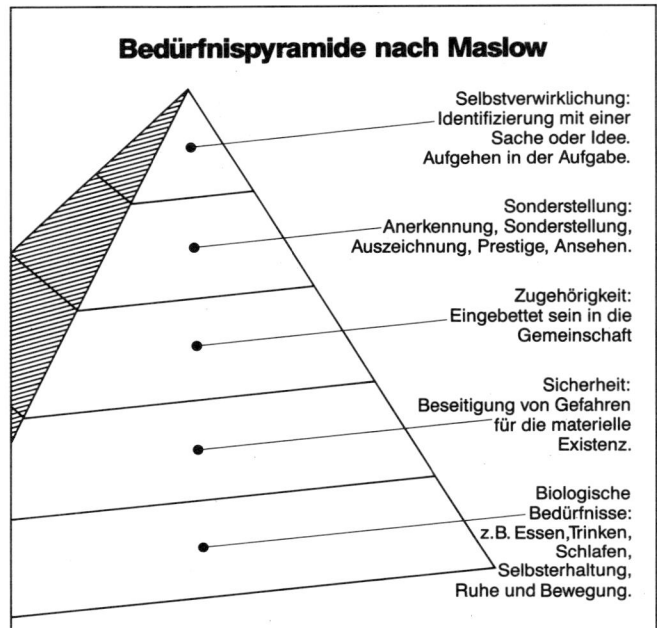

**Abb. 1:** Bedürfnispyramide nach Maslow

## Folgen der Motorisierung im Straßenverkehr

Mit der verstärkten Motorisierung und den steigenden alkoholbedingten Unfällen im Straßenverkehr ergab sich die Notwendigkeit, einen Orientierungsrahmen für die Grenzen der Fahrtüchtigkeit nach dem Genuß von Alkohol festzulegen. Eine konkrete gesetzliche Bestimmung hierzu existierte anfangs nicht. Dieser Freiraum wurde durch die Rechtsprechung dann ausgefüllt.

*1,5 Promille*  Danach pendelte sich die Alkoholgrenze für die ›Fahruntüchtigkeit‹ auf 1,5 Promille Alkohol im Blut ein.

*1,1 Promille*  Inzwischen liegt aufgrund der Rechtsprechung zu § 316 Strafgesetzbuch (StGB) die Grenze der Fahruntüchtigkeit bereits bei 1,1 Promille. Dabei ist es unerheblich, ob jemand als fahruntüchtig aufgefallen ist, an einem Unfall beteiligt war oder der Promille-Gehalt bei einer Routine-Kontrolle festgestellt wurde.

8

Wer 1,1 Promille oder mehr Alkohol im Blut hat, wird als
aktiver motorisierter Verkehrsteilnehmer nach diesem
Paragraphen wegen eines Vergehens bestraft.

Die Bestimmung lautet:

*§ 316 StGB Trunkenheit im Verkehr*          *Strafgesetzbuch*

*(1) Wer im Verkehr (§§ 315 bis 315d) ein Fahrzeug
führt, obwohl er infolge des Genusses alkoholischer
Getränke oder anderer berauschender Mittel nicht
in der Lage ist, das Fahrzeug sicher zu führen, wird
mit Freiheitsstrafe bis zu einem Jahr oder mit Geldstrafe bestraft, wenn die Tat nicht in § 315a oder
§ 315c mit Strafe bedroht ist.*

*(2) Nach Absatz 1 wird auch bestraft, wer die Tat fahr-
lässig begeht.*

**Liegt der festgestellte Anteil unter 1,1 Promille, sind
aber Beweisanzeichen für die Fahruntüchtigkeit
vorhanden (Schlangenlinien, Überfahren von Ver-
kehrssignalen und dergleichen), kann ein Verkehrsteilnehmer auch schon mit sehr viel geringerem
Promille-Satz wegen eines Vergehens bestraft werden.**

In diesem Zusammenhang ist auch die sogenannte »Kon-
kretgefährdung« gem. § 315c StGB von Bedeutung:

*§ 315c StGB. Gefährdung des Straßenverkehrs.*

*(1) Wer im Straßenverkehr*
 *1. ein Fahrzeug führt, obwohl er*
   *a) infolge des Genusses alkoholischer Getränke
   oder anderer berauschender Mittel oder*

   *b) . . .*
   *nicht in der Lage ist, das Fahrzeug sicher zu
   führen, oder*

 *2. . . .*
   *und dadurch Leib oder Leben eines anderen oder
   fremde Sachen von bedeutendem Wert gefährdet,
   wird mit Freiheitsstrafe bis zu fünf Jahren oder
   mit Geldstrafe bestraft.*

9

*(2) In den Fällen des Absatzes 1 Nr. 1 ist der Versuch strafbar.*

*(3) Wer in den Fällen des Absatzes 1*
*1. die Gefahr fahrlässig verursacht oder*
*2. fahrlässig handelt und die Gefahr fahrlässig verursacht, wird mit Freiheitsstrafe bis zu zwei Jahren oder mit Geldstrafe bestraft.*

*0,8 Promille*

**Mit der Neufassung des Straßenverkehrgesetzes (StVG) ist 1973 die Bestimmung in Kraft getreten, nach der der Grenzwert für aktive Teilnehmer im motorisierten Straßenverkehr auf 0,8 Promille begrenzt wird:**

*Straßenver-*
*kehrsgesetz*

*§ 24a StVG (0,8 Promille-Grenze)*

*(1) Ordnungswidrig handelt, wer im Straßenverkehr ein Kraftfahrzeug führt, obwohl er 0,8 Promille oder mehr Alkohol im Blut oder eine Alkoholmenge im Körper hat, die zu einer solchen Blutalkoholkonzentration führt.*

*(2) Ordnungswidrig handelt auch, wer die Tat fahrlässig begeht.*

*(3) Die Ordnungswidrigkeit kann mit einer Geldbuße bis zu dreitausend Deutsche Mark geahndet werden.*

Werden bei einem Verkehrsteilnehmer Promille-Werte von 0,8 oder mehr festgestellt, begeht er damit eine Ordnungswidrigkeit und wird mit einem Bußgeld belegt.

*Regelsätze*

**Die Regelsätze für fahrlässige Verstöße gegen § 24a StVG sind**

**1. Verstoß:  500 DM und 1 Monat Fahrverbot**
**2. Verstoß: 1000 DM und 3 Monate Fahrverbot**
**3. Verstoß: 1500 DM und 3 Monate Fahrverbot.**

Die Rechtsprechung zu § 316 Strafgesetzbuch (StGB), wonach bei mehr als 1,1 Promille Alkohol im Blut Fahruntüchtigkeit[3] angenommen wird, bleibt daneben bestehen.

---

3 Bei Radfahrern 1,7 Promille: BGH(4StR 543/85 vom 17. 7. 86), wobei mittlerweile verschiedene OLG-Entscheidungen vorliegen, die zu niedrigeren Werten tendieren.

Ebenso:

*§ 323a StGB Vollrausch*

*(1) Wer sich vorsätzlich oder fahrlässig durch alkoho-
lische Getränke oder andere berauschende Mittel
in einen Rausch versetzt, wird mit Freiheitsstrafe
bis zu fünf Jahren oder mit Geldstrafe bestraft,
wenn er in diesem Zustand eine rechtswidrige Tat
begeht und ihretwegen nicht bestraft werden kann,
weil er infolge des Rausches schuldunfähig war
oder weil dies nicht auszuschließen ist.*

*(2) ...*

*(3) ...*

Daß auch die sogenannte ›Verkehrssünderkartei‹ in
Flensburg mit entsprechenden Punkten dabei ist, sei
hier nur am Rande erwähnt. Diese beschäftigt Führungskräfte allerdings noch einmal bei der Personalauswahl (8. Kapitel, Seite 143f.).

*Verkehrssünder-
kartei*

## Sinneswandel in der Bevölkerung

Ganz allmählich stellte sich in der Bevölkerung ein Um-
denkungsprozeß ein. Die Autofahrer brüsteten sich
nicht mehr mit Alkoholfahrten, bei denen sie nicht mehr
wußten, wie sie mit ihrem Fahrzeug von einem Ort zum
anderen gekommen waren. Bei Trinkanlässen wurde zur
Heimfahrt immer häufiger das Taxi genommen.

Als Autofahrer kann man jetzt angebotenen Alkohol
ablehnen, ohne unangemessen bedrängt zu werden.
Schließlich ist in unserer motorisierten Gesellschaft jeder auf seinen Führerschein angewiesen. Wer ihn zudem
noch aus beruflichem Anlaß benötigt, ist schon deswegen zu besonderer Vorsicht verpflichtet.

Dies alles bewirkte eine Veränderung, zumal Unfälle unter Alkoholeinwirkung als kriminelle Handlungen gelten und mildernde Umstände nicht eingeräumt werden.

*Kriminelle
Handlungen*

> **Lautete die Überschrift bis hier ›Von der Tole-
> ranz zum Tabu‹, wird sie jetzt inhaltlich in Frage
> gestellt: ›Von dem Tabu zur Toleranz?‹**

11

# Vom Tabu zur Toleranz?

### Sieht das die Bevölkerung genauso?

*Umfrage 1987* Die Zeitschrift BUNTE sorgte im Sommer 1987 für Aufregung. Sie beauftragte im Rahmen einer Mehrthemenumfrage das SAMPLE-INSTITUT durch eine Repräsentativ-Befragung[1] das Trinkverhalten der Deutschen bei Alkohol und Autofahren zu ermitteln.

Die Ergebnisse sind überraschend,

Frage: **»Wenn Sie einmal an Ihre Freunde, Bekannten und Kollegen denken, die einen Führerschein besitzen, was würden Sie schätzen, wie viele von ihnen haben dieses Jahr[2] ein Auto gesteuert, obwohl sie mehr Alkohol getrunken hatten, als gestattet ist (0,8 Promille)?«**

Nur für ein Drittel der Freunde, Bekannten und Kollegen konnte das ausgeschlossen werden, während die Antworten sonst reichten von ›so gut wie alle‹ (= 4%) bis zu immerhin noch ›weniger als ein Viertel‹ (= 35%).

So lautete denn auch konsequenterweise die nächste Frage:

**»Und wie ist das bei Ihnen? Wenn Sie einmal ganz ehrlich sind: wie häufig haben Sie . . . ein Auto gesteuert, obwohl Sie mehr getrunken hatten, als gestattet ist?«**

*Ergebnisse* 17% der repräsentativ Befragten (ab 18 Jahre, mit einer gültigen Fahrerlaubnis für einen PKW) gaben zu, daß sie mindestens einmal in den ersten 6 Monaten des Jahres 1987 mit zu viel Alkohol im Blut gefahren sind. Und 1% der befragten Männer gab zu, mehr als 10 mal in 6 Monaten mit mehr Alkohol als gestattet gefahren zu sein.[3]

---

1 Die gleiche Untersuchung ergab, daß von den Befragten, die eine gültige Fahrerlaubnis für einen PKW besitzen, nur 9% ›nie alkoholische Getränke trinken‹ (12% Frauen, 8% Männer).
2 Das waren die ersten 6 Monate.
3 Die Problematik der alkoholbedingten Wegeunfälle, der Häufigkeit und der damit verursachten Kosten lesen Sie bitte im 13. Kapitel, Seite 251, ›Kritik an der Berufsgenossenschaft‹.

Von den Verkehrsunfällen 1991[4] ereigneten sich 10,8%
(= 41 603) unter Alkoholeinfluß;[5] bei diesen Unfällen
verunglückten 58 609 Personen.

Damit sind Verkehrsunfälle mit Alkoholeinfluß an den
Gesamtverkehrsunfällen 1991 zwar ›nur‹ mit 10,8% beteiligt, hatten jedoch 16,3% der Schwerverletzten und
19,7% der getöteten Personen zur Folge.

Das macht hoffentlich deutlich, wieviel schwerer die
Unfallfolgen bei Alkoholeinwirkung sind.

*Unfallfolgen
bei Alkohol-
einwirkung*

An dieser Stelle sei angemerkt, daß von allen Verkehrs-
teilnehmern – prozentual gesehen – die Gruppen der
Mopedfahrer und Fußgänger besonders gefährdet sind.

Auf eine weitere Problematik sei hingewiesen:

## Trinkende Fahrer und fahrende Trinker

»Auf den Straßen der Bundesrepublik sind Hundert-
tausende von Alkoholikern regelmäßig in ihren Autos
unterwegs.«[6]

Alkoholiker fahren mit jährlich etwa 20 000 Kilometern
mindestens genauso viel wie andere Autofahrer. Sie
sind jedoch weitaus häufiger in Unfälle verwickelt. Jeder dritte Alkoholiker (aber immerhin auch jeder achte
andere Autofahrer) glaubt, daß er selbst nach 10 kleinen
Bieren noch fahrtüchtig ist.

Die von den Wissenschaftlern untersuchte Gruppe
macht pro Jahr im Durchschnitt etwa 70 Trunkenheitsfahrten; der gleichen Quelle zufolge werden jährlich
schätzungsweise 120 Millionen Trunkenheitsfahrten in
der Bundesrepublik unternommen, von denen die Poli-

*70 Trunkenheits-
fahrten pro Jahr*

---

4 STATISTISCHES BUNDESAMT.
5 Mindestens 1 Beteiligter war alkoholisiert.
6 Aus: Studie ›Alkoholiker als Kraftfahrer‹, Untersuchungsstelle
   für Verkehrstauglichkeit an der Universität des Saarlandes in
   Homburg, Arno MÜLLER, Cornelia WEILER. Aus Hildesheimer
   Allgemeine Zeitung: 11. November 1987.

zei lediglich 200 000 (jede 600.) feststellt. In jedem dritten Fall sitzt der Fahrer mit über 2,0 Promille am Steuer!

Nach einer anderen Pressemitteilung wird etwa jeder 500. alkoholisierte Autofahrer erwischt. Das macht deutlich, welches Problem hier vorhanden ist. Dabei muß davon ausgegangen werden, daß auch in den unteren Promillewerten, die die gesetzlich festgelegten Grenzen der Fahruntüchtigkeit nicht überschreiten, Reaktionsveränderungen erfolgen, Hemmungen abgebaut werden. Fahrer mit einem Alkoholgehalt von 0,4 bis 0,8 Promille fahren ›besonders rasant und flüssig‹.

Der Gesetzgeber ist aufgrund dieser Entwicklung im Straßenverkehr immer wieder gezwungen, die Toleranzgrenzen für den Blutalkohol-Gehalt zu überprüfen und ständig weiter herabzusetzen. Die gegenwärtig laufenden Bestrebungen werden mit Sicherheit eine weitere Reduzierung der zur Zeit gültigen Alkohol-Toleranzgrenze ergeben. Dabei erscheint auch die Frage nicht unangemessen, ob – wie in vielen Ländern – das absolute Alkoholverbot für Teilnehmer am motorisierten Straßenverkehr nicht die sauberste Lösung ist.

*Null-Promille im Straßenverkehr*

> **Und das ist gleichzeitig die Forderung:**
> **Null-Promille im Straßenverkehr**

## Die vertane Chance

In dem Gebiet der früheren DDR galt für Teilnehmer am motorisierten Straßenverkehr ein **absolutes Alkoholverbot**. Nach dem Einigungsvertrag blieb diese Bestimmung bis zu einer neuen gesetzlichen Regelung, längstens jedoch bis Ende 1992 erhalten.

Damit haben wir die große Chance vertan, für das gesamte Gebiet des vereinigten Deutschland eine neue Regelung zu finden. Am besten wäre es natürlich gewesen, man hätte die bewährte *Null-Promille-Regelung* der neuen Bundesländer für alle Bundesländer übernommen.

14

Unsere Politiker haben aber innerhalb von drei Jahren kein entsprechendes Gesetz zustande gebracht! Es gab zwar vereinzelte Initiativen, den in den alten Bundesländern gültigen Grenzwert von 0,8 Promille auf 0,5 Promille für Gesamtdeutschland festzusetzen. Aber nicht einmal das haben die Verantwortlichen realisiert.

Statt dessen ist mit dem Ablauf des Jahres 1992 auch in den neuen Bundesländern der Grenzwert von 0,8 Promille sowie die sonstigen Bestimmungen über Alkohol im Straßenverkehr, wie sie bisher schon in den alten Bundesländern galten, in Kraft getreten. Die Folge ist ein deutliches Ansteigen der Alkohol-Unfall-Statistik im Straßenverkehr in den neuen Bundesländern. Und das mit all den negativen Folgen für Leben und Gesundheit bei den Betroffenen.

Hier haben unsere Politiker eindeutig versagt, die offenbar die Interessen unserer Bevölkerung geringer achten als die Einwendungen bestimmter Interessenvertreter.

# Was trinken die Deutschen?

Die DEUTSCHE HAUPTSTELLE GEGEN SUCHTGEFAH-
REN (DHS) hat in ihrem Jahrbuch 93 die Zahlen über die
Entwicklung des Getränkeverbrauchs in der Bundesrepublik Deutschland und West-Berlin von 1950–1990
sowie einschließlich der neuen Bundesländer für 1991
veröffentlicht.

Getränkeverbrauch pro Kopf 1950–1991

Die Zahlen für 1990 wurden korrigiert, die Zahlen für 1991 sind vorläufig. Bis einschließlich 1990 beziehen sich die Angaben auf den Gebietsstand der Bundesrepublik Deutschland vor dem 3. 10. 1990; sie schließen Berlin (West) ein. ABL = Alte Bundesländer. NBL = Neue Bundesländer. D = ABL und NBL zusammen.

| Getränke | 1950 | 1960 | 1970 | 1980 | 1988 | 1989 | 1990 | 1991 ABL | 1991 NBL | 1991 D |
|---|---|---|---|---|---|---|---|---|---|---|
| Alkoholische Getränke | | | | | | | | | | |
| Bier | 36,5 | 95,3 | 141,1 | 145,9 | 143,1 | 142,7 | 142,7 | 142,7 | 142,7 | 142,7 |
| Wein | 4,7[1] | 10,8[1] | 15,3 | 21,4 | 20,8 | 21,2 | 21,2 | 22,5 | 12,5 | 20,5 |
| Sekt | | | 1,9 | 4,4 | 5,1 | 5,0 | 5,1 | 5,1 | 2,6 | 4,6 |
| Spirituosen | 2,5 | 4,9 | 6,8 | 8,0 | 6,3 | 6,2 | 6,2 | 6,2 | 12,9 | 7,5 |
| insgesamt | 42,8 | 111,0 | 165,1 | 179,7 | 175,3 | 175,1 | 176,0 | 176,5 | 170,7 | 175,3 |
| Reiner Alkohol* | 3,1 | 7,3 | 10,8 | 12,5 | 11,8 | 11,78 | 11,79 | 11,95 | 12,99 | 12,14 |
| Alkoholfreie Getränke | | | | | | | | | | |
| Erfrischungs-getränke[2] | 5,5 | 13,6 | 47,5 | 69,6 | 77,5 | 82,0 | 85,0 | 87,0 | 85,0 | 86,6 |
| Mineralwässer[3] | 4,8 | 13,0 | 14,4 | 41,4 | 74,1 | 81,8 | 85,0 | 88,0 | 31,5 | 77,5 |
| Fruchtsäfte | 1,9 | 6,6 | 9,9 | 19,4 | 33,9 | 36,4 | 39,6 | 42,0 | 18,1 | 37,0 |
| Trinkmilch | 110,0 | 88,1 | 80,3 | 73,3 | 80,0 | 79,7 | 79,7 | 79,1 | 80,6 | 79,4 |
| Bohnenkaffee | 19,2 | 94,1 | 116,2 | 158,8 | 188,2 | 190,5 | 186,3 | 183,4 | 166,1 | 180,0 |
| Ersatzkaffee | 105,5 | 52,2 | 16,6 | 8,9 | 8,4 | 8,8 | 8,7 | 8,5 | 7,6 | 8,3 |
| Tee[4] | 9,6 | 13,5 | 16,1 | 26,8 | 26,7 | 25,1 | 25,0 | 24,5 | 14,3 | 22,5 |
| insgesamt | 256,6 | 281,1 | 301,0 | 405,2 | 488,8 | 504,3 | 509,3 | 512,5 | 403,2 | 468,8 |

* Bier 4,4 Vol.-%; Wein/Sekt 12 Vol.-%; Spirituosen 38 Vol.-%.
1 1950 und 1960 Wein einschließlich Schaumwein
2 ohne Getränke aus Konzentraten, Sirup und Getränkepulver
3 einschließlich Heilwässer
4 bis 1950: 5 g/l; ab 1960: 9 g/l; ohne Kräutertee

*Quellen:* IFO-Institut, München, Verbände der Getränke-Industrie. Eigene Berechnungen.

**Abb. 2:** Verbrauch alkoholischer Getränke

*monatlich*
*1 Liter reiner*
*Alkohol*

Jeder ›Kopf‹ der Bundesrepublik konsumiert monatlich über 1 Liter reinen Alkohol.

8,346 Milliarden DM betragen die Steuereinnahmen für alkoholische Getränke. Siehe nachstehende Tabelle:

| Getränk / Veränderung gegenüber 1990 | Einnahmen in Mrd. DM |
|---|---|
| Biersteuer: +21,5% | 1.647 |
| Schaumweinsteuer: +8,8% | 1.051 |
| Branntweinsteuer: +33,6% | 5.648 |
| Summe: +24,7% | 8.346 |
| In der Bundesrepublik Deutschland wird auf Wein keine Verbrauchssteuer erhoben. *Quellen:* BSI, Bonn. Eigene Berechnungen. | |

**Abb. 3:** Steuerabgaben für Alkoholika 1991

Es ist allerdings weniger die durchschnittliche Menge des Konsums entscheidend, als die Trinksitten, denn immer weniger trinken immer mehr (allerdings auch: immer mehr trinken immer weniger).

*immer weniger trinken immer mehr*

Beispielsweise trinken in der Schweiz nur 10% der Bevölkerung bereits die Hälfte des gesamten Alkohols.

| Ausgaben für alkoholische Getränke 1986, Bundesrepublik und West-Berlin (Veränderungen gegenüber Vorjahr in %) | | | |
|---|---|---|---|
| Getränkeart | Angenommener Durchschnittspreis | Gesamtausgaben | Pro-Kopf-Ausgaben |
| | | in 1000 DM | DM |
| Bier | 0,94 DM/0,5 l | 16 809 268 (+1,8) | 275,26 (+1,7) |
| Wein | 5,37 DM/l | 1 640 973 (− 3,8) | 125,13 (− 3,9) |
| Branntwein | 14,98 DM/0,7 l | 7 960 800 (− 2) | 130,36 (− 2,1) |
| Ausgaben für alkoholische Getränke insgesamt | | 32 411 041 (− 0,5) | 530,75 (− 0,6) |

**Abb. 4:** Ausgaben für alkoholische Getränke

Hierzu gibt es keine aktuellen Zahlen mehr, da die Erhebungen vorläufig eingestellt wurden.

## ... und international?

Aus der ebenfalls von der DEUTSCHEN HAUPTSTELLE GEGEN SUCHTGEFAHREN veröffentlichten Statistik ergibt sich, daß die Bundesrepublik gemessen am Konsum von mehreren untersuchten Ländern die vierte Rangstelle einnimmt.

Der Konsum an reinem Alkohol aus Bier, Wein und Spirituosen
pro Kopf der Bevölkerung 1985

| Rang | Land | Liter reinen Alkohols pro Kopf und Jahr |
|---|---|---|
| 1 | Frankreich | 13,3 |
| 2 | Portugal | 13,1 |
| 3 | Luxemburg | 13,0 |
| 4 | **Bundesrepublik Deutschland** | **11,8** |
| 4 | Spanien | 11,8 |
| 5 | Italien | 11,6 |
| 6 | Ungarn | 11,5 |
| 7 | Schweiz | 11,2 |
| 8 | Belgien | 10,5 |
| 9 | Deutsche Demokratische Republik | 10,3 |
| 10 | Österreich | 9,9 |
| 10 | Dänemark | 9,9 |
| 11 | Australien | 9,4 |
| 12 | Neuseeland | 9,2 |
| 13 | Tschechoslowakei | 9,1 |
| 14 | Argentinien | 8,7 |
| 14 | Bulgarien | 8,7 |
| 15 | Niederlande | 8,5 |
| 16 | USA | 8,0 |
| 16 | Kanada (1984) | (8,0) |
| 17 | Jugoslawien | 7,7 |
| 17 | Rumänien (1983) | (7,7) |
| 18 | Großbritannien | 7,1 |
| 19 | Polen | 7,0 |
| 20 | Finnland | 6,5 |
| 21 | Irland | 6,2 |
| 22 | UdSSR | 5,7 |
| 22 | Japan | 5,7 |
| 23 | Zypern | 5,6 |
| 24 | Schweden | 5,2 |
| 25 | Südafrika | 4,3 |
| 26 | Norwegen | 4,2 |

**Abb. 5:** Alkoholkonsum im internationalen Vergleich

Aktuelle Zahlen hierzu waren nicht zu erhalten. Jedoch
behauptet die Bundesrepublik Deutschland ihren Platz
in der Spitzengruppe, zumal der Konsum reinen Alkohols pro Kopf der Bevölkerung bei uns auf 12,14 l gestiegen ist.

# Belastung der Volkswirtschaft

Eine Untersuchung der volkswirtschaftlichen Kosten, die durch den Alkohol-Mißbrauch ausgelöst werden, wäre von besonderer Bedeutung. Leider sind diese Kosten bis heute nicht exakt erfaßt und oft auch nur schwierig zuordnungsfähig.

Der DEUTSCHE GUTTEMPLER-ORDEN hat aus diesem Grund in den siebziger Jahren schon von der Bundesregierung einen Forschungsauftrag über Alkoholismus-Schäden gefordert. Obwohl die inzwischen geschätzte Summe zwischen 20 (optimistisch) und 40 Milliarden DM (pessimistisch) liegt, scheint dies noch kein hinreichender Grund für genaue Ermittlungen in Deutschland zu sein.

Ein entsprechender Forschungsauftrag durch die Alkohol-Industrie an die PROGNOS in Basel ist abgebrochen worden.[1]

Immerhin gibt es einen Bericht der Bundesregierung vom 24. 11. 1986 auf eine große Anfrage zu den Suchterkrankungen in der Bundesrepublik Deutschland. In der entsprechenden Bundestagsdrucksache 10/6546 vom 24. 11. 1986 ist u. a. folgendes ausgeführt:

*Der Bundesminister für Jugend, Familie, Frauen und Gesundheit hat auch die Kosten der durch Alkoholmißbrauch bedingten Krankheiten und Todesfälle, einschließlich der indirekten Kosten berechnen bzw. schätzen lassen. Die Studie kommt bezüglich der Krankheitsbilder Alkoholismus, Leberzirrhose[2] und Pankreatitis[3] mit dem Ergebnis von jährlich 1,4 Mrd. DM direkten Kosten (Krankheitsbehandlung) und 3,2 Mrd. DM indirekten Kosten (aufgrund vorübergehender oder dauernder Arbeitsunfähigkeit), somit zu einer Gesamtsumme von annähernd 5 Mrd. DM.*

---

1 Basler, ökonomische Studien, SCHULTHESS, Zürich 1977.
2 Leberzirrhose = Verhärtung der Lebergewebe mit Narbenbildung
3 Pankreatitis = Entzündung der Bauchspeicheldrüse

5 Mrd. DM
allein für
Krankheits- und
Todesfälle

Wenn hiermit auch nicht die gesamten volkswirtschaftlichen Kosten, die durch Alkoholmißbrauch entstehen,
erfaßt sind, so ist mit den 5 Mrd. DM allein für Krank-
heits- und Todesfälle durch Alkoholmißbrauch von der
Bundesregierung eine beeindruckende Zahl genannt
worden.

Zur Erinnerung: die Steuereinnahmen für alkoholische
Getränke belaufen sich auf etwa 8,346 Mrd. DM jährlich!

In der gleichen Bundestagsdrucksache ist erwähnt, daß
nach der amtlichen Todesursachenstatistik im Jahr 1985
249 Personen an Alkoholpsychosen und 2.543 Personen
an Alkoholabhängigkeit verstorben sind. Dazu kommen
dann noch die indirekt durch Alkohol verursachten
Todesfälle, wie beispielsweise Leberzirrhosen und
verschiedene Krebsarten der Bauchspeicheldrüse, der
Speiseröhre etc.

Nach einer neuen Statistik des Statistischen Bundesam-
tes sind 1991 407 Personen an Alkoholpsychosen und
4 976 Personen an Alkoholabhängigkeit verstorben.
Weitere 8 015 Personen verstarben 1991 an alkoholischer Leberzirrhose.

Also gehen auf Grund der vorgenannten Diagnosen allein im Jahr 1991 bereits 13 398 Personen in die amtliche
Todesursachenstatistik ein. Jedoch muß davon ausgegangen werden, daß auf Grund nicht eindeutiger Diagnosen die tatsächlichen Zahlen erheblich höher liegen.

LEU und LUTZ haben in einer vorbildlichen Untersuchung ›Ökonomische Aspekte des Alkoholkonsums in
der Schweiz‹[4] u. a. die folgenden Kosten ermittelt:

| | |
|---|---|
| Todesfälle | 353,9 Mio sfr. |
| Krankheit | 120,9 Mio sfr. |
| Unfälle | 495,2 Mio sfr. |
| Kriminalität | 60,7 Mio sfr. |
| Verminderte Arbeitsfähigkeit | 264,1 Mio sfr. |
| Bekämpfung des Alkoholismus | 51,4 Mio sfr. |

---

4 Nordrheinwestfälischer Verkehrsminister ZÖPEL in: nullpromil-
le 2/87

Ein Beitrag in der Medical Tribune, basierend auf einem Aufsatz von Bühringer und Simon, schließt mit einer Schätzung der Folgekosten des Alkoholmißbrauchs in Deutschland. *»In den USA durchgeführte Berechnungen, die Verluste an Arbeitsproduktivität, Arbeitsunfälle, Behandlungskosten, Verkehrsunfälle, Kriminalität, vorzeitige Mortalität und Präventionsausgaben einbezogen, ermittelten für 1971 mißbrauchsbezogene soziale Kosten von 31 Milliarden Dollar, für 1983 schon 117 Milliarden und für 1990 136 Milliarden. Auf die gesamte Bundesrepublik umgerechnet ergäbe sich für 1990 eine Summe von 80 Milliarden Mark, schätzen die Autoren. Allein schon der finanzielle Aspekt erfordert also ›unmittelbares Handeln‹.«* (Medical Tribune vom 29. 5. 1992. Vgl. Bühringer, Gerhard; Simon, Roland in: Psycho, 18. Jg. Heft 3 (1992), S. 156–162). Trotz solcher Horrorsummen taucht bei allen aktuellen Bemühungen um eine Reform des Gesundheitswesens keine Forderung auf nach einer Trendwende beim Alkoholkonsum. Man hat den Eindruck, daß die gesellschaftlichen Kosten (und dahinter verbergen sich unzählige individuelle Katastrophen) als »Faux-frais«, als natürliche Kosten einkalkuliert werden.

In einer anderen Untersuchung (WINSLOW und andere ›Some economic estimates of job disruption‹) sind die Kosten, die durch Mitarbeiter mit Alkoholproblemen in Betrieben entstehen, etwa doppelt so hoch wie die Kosten von problemfreien Mitarbeitern.

Nach der folgenden Statistik des VERBANDES DEUTSCHER RENTENVERSICHERUNGSTRÄGER (VDR) haben in den Jahren 1987 bis 1990 die Rehabilitationsfälle wegen Alkoholabhängigkeit auf hohem Niveau stagniert. 1991 ist allerdings wieder ein starker Anstieg zu verzeichnen. Die durchschnittliche Dauer der Rehabilitationstage ist dadurch gesunken, daß veränderte Rehabilitationsmaßnahmen bei gleichzeitig stärkerem Gewicht auf Nachsorge angewendet wurden.

| Jahr | Fälle | ∅ Rehatage im Einzelfall |
|------|-------|--------------------------|
| 1987 | 21.209 | 124 |
| 1988 | 21.382 | 124 |
| 1989 | 21.106 | 122 |
| 1990 | 21.382 | 119 |
| 1991 | 22.608 | 115 |

**Abb. 6:** Rehabilitationsfälle wegen Alkoholabhängigkeit

Der gleichen Quelle zufolge lassen die Aufwendungen der Träger der gesetzlichen Rentenversicherung für medizinische Rehabilitationsmaßnahmen bei Abhängigkeitskranken eine steigende Tendenz erkennen.

Die Kosten für die Rehabilitation Abhängigkeitskranker beliefen sich 1992 auf rund 689 Millionen DM.

Die Entwicklung der letzten Jahre ergibt sich aus folgender Aufstellung:

| | 1987 | 1988 | 1989 | 1990 | 1991 | 1992 |
|---|------|------|------|------|------|------|
| Alkoholabhängigkeit | 431,110 | 437,747 | 443,195 | 445,865 | 475,188 | 545,166 |
| Medikamentenabhängigkeit | 5,169 | 5,923 | 6,056 | 6,161 | 5,497 | 6,203 |
| Drogenabhängigkeit | 48,073 | 55,997 | 63,864 | 67,216 | 87,342 | 79,259 |
| Mehrfachabhängigkeit | 32,566 | 38,767 | 37,438 | 40,890 | 42,755 | 58,583 |
| Gesamt | 516,918 | 538,434 | 550,553 | 560,132 | 610,782 | 689,211 |

**Abb. 7:** Aufwendungen für Rehabilitationsmaßnahmen wegen Sucht in Millionen DM 1987–1992[5]

## Ein erschreckendes Bild

In diesen Kosten sind nur diejenigen Beträge enthalten, die von der Versichertengemeinschaft oder staatlichen Stellen aufgebracht werden müssen; sie decken die Kosten für Behandlung, Rehabilitation und gegebenenfalls Krankengeld.

---

5 Diese Zahlen werden durch den VDR nicht mehr fortgeschrieben. Warum nicht?

22

**Nur bestenfalls jede 2. Rehabilitationsmaßnahme ist auf Dauer erfolgreich.**

Ein 45jähriger, nicht mehr arbeitsfähiger Suchtkranker kostet 400 000,– DM!

Neben diesem volkswirtschaftlichen Schaden tritt zusätzlich in den Betrieben ein Schaden ein:

So sind beispielsweise die Ausfallzeiten bei Mitarbeitern mit Alkoholproblemen mindestens doppelt so hoch – Rehabilitationsmaßnahmen nicht gerechnet – schätzen Personalleiter.

Und beachten Sie, daß Alkohol als Ursache von Unfällen nur dort statistisch erfaßt wird, wo es sich wegen der Eindeutigkeit nicht vermeiden läßt.

Nach einer Veröffentlichung der KÖLNER BUNDESZENTRALE FÜR GESUNDHEITLICHE AUFKLÄRUNG, die von 1980 stammt, konsumierten durchschnittlich 11% aller Beschäftigten täglich Alkohol am Arbeitsplatz; 4% gaben an, eine niedrige Arbeitsbelastung zu haben, aber 23% eine hohe Arbeitsbelastung.

*11% trinken täglich Alkohol am Arbeitsplatz*

Die gleiche Untersuchung ergab auch, daß annähernd 25% aller Arbeitsunfälle – einschließlich der Wegeunfälle – alkoholbedingt sind.

## Forderung: Erhebung der Schäden

Und daraus resultiert die Forderung an die Arbeitgeber, die Gewerkschaften, die Krankenkassen, die Berufsgenossenschaften und die politischen Kräfte.

*Schäden ermitteln*

Die Problematik des Alkoholkonsums am Arbeitsplatz ist mit Zahlen beweisbar zu machen. Nur wenn Schäden feststehen, wird es möglich sein, auch eine politische ›Initiative‹ planvoll und systematisch zu begründen.[6]

*mit Zahlen beweisbar machen*

---

6 Der Autor ist der Meinung, daß die Dissertation der Doktoranden LEU und LUTZ ›Ökonomische Aspekte des Alkoholkonsums in der Schweiz‹ 638 Seiten, SCHULTHESS POLYGRAPHISCHER VERLAG, Zürich, 1977, eine hervorragende Ausgangsbasis für eine Untersuchung in der Bundesrepublik Deutschland ist.

23

*Drei offene Fragen*

Drei noch offene Fragen hinsichtlich einer wertmäßigen Erfassung sind beispielsweise:

1. Wieviele Arbeits- und Wegeunfälle sind auf Alkoholgenuß zurückzuführen (siehe hier auch die Kritik an den Berufsgenossenschaften, Seite 252) und welche Kosten verursachen sie?

2. Welche Kosten von krankheitsbedingten Ausfällen sind auf Alkoholkonsum zurückzuführen? (mittelbare Ausfallkosten, keine Kosten für Entziehungskuren und dergleichen)

3. Welche volks- und betriebswirtschaftlichen Folgekosten haben Alkoholkrankheiten in der Bundesrepublik Deutschland?

*Europäische Gemeinschaft*

Auch die Politik ist gefragt, denn sie tut sich ebenfalls schwer. Der KOMMISSION DER EUROPÄISCHEN GEMEINSCHAFT liegen verschiedene Studien und Analysen vor, die eine Vorstellung von der finanziellen Belastung des Gesundheitswesens und der Sozialversicherung durch Alkoholmißbrauch geben: »Die bei den Endkosten zu berücksichtigenden Parameter sind umstritten und ein Einvernehmen ist nicht in Sicht.«

*Parameter umstritten*

*keine Initiative*

Und weiter: »die Kommission hat gegenwärtig nicht die Absicht, neue Maßnahmen zur Harmonisierung der Gesundheitsvorschriften der Mitgliedsstaaten über den Alkohol- und Tabakkonsum vorzuschlagen!«[7]

---

7 Aus einer Antwort im Namen der KOMMISSION (OXWO 781/85 DE).

# Entscheidungshilfen für Führungskräfte

1. Alkohol ist ein **Genußmittel**, das zu Mißbrauchs- und Sucht-
verhalten führen kann, aber nicht automatisch führen muß.

2. Die deutschen Trinkgewohnheiten in der Arbeitswelt sind im
weltweiten Vergleich als **»funktionsgestört«** zu bezeichnen.

3. **Der Trend:** Immer mehr Menschen trinken immer weniger –
aber: Immer weniger trinken immer mehr!

4. Ein besonderer zusätzlicher Gefährdungsbereich ist Alkoholgenuß im Straßenverkehr; deshalb die politische Forderung:
**Null-Promille im Straßenverkehr!**

5. Die **volkswirtschaftlichen Schäden** des Alkoholmißbrauchs sind unstrittig dramatisch; exaktes Zahlenmaterial,
um politische Initiativen zu ermöglichen, fehlt aber!

**Fazit:** Beobachten Sie die öffentliche Meinung zum Thema Alkohol, **nehmen Sie selbst Einfluß** und helfen Sie mit,
ein gesellschafts- und unternehmenspolitisches »dirty«-
Thema zu enttabuisieren.

2. Kapitel

# Was ist Alkoholkrankheit?

**Stadien der Erkrankung**
- Die vier Phasen in 45 Stufen
- A Voralkoholische Phase
- B Prodromale Phase (Vorläufer der Sucht)
- C Kritische Phase
- D Chronische Phase

**Typologie der Mißbrauchsgefährdeten**
- Der Alpha-Alkoholismus
- Der Beta-Alkoholismus
- Der Gamma-Alkoholismus
- Der Delta-Alkoholismus
- Der Epsilon-Alkoholismus

**Entscheidungshilfen für Führungskräfte**

# Stadien der Erkrankung

Der amerikanische Professor Dr. E. M. JELLINEK ist international *die* Kapazität auf dem Forschungsgebiet ›Alkoholismus‹, wie übrigens der mehrfach zitierte deutsche Professor Dr. W. FEUERLEIN auch.

Von JELLINEK stammt eine Einteilung der Alkoholiker nach Verlaufsphasen; er untersuchte 2000 ›Anonyme Alkoholiker‹, Frauen und Männer, und faßte das Ergebnis seiner Beobachtung in einem Schema von vier Phasen (A–D) und 45 Stufen (1–45) zusammen. Die Rangfolge der vier Phasen ist als gegeben anzusehen.

*Einteilung Verlaufsphasen*

Die Reihenfolge der 45 Stufen heißt jedoch nicht, daß der Alkoholkranke diese einzelnen Stufen in der gleichen Folge durchlaufen muß. Sie sind vielmehr als typische Merkmale des Alkoholismus anzusehen. Einzelne Stufen können auch übersprungen werden oder nicht auftreten.

*45 Stufen*

Beachten Sie hierbei die wesentlichste Stufe: die Stufe 8. Hier tritt der Kontrollverlust ein.

*innerer Umbruch*

> **Kontrollverlust ist das Phänomen, daß der Konsumierende zu Beginn des Trinkens nicht sicher sein kann, mit dem Trinken aufzuhören, bevor er die Kontrolle verliert.**

›Kontrollverlust‹ bedeutet nicht die Gedächtnislücke nach einem Trinkgelage, der sogenannte ›Film-Riß‹ oder der ›Blackout‹, sondern Kontrollverlust bedeutet das Verlieren der Kontrolle über die eigene Persönlichkeit, sobald eine gewisse Menge Alkohol getrunken ist und mit dem Trinken nicht mehr aufgehört werden kann.

*Kontrollverlust*

In diesem Stadium erfolgt der innere Umbruch vom Trinker zum Alkoholiker. Es findet der Durchbruch der Trinklust zur Trunksucht statt. Das heißt, die Suchterkrankung setzt ein.

Es ist also der Punkt, der den Trinker vom Alkoholiker unterscheidet. Für den Alkoholiker gibt es kein Zurück

29

mehr zum ›normalen Trinken‹. Es gibt keine Heilung vom Alkoholismus, sondern nur eine Befreiung durch totale Abstinenz.

## Die vier Phasen in 45 Stufen

### A Voralkoholische Phase

Gelegentliches Erleichterungstrinken, Erhöhung der Alkoholtoleranz, dauerndes Erleichterungstrinken.

*Voralkoholische Phase*

Der Beginn des Genusses von alkoholischen Getränken ist bei potentiellen Süchtigen sozial motiviert. Im Gegensatz zum durchschnittlichen ›Gesellschaftstrinker‹ empfindet der spätere Alkoholiker bald eine befriedigende Erleichterung im Trinken. Dabei schreibt er seine Erleichterung eher der Situation als dem Trinken selbst zu. Es ist die lustige Gesellschaft, das Kegeln, das Skatspielen, die Feier, das Geschäftsessen. Er sucht die Gelegenheiten, in denen Alkohol getrunken wird.

Nach einer bestimmten Zeit des Trinkens wird eine Erhöhung der Alkoholtoleranz festgestellt, d. h. der Konsumierende braucht eine größere Menge Alkohol als früher zur Erreichung des gewünschten euphorischen Stadiums. Diese Trinkmethode geht vom Stadium des gelegentlichen zum dauernden Erleichterungstrinken über. Sie dauert je nach den Umständen einige Jahre.

In gleichem Maß fällt die Toleranz des Trinkenden für seelische Belastungen in einem Umfang ab, daß er praktisch täglich Zuflucht zur alkoholischen Erleichterung nimmt. Sein Trinken erscheint jedoch weder seinen Angehörigen, Freunden und Bekannten, noch ihm selbst verdächtig. Er gilt als lustiger, kontaktfreudiger Typ mit *gutem Stehvermögen.*

### B Prodromale[1] Phase (Vorläufer der Sucht)

*Prodromale Phase*

1. Gedächtnislücken

   Plötzliches Auftreten von Erinnerungslücken –

---

1 Prodromalerscheinung = Vorläufer; Symptom, das den eigentlichen Krankheitszeichen vorangeht.

medizinisch ›Amnesien‹ genannt. Sie können ohne Anzeichen von Trunkenheit auftreten. Der Trinker kann eine vernünftige Unterhaltung führen oder schwierige Arbeit leisten, ohne am nächsten Tag eine Erinnerung daran zu haben. Anfangs bestehen auch noch einzelne Erinnerungsfetzen (»Da war doch was . . .«). Der Alkohol hört praktisch auf, ein Getränk zu sein, er wird als ›Medizin‹ benötigt, die der Trinker braucht.

2. Heimliches Trinken
   Aus dem Unterbewußten entwickelt sich bei dem Konsumierenden die vage Vorstellung, daß er anders als andere Leute trinkt. Um nicht aufzufallen oder ›falsch‹ beurteilt zu werden, sucht er bei Geselligkeiten Gelegenheiten zum Trinken von ein paar Gläsern ohne das Wissen der anderen. Er trinkt ›heimlich‹.

3. Dauerndes Denken an Alkohol
   Ohne sich dessen bewußt zu werden, denkt der Trinker oft und über das normale Maß hinaus an Alkohol, ein Beweis für seinen erhöhten Bedarf.

4. Gieriges Trinken
   Wegen seiner vermehrten Alkohol-Abhängigkeit tritt jetzt das ›gierige‹ Trinken auf, nämlich das hastige Herunterkippen der ersten Gläser.

5. Schuldgefühle wegen der Trinkart
   Der Trinker wird sich allmählich bewußt, daß sein Trinken ungewöhnlich ist; es entwickeln sich bei ihm Schuldgefühle wegen seiner Trinkart.

6. Vermeidung von Anspielungen auf Alkohol
   Aus dem Schuldgefühl heraus beginnt der Trinker bei Unterhaltungen, Anspielungen auf Alkohol zu vermeiden.
   Eine besondere Variante ist das bewußte Hervorheben, sich selbst karikieren.

7. Häufige Gedächtnislücken
   Die Häufigkeit von Gedächtnislücken in Verbindung mit dem Verhalten der Stufen 2 bis 6 wirft den Schatten der Alkoholsucht voraus und muß dem Trinker als dringende Warnung dienen.

*letztes Warnsignal*

*Narkose der Seele*

Der Verbrauch alkoholischer Getränke ist in der prodromalen Phase ›hoch‹, fällt aber nicht auf, da er zu keinem deutlichen Rausch führt. Die Wirkung ist so, daß der später Süchtige gegen Abend ein Stadium erreicht, das als ›Narkose der Seele‹ bezeichnet wird. Das Trinken ist auf einer Stufe angelangt, auf der es Nerven- und Stoffwechselvorgänge zu stören beginnt. Das ›Verstecken‹, das der Trinker in diesem Stadium versucht, ist ein erstes Zeichen dafür, daß sein Trinken ihn von der Gesellschaft trennen könnte, obwohl es anfänglich als Mittel zur Überwindung eines Mangels an sozialer Beteiligung gedient haben mag. Die prodromale Phase kann von sechs Monaten bis zu vier oder fünf Jahren dauern.

Die prodromale Phase endet und die kritische Phase beginnt mit dem Einsetzen des Kontrollverlustes, der das kritische Symptom der Alkoholsucht ist.

## C Kritische Phase

*Kritische Phase*

*Achtung!*

8. Unwiderstehliches Verlangen nach mehr Alkohol im Anschluß an das erste Glas (Kontrollverlust). Es ist das Stadium erreicht, in dem bei dem Trinker ein unwiderstehliches Verlangen nach mehr Alkohol entsteht, sobald eine kleine Menge Alkohol genossen ist. Dieses Verlangen wird als ›Bedarf‹ empfunden und hält an, bis der Trinker zu betrunken oder zu krank für weitere Alkoholaufnahme ist. Dieser alkoholische Exzeß[2] muß nicht durch irgendein persönliches Bedürfnis, sondern kann auch durch ein gesellschaftliches Trinken eingeleitet werden.

*Kontrollverlust setzt ein*

Der Kontrollverlust bedeutet nicht, daß der Trinker immer trinken muß, sondern er besagt, daß er erst während des Trinkens einsetzt. Der Trinker hat in diesem Stadium noch immer die Entscheidungsfreiheit darüber, ob er überhaupt trinken will oder nicht. Das wird allein durch die freiwilligen abstinenten Perioden bewiesen, die der Trinker oft nach derartigen Exzessen ›zelebriert‹.

---

2 medizinisch Alkohol-Abusus genannt

In diesem Zusammenhang wird häufig die Frage gestellt, warum der extrem Konsumierende nach seinen verhängnisvollen Erfahrungen, anläßlich wiederholter Exzesse, immer wieder trinkt: er ist in diesem Stadium bereits alkoholsüchtig geworden, auch wenn er es nicht zugibt. Sein Wille, in Verbindung mit Alkohol, ist ›paralysiert‹[3]. Er glaubt jedoch, daß er seine diesbezügliche Willenskraft nur vorübergehend verloren hat und sie daher wiedererlangen kann.

*ab hier beginnt die Abhängigkeit*

Er ist sich dessen nicht bewußt, daß in ihm ein Vorgang abläuft, der es ihm unmöglich macht, seinen Akoholkonsum zu kontrollieren.

9. Erklärungen, warum man so trinke (Alkohol-Ausreden)
Mit dem Einsetzen des Kontroll-Verlustes beginnt der Alkoholiker, sein Trinkverhalten zu erklären und schafft sich durch Alkohol-Ausreden Alibis, die ihn selbst davon überzeugen sollen, daß er die Kontrolle nicht verloren hat. Er redet sich selber ein, daß er guten Grund zum Sichbetrinken habe, und er ohne diesen Grund genauso mäßig wie andere trinken könne. Hier beginnt der Selbstbetrug des Alkoholikers.

*Alkohol-Ausreden*

10. Soziale Belastungen
Dieser Selbstbetrug ist bei dem Alkoholiker der Anfang eines ganzen ›Erklärsystems‹, das sich auf jede Ebene seines Lebens ausbreitet.

Dieses System dient auch als Widerstand gegen die sozialen Belastungen, die zusammen mit dem Kontrollverlust entstehen. Seine Trinkart fällt jetzt auch der Umwelt auf: Angehörige, Freunde, Kollegen und Arbeitgeber beginnen, den Alkoholiker zu kritisieren und zu warnen.

*Konsum fällt auf*

11. Übergroße Selbstsicherheit
Auf das Verhalten der Umwelt reagiert der Alkoholiker nach außen mit übergroßer Selbstsicherheit,

---

3 Paralyse bezeichnet in der Medizin eine vollkommene Bewegungslähmung

obwohl bei ihm ein deutlicher Verlust an Selbstach-
tung einsetzt. Er versucht, diesen Verlust durch
Extravaganz und Großspurigkeit zu kompensieren.
Damit will er sich selbst davon überzeugen, daß er
noch nicht so schlecht dran ist, wie er manchmal
schon selbst denkt.

12. Auffällig aggressives Benehmen
Durch sein Erklär-System isoliert sich der Alkoholiker in zunehmendem Maß von seiner Umwelt, die
in seinen Augen an allem schuld ist. Sein Benehmen
wird aggressiv, teilweise gewalttätig.

13. Innere Zerknirschung, dauerndes Schuldgefühl
Das auffällige Verhalten des Alkoholikers gegenüber seiner Umwelt reflektiert auf ihn selbst und
ruft nun auch in ihm Schuldgefühle hervor, die zur
inneren Zerknirschung führen. Diesen Zustand versucht er erneut mit Alkohol zu überspielen. So setzt
der Teufelskreis ein.

14. Perioden völliger Abstinenz
Bisweilen gelingt es dem Alkoholiker, diesen circu-
lus-vitiosus[4] zu durchbrechen. Er durchläuft Perioden völliger Abstinenz. Damit folgt er auch dem
zunehmenden sozialen Druck seiner Umwelt.

15. Änderung des Trinksystems
Die abstinenten Perioden führen zum Rückfall, da
der Trinker seinem Grundübel, dem Selbstbetrug,
nicht begegnet. Er hält dem ständigen inneren
Druck nicht stand. Aus diesem Selbstbetrug heraus
ändert der Alkoholiker jetzt sein Trinksystem, indem er sich selbst Regeln aufstellt, so z. B. nicht vor
*»nicht-vor-* einer bestimmten Tageszeit zu trinken oder nur an
*18.00-Uhr«* bestimmten Orten oder nur diese und jene Art oder
nur eine bestimmte Menge Alkohol zu trinken.

16. Trennung von Freunden
Die Umwelt erkennt die Änderung der Verhaltensweise des Alkoholikers, entlarvt ihn wegen seiner
scheinbaren Abstinenz und durchschaut damit die

---

4 fehler- bzw. mangelhafter gesellschaftlicher Kreislauf, sog.
›Teufelskreis‹

Änderung seines Trinksystems. Darauf reagiert der
Alkoholiker mit Feindseligkeit. Er trennt sich von
seinen Freunden.

17. Verlust oder Wechsel des Arbeitsplatzes
Der Verlust oder der Wechsel des Arbeitsplatzes ist
eine Konsequenz aus seinem feindseligen Verhalten
gegenüber der Umwelt. Oft verliert er unfreiwillig
den Arbeitsplatz.
In vielen Fällen übernimmt er die Initiative, tritt
gewissermaßen die Flucht nach vorn an, und ent-
zieht sich damit Mahnungen und unliebsamer
Kritik.

18. Konzentration auf den Alkohol
Da sich der Alkoholiker immer mehr isoliert sieht,
konzentriert er sich verstärkt auf Alkohol als Medizin, Seelentröster und Problemlöser.

19. Verlust an äußeren Interessen
Der Alkoholiker denkt darüber nach, wie eine bestimmte Arbeit sein Trinken stören könne statt umgekehrt. Er lehnt alle Aktivitäten ab, die ihn am
Trinken hindern.

20. Neuauslegung mitmenschlicher Beziehungen
In dem Alkoholiker verstärkt sich das Gefühl, daß
die Umwelt an seinem Fehlverhalten schuld sei. Dieses Gefühl ruft in ihm eine immer stärker werdende
Anspruchshaltung hervor, aus der heraus er nur
noch den Wert oder Unwert seiner mitmenschlichen
Beziehungen bemißt.

21. Auffallendes Selbstmitleid
Diese Auslegung seiner mitmenschlichen Beziehungen ist mit einem auffallenden Selbstmitleid verbunden. Er kann doch nichts dafür, die anderen wollen
ihm doch immer etwas!

22. Gedankliche oder tatsächliche Flucht
Sein Erklär-System, seine Isolation und sein Selbstmitleid haben jetzt derartige Formen angenommen,
daß der Abhängige versucht, sich den daraus entstehenden Problemen durch gedankliche Flucht
(sich selber etwas vorgaukeln und gedanklich in
eine bessere Atmosphäre versetzen) und/oder tatsächliche geographische Flucht zu entziehen.

23. Änderungen im Familienleben
Unter dem Eindruck dieser Vorfälle tritt eine Änderung im Familienleben ein. Nicht nur der Alkoholiker hat sich zunehmend isoliert, sondern auch seine Familienangehörigen ziehen sich von ihm zurück. Sie entwickeln eine ausgiebige Betriebsamkeit, um der häuslichen Umgebung zu entkommen.

24. Grundlose Mißgestimmtheit
Der Alkoholiker lebt jetzt in einem anhaltenden Spannungszustand, der bei ihm oft grundlos Unwillen auslöst.

25. Sichern des Alkoholvorrats
Das vorherrschende Interesse an Alkohol veranlaßt den Alkoholiker, sich seinen Alkoholvorrat zu sichern, wobei er auch dazu übergeht, ihn zu verstecken.

26. Vernachlässigung angemessener Ernährung
Sowohl das Sichern des Alkoholvorrats, als auch die ersten Auswirkungen auf den Organismus durch das ständige Trinken (Appetitlosigkeit) bringen den Alkoholiker dazu, seine Ernährung zu vernachlässigen oder sich völlig einseitig zu ernähren (Kotelett, Frikadellen, Würstchen, Brühe sind beliebte ›Renner‹). Es tritt ein erheblicher Vitaminmangel ein.

*erheblicher Vitaminmangel*

27. Erste Krankenhaus-Einweisung wegen alkoholischer Beschwerden
Die ersten organischen Schäden werden akut (Gastritis, Leberschäden, neurotische Störungen). Stationäre Behandlung wird erforderlich.

28. Abnahme des Sexualtriebs
Während sich zu Beginn der Trinkerzeit eine erhöhte Potenz bemerkbar machte, zeigt sich jetzt eine zunehmende Impotenz.

29. Alkoholische Eifersucht
Aufgrund der eigenen zunehmenden Impotenz steigert sich bei dem Suchtkranken die Feindschaft gegen seinen Partner. Er unterstellt ›Fremdgehen‹ und verfällt in die ›alkoholische Eifersucht‹. Reaktionen des Partners auf sein Fehlverhalten werden

von ihm grundsätzlich mißverstanden: es wird ein anderer Partner dahinter vermutet.

30. Regelmäßiges morgendliches Trinken
    In diesem Stadium haben Gewissensbisse, Unwillen, Kampf zwischen Alkoholverlangen und Pflichten, Verlust der Selbstachtung, Selbstmitleid, Zweifel und Selbsttäuschung den Alkoholiker so zerrüttet, daß er den Tag nicht beginnen kann, ohne sich nach dem Aufstehen (oder noch vorher) mit Alkohol zu beruhigen. Er kann seine Arbeit ohne Alkohol nicht mehr ausführen. *Arbeit ohne Alkohol ist nicht mehr möglich*
    Durch den bisherigen Prozeß des Alkoholismus ist die moralische und körperliche Widerstandskraft des Alkoholikers untergraben.

    Während der ›kritischen Phase‹ ist Trunkenheit die Regel, aber sie ist auf Abendstunden beschränkt. Mit dem Trinken wird irgendwann am Tage begonnen, und gegen Abend ist dann der Rausch erreicht. Die kritische Phase präsentiert durchweg den heftigen Kampf des Süchtigen gegen den völligen Verlust der sozialen Basis. Im allgemeinen kann der Süchtige seiner Arbeit noch nachgehen, wenn er auch seine Familie vernachlässigt. Er strengt sich besonders an, um einen Rausch während des Tages zu vermeiden.

## D Chronische Phase

31. Einsetzen des verlängerten Rausches
    Die zunehmende beherrschende Rolle des Alkohols und das durch das morgendliche Trinken entstandene ›Verlangen‹ brechen schließlich den Widerstand des Alkoholikers. *Chronische Phase*
    Er ist jetzt auch am Tag und bisweilen mehrfach in der Woche betrunken. Oft verharrt er mehrere Tage hintereinander in diesem Zustand, so daß er dem verlängerten Rausch unterliegt, bis er völlig unfähig ist (geistig und körperlich), noch etwas zu unternehmen.

32. Bemerkenswerter ethischer Abbau
    Die mit diesen anhaltenden Exzessen verbundene Gleichgültigkeit gegenüber der Umwelt haben bei

37

dem Alkoholkranken einen erheblichen Abbau ethischer Werte zur Folge.

33. Beeinträchtigung des Denkens
Das Denkvermögen weist erhebliche Ausfallerscheinungen auf. Sachliche Überlegungen vermag der Alkoholiker nicht mehr anzustellen, seine Gedanken verfolgen nur noch ›krumme Wege‹.

34. Alkoholische Psychosen
Bei vielen Alkoholikern treten in diesem Stadium die ersten alkoholischen Psychosen auf. Das sind durch Alkohol bedingte Geistesstörungen wie Halluzinationen[5], psychosomatische[6] und psychoasthenische[7] Reaktionen.

35. Trinken mit Personen unter Niveau
Der Verlust der Moral und auch häufiger der Verlust der eigenen sozialen Stellung ist oft so groß, daß der Alkoholiker nach dem Motto ›unter den Blinden ist der Einäugige König‹ mit Personen weit unter seinem Niveau trinkt.

36. Zuflucht zu ›technischen‹ Produkten
Wenn der Alkoholiker nichts anderes hat oder seine finanziellen Mittel nicht mehr ausreichen, nimmt er zur Befriedigung seiner Sucht Zuflucht zu ›technischen‹ alkoholhaltigen Produkten: wie Parfüms (Kölnisch Wasser), Haarwasser, Franzbranntwein, minderwertigen Wermut, aber auch alkoholhaltigen Laborchemikalien und anderen – nicht zum Verzehr gedachten – Flüssigkeiten.

37. Verlust der Alkoholtoleranz
Geistige und körperliche Widerstandskraft sind abgebaut, der Alkoholiker benötigt keine große Menge mehr, um in den Vollrausch zu kommen. Der Vollrausch wird in seiner Wirkung immer kürzer, das Trinken daher immer hektischer! Der Teufelskreis rotiert immer schneller.

---

5 lat.: hallucinatio, Träumerei ohne nachweisbare Wahrnehmung; eine krankhafte Sinnestäuschung
6 Funktionsstörung im seelischen und organischen Bereich
7 gr.: schwach; Erkrankung mit gedrückter Stimmung und Zwangsvorstellungen

38./39. Undefinierbare Ängste und Zittern werden Dauererscheinung

Anhaltendes Zittern (Tremor), ständige Niedergedrücktheit (Depression), Angstzustände (traumatische Neurosen) sind in diesem Stadium Symptome, die auftreten, sobald in dem Organismus kein Alkohol mehr vorhanden ist. Die ersten Anzeichen für ein Delirium (prädeliranter Zustand) treten auf. Diese Zustände versucht der Alkoholiker unter Kontrolle zu bekommen oder sie zu überspielen.

40. Psychomotorische Hemmungen

Das motorische Nervensystem versagt, polyneurotische[8] Störungen treten auf. Oft geht eine Erkrankung des sensitiven (auf Reize reagierenden) Nervensystems damit einher. Der Alkoholkranke verliert die Fähigkeit, einfache Handhabungen wie zum Beispiel das Schreiben, das Aufziehen einer Uhr, das Schließen mit dem Schlüssel durchzuführen. Er bedarf dazu bereits (›Nur zur Beruhigung‹) des Alkohols.

41. Trinken wird Besessenheit

Aus der Notwendigkeit heraus, Ängste, Zittern, Hemmungen zu überwinden, sieht der Alkoholiker sich gezwungen, ständig zu trinken. Sein Trinken nimmt den Charakter der Besessenheit an.

*ständiges Trinken*

42. Unbestimmte religiöse Wünsche

Da der Alkoholiker für sein Fehlverhalten, das er allmählich als solches erkennt, immer weniger eine Erklärung findet, gibt er sich dubiosen religiösen Vorstellungen hin, die sich bis zu einem religiösen Wahn steigern können.

43. Das Erklärsystem versagt

Aber auch die vorher erwähnten religiösen Vorstellungen und Wünsche vermögen dem Alkoholiker keine Antwort auf seine ständige Frage nach dem

---

8 Polyneuritis: entzündliche oder degenerative Erkrankung mehrerer wichtiger sensibler und/oder motorischer Nerven mit
a) subjektiven Beschwerden (Schmerzen, Unwohlsein, Gefühlsveränderungen) und
b) objektivierbaren Funktionsausfällen (Reflexabschwächung, Muskelschwund, Sensibilitätsstörungen)

›Warum‹ zu geben. Die Erklärungen, die er sich aus seinem eigenen Erklärsystem gibt, werden so häufig und unbarmherzig der Wirklichkeit gegenüberge- stellt, daß sie vollständig versagen. Er weiß sich keine Antwort mehr und gesteht seine Niederlage ein.

44. Zusammenbrüche
Als Folge dieser Niederlage ergeben sich für den Alkoholiker seelische Zusammenbrüche, oft ver- bunden mit der alkoholischen Epilepsie[9]. Diese Zu- sammenbrüche sind häufig so schwer, daß ärztliche Behandlung notwendig ist. Selbstmordversuche sind in diesem Stadium möglich.

45. Alkoholdelirium[10]
Beim Alkoholiker tritt eine Bewußtseinsspaltung ein bzw. ein Verwirrungszustand mit Wahnideen. Die Persönlichkeit des Alkoholikers hat sich völlig gewandelt. Wird in dieser Endstufe das Stadium der Korsakowschen Krankheit[11] erreicht, tritt die Zer- störung von Gehirnzellen ein, die irreparabel ist.

---

9 Alkoholische Epilepsie meint anfallsartig auftretende Zustän- de, die ›epilepsieartig‹ sind, ohne daß – bis auf das anfallsähn- liche Auftreten – eine Beziehung zur Epilepsie besteht.
10 Delirium tremens, seelischer Ausnahmezustand mit teilweiser oder völliger Desorientierung, Halluzinationen und Wahn- ideen als Folge der Alkoholeinwirkung auf das zentrale Ner- vensystem.
11 Charakteristisch ist vor allem eine starke Störung der Merk- fähigkeit und des Frischgedächtnisses bei noch genügend er- haltenem Altgedächtnis; erstmals von K. S. KORSAKOW bei Alkoholgeschädigten beschrieben.

# Typologie der Mißbrauchsgefährdeten

JELLINEK hat auch eine Typologie des Alkoholismus durchgesetzt und Unterteilungen festgelegt, nach denen heute in der Alkoholszene unterschieden wird.

Die Grobunterteilung nach Abstinenten und Konsumenten oder: normalen und exzessiven Trinkern sagt zu wenig über die verschiedenen Typen der Alkoholiker aus; deshalb diese Unterteilung:

1. Der Alpha-Alkoholismus:
Dieser Trinkertyp ist Konflikt- oder Erleichterungstrinker. Nach dem Alkoholkonsum erlebt er eine deutliche Entspannung, Entlastung, Verminderung von Unsicherheit oder Enthemmung. Diese positiven Alkoholerfahrungen veranlassen ihn, in weiteren Belastungssituationen zunehmend auf Alkohol zurückzugreifen. Der Alpha-Trinkertyp entwickelt damit eine gewisse psychische Anfälligkeit für Alkohol, jedoch noch ohne Kontrollverlust, aber undiszipliniert beim Konsum.

*Der Alpha-Alkoholismus*

*Konflikttrinker*

(Wird in manchen Fällen später zum Gamma-Trinker)

2. Der Beta-Alkoholismus:
Dieser Trinkertyp ist Gelegenheits- bzw. Verführungstrinker oder auch Gewohnheitstrinker (häufig: Wochenendtrinker). Er sucht und nutzt aufgrund von Trinksitten und Gewohnheit übermäßig häufig Gelegenheit, Alkohol zu konsumieren, ist auch noch ohne Kontrollverlust. Es ist keine gesicherte Abhängigkeit feststellbar. Der Beta-Alkoholiker kann durch seinen Alkoholkonsum erhebliche körperliche Folgeschäden entwickeln und – ohne daß er es merkt – in die Abhängigkeit abrutschen.

*Der Beta-Alkoholismus*

*Wochenendtrinker*

(Wird in manchen Fällen später zum Delta-Trinker)

3. Der Gamma-Alkoholismus:
Dieser Trinkertyp ist der süchtige Trinker mit ausgeprägtem Kontrollverlust. Er ist krank, hat aber noch die

*Der Gamma-Alkoholismus*

41

Fähigkeit zur Abstinenz. Der körperlichen Abhängigkeit geht eine seelische Abhängigkeit voraus mit den damit verbundenen meßbaren Schäden.

*Suchttrinker*

Der Alkohol wird immer mehr zur Medizin, mit der der Erkrankte sich ruhig stellt, um Belastungen besser verkraften zu können. Die Alkoholverträglichkeit nimmt zu, so daß immer größere Mengen benötigt werden, um die gleiche Wirkung zu erzielen. Die Volltrunkenheit tritt in dieser Phase noch nicht regelmäßig auf, deswegen wird die Besonderheit dieses Trinkverhaltens dem Betroffenen und seinen Angehörigen meist nicht bewußt. Er würde es auch niemals akzeptieren, als alkoholkrank zu gelten.

In der nächsten Phase kommt es dann zu dem bereits zitierten ›Filmriß‹. Alkohol wird nun für den Kranken immer mehr zur notwendigen seelischen Medizin. Heimliches Trinken, Verstecke anlegen, häufiges Denken an Alkohol, schnelles Trinken, Schuldgefühle und schließlich der Kontrollverlust.

65% der Patienten von Suchtkliniken sind dieser Trinkertyp.

*Der Delta-Alkoholismus*

4. Der Delta-Alkoholismus:
Dieser Trinkertyp ist der Gewohnheitstrinker, der gleichmäßig große Mengen von Alkohol konsumiert und deshalb häufig in Alkoholberufen oder alkoholtoleranten Kreisen zu finden ist. Er muß trinken, um einen bestimmten Alkoholspiegel zu erhalten und damit Entzugserscheinungen zu vermeiden. Er kann die Kontrolle über den Konsum noch lange halten. Die körperliche Abhängigkeit ist größer als die relativ spät dazukommende seelische Abhängigkeit.

*berufliche Trinker*

20% der Patienten von Suchtkliniken sind dieser Trinkertyp.

*Der Epsilon-Alkoholismus*

JELLINEK fügte später noch einen fünften Alkoholismus-Typ hinzu, den Epsilon-Alkoholismus: im Volksmund ›Quartalssäufer‹ benannt.

42

Er hat wochenlang keinen Bezug zum Alkohol und ist vorwiegend durch periodisches Trinken gekennzeichnet. In nahezu regelmäßigen Abständen finden sich Krisentage mit depressiven Verstimmungen, erhöhter Reizbarkeit, Unruhe und oft zwanghaftem Denken an Alkohol. Nach Trinkbeginn stellt sich auch bei ihm ein Kontrollverlust ein und führt zu mehrtägigem ausgedehnten Alkoholkonsum.

*Quartalstrinker*

# Entscheidungshilfen für Führungskräfte

1. Die Alkoholkrankheit durchläuft unterschiedliche Stadien und Stufen. Das **Erkennen und Zuordnen** hilft, den Gefährdungsstand des Alkoholmißbrauchs einzuschätzen.

2. Die erfolgreichsten Interventionsmöglichkeiten für Führungskräfte liegen im **Vorfeld** der eigentlichen Erkrankung.

3. **»Kontrollverlust«** ist das Phänomen, daß der Konsumierende zu Beginn des Trinkens nicht sicher sein kann, mit dem Trinken aufzuhören, bevor er die Kontrolle verliert.

4. Der Kontrollverlust macht aus dem exzessiv Trinkenden den **Alkoholkranken**, der sich aus eigener Kraft nicht mehr helfen kann.

5. Die **Typologie der Mißbrauchsgefährdeten** hilft auch Laien bei einer Zuordnung in das jeweilige Gefährdungspotential.

**Fazit:** Führungskräfte kennen die medizinischen Hintergründe und die **Erscheinungsformen der Alkoholkrankheit**, um gefährdete Mitarbeiter früh zu erkennen und systematisch präventiv zu handeln.

## 3. Kapitel

# Alkohol in der Praxis

**Alkoholgehalt von Getränken**

**Faustregel zur Ermittlung des Blutalkoholgehalts**

**Wie schnell wird man zum Betroffenen?**
– Die Gefährdungslage bei kontrolliertem, aber regel-
  mäßigem Genuß
– Die Ursachen des Alkoholismus
– Der Restalkohol und seine Verweildauer
– Klären Sie auf!
– Die Problematik der Griffnähe
– Trinkgewohnheiten im Betrieb

**Entscheidungshilfen für Führungskräfte**

# Alkoholgehalt von Getränken

Die folgende Tabelle zeigt, welchen unterschiedlichen Alkoholgehalt Getränke haben.

Neben dem Alkoholgehalt kommt es natürlich auch auf die konsumierte Menge an und auf die Geschwindigkeit. Das schnelle Trinken bedeutet immer auch, daß man sich noch schneller außer Gefecht setzt.

| Getränk | Alkohol-gehalt (ca.)[1] | Menge | Gramm Alkohol |
|---|---|---|---|
| alkoholarmes Bier (light) | 2,8 Vol.% | 0,2 l | 4,4 g |
| Bier | 5 Vol.% | 0,2 l | 8,0 g |
| Wein | 10 Vol.% | 0,1 l | 8,0 g |
| Wermut | 18 Vol.% | 0,1 l | 14,2 g |
| Sherry | 18 Vol.% | 5 cl | 7,1 g |
| Eierlikör | 20 Vol.% | 2 cl | 3,1 g |
| Likör | 30 Vol.% | 2 cl | 4,7 g |
| Korn | 32 Vol.% | 2 cl | 5,0 g |
| Doppelkorn, Weinbrand | 38 Vol.% | 2 cl | 6,0 g |
| Wodka, Gin | 40 Vol.% | 2 cl | 6,0 g |
| Whisky | 43 Vol.% | 2 cl | 6,3 g |
| Himbeergeist | 45 Vol.% | 2 cl | 7,1 g |
| Rum | 54 Vol.% | 2 cl | 9,0 g |

1 Der Alkoholgehalt bei dem einzelnen Produkt ist teilweise verschieden; es gibt z. B. Biersorten von 2%, 3,5%, 4%, 4,5% bis 8% Alkoholgehalt.

Unbedenkliche Grenzwerte, die für alle gelten, gibt es nicht. Leberschädigungen treten ein bei einem täglichen Alkoholkonsum von mehr als 60 g bei Männern und mehr als 20 g bei Frauen.

Bei 80 g täglichem Alkoholkonsum können Sie aber davon ausgehen, daß diese Menge akute Gefahr bedeutet. *akute Gefahr*

Geht es noch deutlich darüber hinaus, ist es zulässig, Alkoholismus zu vermuten.

**1 Gramm Alkohol je 1 Kilogramm Körpergewicht pro Tag sind unstrittig zuviel.**

47

**Faustregel zur Ermittlung des Blutalkoholgehalts**

Sie haben zuvor erfahren, wie Sie die Alkoholwerte Ihrer Getränke ermitteln; nun können Sie nach der folgenden Faustregel auch den ungefähren Blutalkoholgehalt errechnen:

$$\frac{\text{konsumierter reiner Alkohol in Gramm}}{\text{Körpergewicht in Gramm} - \frac{1}{3} \text{(für das Knochengerüst)}} = \text{Promille/Blutalkohol}$$

Ein Rechenbeispiel:
Sie haben mittags(!) ein Geschäftsessen, bei dem ungefähr 66 Gramm Alkohol genossen werden (die Menüfolge finden Sie im 12. Kapitel, Seite 217); Sie wiegen 75 kg.

$$\frac{66\ \text{g}}{75\ \text{kg} - 25\ \text{kg}} = \frac{66}{50.000} = 1,32\ \text{Promille}$$

48

# Wie schnell wird man zum Betroffenen?

## Die Gefährdungslage bei kontrolliertem, aber regelmäßigem Genuß

»Es sind schon mehr Menschen im Glas als im Meer ertrunken.«

Nicht jeder, der Alkohol trinkt, wird Alkoholiker.
Aber jeder, der Alkohol trinkt, kann Alkoholiker werden!

Wer Alkoholiker wird, kann niemand vorhersagen. Es gibt nicht die Alkoholiker-Persönlichkeit, es gibt auch keine anderen Merkmale, an denen man genau erkennt, wer abhängig wird. Der Akademiker, der Arbeiter, der Direktor, der Beamte, Mann oder Frau, reich oder arm, jung oder alt – niemand ist sicher. *Keine Prognose*

Jeder sollte sich von Zeit zu Zeit selbst die Frage stellen, ob er den Alkohol noch beherrscht oder ob der Alkohol bereits beginnt, ihn zu beherrschen.

Wer ist gefährdet? *Wer ist*
Gefährdet sind alle, die versuchen mit Alkohol *gefährdet?*
- ihre Stimmung zu heben
- ihre Hemmungen zu überwinden
- ihre Aufgaben zu bewältigen
- ihre Probleme zu lösen
- ihre Schmerzen zu ertragen

Viele sind auf diese Weise abhängig geworden.

Nur eines ist sicher:

*Risikofaktoren*

> **Das Risiko steigt mit der Menge und der Häufigkeit des Alkoholkonsums. Häufiger Alkoholgenuß kann zur Gewöhnung, zur Sucht führen.**

## Die Ursachen des Alkoholismus

Über die Ursachen der Alkoholabhängigkeit gibt es bis heute keine schlüssigen Erklärungen. Warum wird bei gleichen äußeren Bedingungen, das heißt, dem Genuß von Alkohol in gleicher Art und Menge bei im übrigen gleichen physischen Voraussetzungen der eine alkoholabhängig und der andere nicht?

*Ursachen*     Vermutet werden folgende Ursachen:

*Erbanlagen*   • Aufgrund von Erbanlagen können Stoffwechselprobleme bestehen, die zu einer erhöhten Suchtanfälligkeit führen.

*Erziehung*    • Die Erziehung scheint auch eine Rolle zu spielen. Bei Alkoholikern ist häufiger festzustellen, daß sie nicht gelernt haben, ihre Probleme zu bewältigen, sondern vor ihren Problemen davonlaufen.

*Umgebungs-*   • Schließlich ist der Umgebungseinfluß von Bedeu-
*einfluß*        tung: Das elterliche Vorbild, die häuslichen Trinkgewohnheiten, die Verfügbarkeit von Alkohol (die ›gut sortierte‹ Hausbar) sind Faktoren, die den Einstieg in die Alkoholabhängigkeit erleichtern.

*Probleme*     • Darüber hinaus ist auch der psychische Zustand des Trinkers wichtig. Persönliche Schwierigkeiten, familiäre oder berufliche Probleme, Überforderungssituationen begünstigen den Eintritt der Alkoholkrankheit.

Der Alkoholkonsum läßt sich nicht trennen in einen dienstlichen oder privaten Konsum. Der ›private‹ Schnaps wirkt genauso wie der ›dienstliche‹.

*kein Problem-*
*löser*

---

**Alkohol löst keine Probleme!**
**Wenn Alkohol Probleme macht, so ist immer der**
**Alkohol das Problem.**

---

## Der Restalkohol und seine Verweildauer

*Restalkohol*  Häufig wird der Restalkoholwert dramatisch unterschätzt. Dies verdeutlicht folgendes Beispiel:

*Beispiel*     Ein Mann mittlerer Größe und Gewichts (75 kg) trinkt im Laufe von vier Stunden von 20.00 bis 24.00 Uhr

7 Glas Bier ($\frac{1}{2}$ l Glas)

50

oder 1,5 Liter Rotwein
oder 0,4 Liter scharfe Getränke (42%)
oder eine Mixtur aus diesen Getränken

Er hat damit etwa 2,8 Promille Blutalkoholgehalt er- *2,8‰ Konsum*
reicht und ist somit volltrunken. Das wirkt sich je nach
Trinkgewohnheiten, körperlicher Verfassung und Ta-
gesform unterschiedlich aus. Möglicherweise fühlt sich
der Mann noch recht wohl.

Der Alkoholabbau im Körper erfolgt mit ca. 0,15 Pro- *0,15‰ Abbau*
mille stündlich bei Männern (bei Frauen etwas weni- *pro Stunde*
ger), auch bereits während der Trinkzeit. Trotzdem hat
bei insgesamt 2,8 Promille Blutalkohol der Konsument
nach Beendigung der Trinkzeit (hier: 4 Stunden) noch
einen Blutalkoholgehalt von 2,2 Promille.

Nach relativ langem Schlaf setzt der Mann sich um 7.00
Uhr in sein Auto und fährt zur Arbeit. Er hat in 7 Stunden 1 weiteres Promille abgebaut und fährt nun neben
seinem Kater (englisch: hangover) auch noch 1,2 Promille Restalkohol spazieren. Nach den gesetzlichen To- *1,2‰ Rest-*
leranzwerten befindet er sich im Zustand stark einge- *alkohol*
schränkter Fahrtüchtigkeit. Erst etwa ab 10.00 Uhr
vormittags ist er unter die 0,8 Promille-Grenze gesunken. Und dann besitzt er immer noch nicht die volle
Fahrtüchtigkeit.

In gleicher Weise verhält es sich mit seiner Arbeitsfä- *nicht arbeits-*
higkeit. Wer mit einem Restalkoholgehalt von 1,2 Pro- *fähig*
mille oder mehr morgens in seiner Firma erscheint,
kann nicht über die Aufmerksamkeit, die Wendigkeit,
die Reaktionsschnelligkeit verfügen, um Arbeitsabläufe
– gleich an welchem Arbeitsplatz – wie ein nüchterner
Mitarbeiter zu erfassen. Fehler, Qualitätsmängel, Unfälle sind Folgen.

Wenn in dieser Situation zur Bekämpfung des Nachdur- *Nachdurst*
stes dann noch das eine oder andere Bier draufgesetzt
wird, (Volksmund: wenn man mit dem anfängt, mit dem
man aufgehört hat, geht es einem bald wieder besser) ist
der Mitarbeiter schnell wieder jenseits der Grenze der
Arbeitsfähigkeit.

Private Feiern zu Hause und die üblichen Gelegenheiten
am Arbeitsplatz kommen zusammen – diese Situation

51

ergibt sich öfter, als es auf den ersten Blick erscheint. Die ungenügende Aufklärung über den Abbau des Alkoholgehaltes im Blut schafft dann den Rest.

So kommt es immer wieder mal vor, daß jemand – bedingt durch ›frohe Feste‹ – mehrere Tage hintereinander nie ganz ohne Alkohol ist.

Und das ist möglicherweise schon der Einstieg!

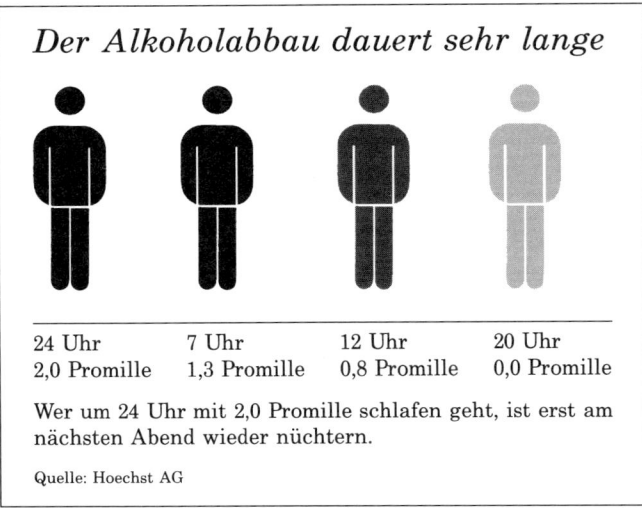

## Der Alkoholabbau dauert sehr lange

| 24 Uhr | 7 Uhr | 12 Uhr | 20 Uhr |
|---|---|---|---|
| 2,0 Promille | 1,3 Promille | 0,8 Promille | 0,0 Promille |

Wer um 24 Uhr mit 2,0 Promille schlafen geht, ist erst am nächsten Abend wieder nüchtern.

Quelle: Hoechst AG

## Klären Sie auf!

Die Institutionen und die Betriebe müssen hier verstärkt Aufklärung leisten. Die Beteiligten müssen wissen, wie lange eine Alkoholisierungsphase anhält. Sie müssen realistische Vorstellungen erhalten und sich dann auch entsprechend einrichten können.

*realistische Vorstellung*

Nur so kann mit dem Irrglauben aufgeräumt werden, daß nach einer durchzechten Nacht ›eine Mütze voll Schlaf‹ und ein starker Kaffee ausreichen, um einen gestandenen Mann wieder auf die Beine zu bringen.

Die Unkenntnis dieser Zusammenhänge trägt dazu bei, daß jemand unmerklich vom Beteiligten zum Betroffenen wird.

Behalten Sie in Erinnerung:

> **Nicht jeder, der Alkohol trinkt, wird Alkoholiker.**
> **Aber jeder, der Alkohol trinkt, und insbesondere der, der viel Alkohol trinkt, kann Alkoholiker werden.**

*viel Alkohol –*
*viel Risiko*

## Die Problematik der Griffnähe

Die Griffnähe zum Alkohol und das Konsumverhalten hängen unmittelbar zusammen. Das Marktforschungsinstitut INFRATEST GESUNDHEITSFORSCHUNG[1] hat mit einer Repräsentativerhebung bei alkoholgefährdeten Jugendlichen in Bayern festgestellt, daß dem Ausschank von Alkohol in Werkskantinen und durch Automaten eine beträchtliche Bedeutung zukommt.

*Entstehungs-*
*bedingung*

Die wesentlichste Entstehungsbedingung für das Mißbrauchsverhalten ist die ›Griffnähe‹ am Arbeitsplatz; täglicher Konsum in der Arbeitswelt verwischt die Trennschärfe zwischen normalem Trinkverhalten und pathologischem Alkoholmißbrauch.

*Griffnähe*

**Der Arbeitsplatz** ist für viele Alkoholiker der 1. Schritt in die Krankheit.

*1. Schritt . . .*

Unverständlich und nicht mehr erklärbar ist deshalb neuerdings die Alkoholpolitik einiger Firmen, die Automaten aufstellen, die den sogenannten ›Sechs-Zylinder‹ (Einwegflaschen im 6er Umkarton) anbieten: da wird ein sicherlich notwendiges Getränkeangebot zur Verkaufsförderungs-Aktion für alkoholische Getränke.

Ebenso skandalös ist die Duldung des Spirituosenverkaufs in Kantinen – die Griffnähe wird hier provoziert.

*. . . wird*
*provoziert*

Genauso sind Ausländer immer wieder erstaunt, daß auf deutschen Autobahnraststätten ein komplettes alkoholisches Getränkeangebot, auch Hochprozenter, nahezu

---

1 „Alkohol Drogen Medikamente Tabak", Jugend fragt Jugend, Repräsentativerhebungen bei Jugendlichen in Bayern, zuletzt 1984.

rund um die Uhr angeboten wird. Trinken das alles die
Beifahrer?

Ähnlich: Bundeswehrkantinen und Hochschulen ohne
Bierautomaten – undenkbar!

*Getränkesteuer*  Im Bundesland Hessen wurde in den letzten Jahren die
Getränkesteuer wieder eingeführt. Besteuert werden
alle in der Gastronomie konsumierten alkoholfreien
und alkoholhaltigen Getränke außer Fruchtsäften und
**Bier**.

## Doch es geht auch anders.

Von Disneyland in Amerika bis zur Europameister-
schaft im Fußball, sie haben eines gemeinsam – es wird
kein Alkohol verkauft. Die Schweizer Lebensmittelhan-
delskette MIGROS verkauft ebenfalls keinen Alkohol.
Und daß sogar Gaststätten von ganz breiten Konsumen-
tenschichten akzeptiert werden, auch wenn grundsätzlich kein Alkohol angeboten wird, beweisen einige
Fast-food-(›Hamburger‹)-Ketten, ›non-alcoholic‹ Lokale
– allerdings nicht in Deutschland.

## Trinkgewohnheiten im Betrieb

Auf die Unternehmen bezogen, sind die Belegschaften
wie folgt einzustufen:[2]

1. Abstinent gegenüber dem Alkohol sind etwa 5% aller
   Mitarbeiter

2. Ein normales Trinkverhalten bei alkoholischen Getränken haben etwa 60% der Mitarbeiter

3. Durch ihre Trinkgewohnheiten bereits akut alkohol-
   gefährdet sind etwa 30% der Mitarbeiter

4. Alkoholkrank sind etwa 5% der Mitarbeiter.

2 MANAGEMENTWISSEN 6/87, Seite 76 ff.

Der Autor schließt sich folgender Einstufung an:[3]

  6% Abstinente
14% fast Abstinente
32% schwache Konsumenten
45% starke Konsumenten, davon ⅓ exzessiv und damit
       hochgradig gefährdete Trinker (= 15%)
  3% pathologische[4] Konsumenten

**Und damit sind wir bei dem Thema Alkoholmiß-
brauch am Arbeitsplatz. Denn bei aller vermeintlichen Toleranz – bei Alkoholauffälligkeit reagiert
der betriebliche Alltag stocknüchtern.**

3 nach: A. TROJAN, Epidemiologie des Alkoholkonsums und der
   Alkoholkrankheit in der Bundesrepublik Deutschland (1980)
4 pathologisch = krankhaft

# Entscheidungshilfen für Führungskräfte

1. 1 Gramm reiner Alkohol je 1 Kilogramm Körpergewicht pro Tag ist unstrittig **Alkoholmißbrauch.**

2. Das Risiko des Alkoholismus steigt mit **Menge und Häufigkeit** des Alkoholkonsums.

3. **Gefährdet ist jeder**, der versucht, durch Alkohol die eigenen Stimmungen und Befindlichkeiten zu beeinflussen.

4. Durch die **»Griffnähe«** des Alkohols ist der Arbeitsplatz für viele Gefährdete der erste Schritt in die Krankheit.

5. Durch ihre Trinkgewohnheiten gefährdet sind etwa **15%** der Mitarbeiter im Betrieb, **3%** sind bereits erkrankt.

**Fazit:** Führungskräfte sind informiert über den **Alkoholgehalt** von Getränken und die **Problematik des Restalkohols.** Sie kennen Trinkgewohnheiten in ihrem Betrieb und sorgen nachhaltig für alkoholfreie Arbeitsplätze.

# 4. Kapitel

# Das private Umfeld des von der Alkoholkrankheit Betroffenen

**Jugend und Alkohol**
– Das Jugendschutzgesetz

**Erwachsene und Alkohol – Der Einstieg**
– Konflikte bahnen sich an
– Dekompression
– Familiäre Therapie versagt

**Was ist Zumutungstoleranz?**
– Die wirtschaftlichen Folgen des Alkoholkonsums
– Geringe Aktivitäten in der Familie
– Abtauchen in die Verheimlichung
– Steigende Zumutungstoleranz
– Das urbane Umfeld schafft Anonymität

**Die Chance für wirksame Hilfsmaßnahmen**
– Das Gespräch mit dem Hausarzt
– Das Gespräch mit dem Vorgesetzten
– Die vorübergehende Trennung

**Einbindung in das Behandlungsregime**
– Gute Chancen
– Lösungsansätze
– 4 Schritte zum Erfolg
– Der neue Anfang nach der Kur

**Entscheidungshilfen für Führungskräfte**

# Jugend und Alkohol

Von je 100 Arbeitslosen sind im Jahresdurchschnitt 1991 in den EG-Ländern Jugendliche unter 25 Jahren:

| | | |
|---|---|---|
| Bundesrepublik Deutschland | 14 Jugendliche | *Arbeitslose* |
| Dänemark | 24 Jugendliche | *Jugendliche* |
| Belgien | 28 Jugendliche | |
| Frankreich | 29 Jugendliche | |
| Niederlande | 30 Jugendliche | |
| Großbritannien | 32 Jugendliche | |
| Luxemburg | 33 Jugendliche | |
| Irland | 34 Jugendliche | |
| Spanien | 37 Jugendliche | |
| Portugal | 42 Jugendliche | |
| Griechenland | 44 Jugendliche | |
| Italien | 50 Jugendliche | |

Insgesamt sind das in der EG durchschnittlich 34 Jugendliche unter 100 Arbeitslosen gewesen.

Jung und mit Tatendrang stellt sich dieses Potential dem Arbeitsmarkt. Ist keine Arbeit vorhanden, ist diese Kombination für die Betroffenen deprimierend und für die Gesellschaft brisant.

Die Gefährdungslage bei diesem Personenkreis ist für ein Ausweichen in den Alkohol besonders stark. Dieses Problem in den Griff zu bekommen ist daher eine vorrangige gesellschafts- aber auch unternehmenspolitische Aufgabe: durch das Schaffen von Ausbildungs- und Arbeitsplätzen.

*besondere Gefährdung*

Die AOK[1] berichtet von Untersuchungen, die zeigen, daß in unserem Land eine gefährliche Tendenz zum Kinder- und Jugendalkoholismus besteht.

---

1 »Sie lieben Ihr Kind«, Broschüre der AOK

*9 von 10 Jugend-*
*lichen trinken*
*Alkohol*

Jugendliche beginnen heute schon in frühen Jahren zu trinken. Jeder zweite Jugendliche (12–14 Jahre) hat Kontakt mit Alkohol gehabt, jeder zwanzigste trinkt bereits regelmäßig. Dies verstärkt sich in den folgenden Jahren, so daß bei den Jugendlichen (14–18 Jahren) 9 von 10 Jugendlichen Alkohol trinken.

Damit ist der Alkohol in eine Altersstufe eingedrungen, die besonders sensibel auf Giftstoffe reagiert. Die seelischen und körperlichen Folgen unkontrollierten Alkoholgenusses sind um so schwerwiegender, je früher damit begonnen wird; desto stärker drohen auch Abhängigkeit und seelisch-körperlicher Zusammenbruch.

Viele Jugendliche versuchen, mit Alkohol ihre Stimmung zu verbessern. Zur Überwindung von Hemmungen, insbesondere gegenüber dem anderen Geschlecht, Liebeskummer, Partnerschaftsproblemen, Problemen mit Elternhaus, Schule und Arbeitsplatz wird Alkohol eingesetzt. Das tun vor allem diejenigen, die besondere Pubertätsschwierigkeiten haben.

Äußere Umstände begünstigen den Alkoholkonsum, denn in den meisten Gaststätten ist Alkoholisches billiger als Alkoholfreies. Viele Diskotheken führen alkoholfreie Getränke zu empfindlich höheren Preisen: »Ich krieg mehr (alkoholisches) Trinkbares für meine Mark.«

Übrigens auch am Arbeitsplatz! Da ist es für Kleinverdiener oder Taschengeldbezieher eben ›wirtschaftlicher‹ 0,5 l Bier für 1,50 DM ( = 30 Pfg/0,1 l) aus dem Automaten zu ziehen, als 0,33 l Fanta für 1,– DM (33 Pfg/0,1 l).

*Preiskontrolle*

Bitte kontrollieren Sie unter diesem Aspekt die Preise in Ihrer Kantine und den Automaten.

---

**Forderung: Alkoholfreie Getränke sind immer günstiger anzubieten als alkoholhaltige.**

---

*alkoholfreie*
*Getränke günsti-*
*ger anbieten*

Eine weitere Forderung richtet sich deshalb an die Betriebe, in denen ein Alkoholverbot kurzfristig nicht durchgesetzt werden soll oder kann.

Tip: Jetzt gibt es endlich auch in Deutschland ›**Light**‹-
**Bier**. Das ist ein erheblich alkohol- und damit auch
kalorienreduziertes Leichtbier.

Alkoholfreie Biere haben sich in den letzten Jahren am
Markt etabliert. Es handelt sich hierbei um eine emp-
fehlenswerte Alternative. Zumindest für die Betriebe,
die meinen, Bier gehört zur Arbeit. Dann aber bitte ein
in Maßen genossenes ›Arbeitsplatz-Bier‹.

Führungskräfte müssen mithelfen, junge Menschen ur-
teils- und entscheidungsfähig im Umgang mit Alkohol
zu machen. Sie müssen die Toleranzschwelle ausbauen
helfen, die es bei jeder Gelegenheit gestattet, auf Alkohol zu verzichten, ohne unhöflich zu sein.

Jugendliche müssen früh und eindringlich auf die Gefahren des Alkoholkonsums aufmerksam gemacht werden. Mancher Jugendliche ist über ein falsch verstan-
denes Erwachsenenbild (Männlichkeitsideal), vielleicht auch durch ›Anmache‹ von Kollegen oder
Altersgenossen zum Alkohol verführt worden.

Und es gibt auch heute noch Betriebe, in denen es ›Bestandteil‹ der Ausbildung ist, den Jugendlichen den
Alkohol schmackhaft zu machen.

Das Thema Alkohol am Arbeitsplatz zu tabuisieren und *Führungs-*
den noch anfangs überwiegend abstinenten Jugendli- *aufgabe*
chen **Schutz vor animierenden Kollegen** zu geben, ist
eine weitere Führungsaufgabe.


## Das ›Jugendschutzgesetz‹

Seit dem 1. April 1985 ist das überarbeitete Gesetz zum
Schutz der Jugend in der Öffentlichkeit in Kraft. Für
den Verkauf und die Abgabe von Alkohol ist von besonderer Bedeutung:

Für Jugendliche unter 18 Jahren gilt: *neue*
*Bestimmungen*
- keine Abgabe von Branntwein
- keine Abgabe von branntweinhaltigen Getränken
- keine Abgabe von Lebensmitteln, die Branntwein in
  nicht nur geringfügigen Mengen enthalten (z. B. Eisbe-
  cher mit Alkoholzusatz und alkoholhaltige Pralinen).

61

Darüber hinaus gilt für Kinder und Jugendliche unter
16 Jahren:

- keine Abgabe von anderen, ›weichen‹ alkoholischen
  Getränken (Bier, Wein, Apfelwein usw.)
- kein Verkauf alkoholischer Getränke aus Automaten.

*Wichtiger
Hinweis*

**Dieses generelle Abgabeverbot gilt auch für die
Botentätigkeit von Jugendlichen!**

# Erwachsene und Alkohol – Der Einstieg

Enttäuschungen, fehlende Geborgenheit, Partner-
schaftsprobleme, allgemeine Unzufriedenheit, Sorgen
um den Beruf, Streßsituationen, Überforderung, Unterforderung sind häufig die Gründe für immer exzessiver
werdenden Alkoholkonsum.

*Gründe*

Es ist bereits erwähnt, daß jeder selbst darüber entscheidet, ob er im Alkohol einen Freund besitzt, der ihm als
Genußmittel Freude bereitet, den er in besonderen Situationen als Medizin in Anspruch nimmt, oder ob er
sich durch übermäßigen Konsum zum Abhängigen des
Alkohols macht.

Der Alkohol verdrängt nur kurz – **die Sorgen ziehen
nach.**

## Hoher Alkoholkonsum in der Familie

Die Gefährdungs-Situation kann dadurch entstehen,
daß im häuslichen Bereich grundsätzlich viel Alkohol
getrunken wird; wenn daran alle Erwachsenen beteiligt
sind und niemand Anstoß nimmt, fällt es unter Umständen gar nicht auf, daß sich im Kreis der Familientrinker
jemand in einer akut gefährdeten Situation befindet.
Dabei kann das Familien-Milieu durchaus gut situiert
sein. Diese Situation wird dem Alkoholgefährdeten in
zweierlei Hinsicht ›zugute‹ kommen:

*Familientrinker*

1. Er kann seinen notwendigen Alkoholkonsum unauffällig im Rahmen der familiären Trinkgewohnheiten
   decken. Er braucht zunächst gar nicht heimlich zu
   trinken, sondern die offiziellen Trinksitten (die nicht
   mißbräuchlich sein müssen) gestatten ihm, seinen
   Bedarf zu decken.

*unauffällig*

2. Die Angehörigen empfinden das Trinkverhalten als
   normal. Es gibt keine Reaktionen, der Haussegen
   hängt nicht schief, es schlägt einfach keine Alarm-
   glocke.
   Der Betroffene fällt als akut Gefährdeter nicht auf.

*›normal‹*

## Konflikte bahnen sich an

Gehen wir für die weiteren Überlegungen davon aus, daß in den Familien nicht gemeinschaftlich viel getrunken wird.

*erste Auffälligkeit*

Der Betroffene fällt den Familienmitgliedern durch immer häufigeren und stärkeren Alkoholgenuß auf. Welche Anlässe für das Trinken auch immer gegeben sind, der Beobachtete trinkt anders. Die Solidargemeinschaft Familie reagiert zunächst damit, dem Betroffenen innerfamiliär zu helfen. Eigene Konzepte der Angehörigen greifen aber nur dort, wo ganz frühzeitig gegengesteuert wird.

*1. Impuls von außen*

Der erste Impuls kommt häufig von außen; mal ist es die Frage »Trinkt Ihr immer so viel?«, mal ist es die Aussage »das ist aber nicht mehr normal . . .«.

Jetzt werden die Auffälligkeiten des Betroffenen unübersehbar und es folgen weitere Reaktionen.

In einer Umgebung mit generell weniger Alkoholkonsum wäre ein mißbräuchlich Konsumierender erheblich früher aufgefallen.

*Phänomen des Co-Alkoholismus*

Auffallend ist auch hier das Phänomen des Co-Alkoholismus, das heißt die Argumentation des Abhängigen ist übernommen, beispielsweise, daß besondere Situationen (viel Arbeit) auch besondere Mittel (Alkohol) rechtfertigen:
Stützungskäufe bei der Beschaffung, Übernahme der Bevorratung, Akzeptanz, zumindest Duldung, verstecken, verleugnen, verschleiern, rechtfertigen . . .

*Gefahr wird ignoriert*

Daraufhin angesprochen sind die Angehörigen tatsächlich der Meinung, daß sich alles im Rahmen hält.

Trotz der massiven Eingriffe in das Familienleben sind die Angehörigen über lange Zeit hinweg nicht bereit, die Probleme mit kompetenten Gesprächspartnern zu behandeln.

Der Partner des Alkoholgefährdeten befindet sich auch in einer schwierigen Situation.

## Dekompression

Die Arbeitswelt und entfernt stehende Bekannte akzeptieren das Konsumverhalten nicht mehr. Von verschiedenen Stellen wird Druck ausgeübt, werden Alarmzeichen gegeben. Diesem von außen kommenden Druck wird durch einen falsch verstandenen Beistand ›die Luft herausgelassen‹.

*Leidensdruck verpufft*

Der anderenorts ausgeübte Leidensdruck verpufft durch eine undichte Stelle, meistens in der Familie.

## Familiäre Therapie versagt

Die Therapie der Angehörigen versagt dort, wo zu wenig Kenntnis über den Umgang mit der Alkoholkrankheit vorhanden ist – und das ist bei dem überwiegenden Teil der Bevölkerung der Fall.

*zu wenig Kenntnis*

Dem Wunsch »trink doch nicht so viel« folgt die Erklärung, die Ausrede, der Streit und schließlich die Zusage, den Konsum zu reduzieren – bis zum nächsten Mal. Das Ritual wiederholt sich unendlich. Irgendwann reift die Erkenntnis, daß alles Bitten nichts bewirken kann, und damit festgestellt werden muß: der betroffene Angehörige ist alkoholkrank.

*wünschen und hoffen*

Auch Drohungen und die damit verbundenen Konflikte führen keine Änderung herbei. Der Leidensdruck für den Betroffenen ist noch nicht groß genug.

Die Angehörigen haben meist noch nicht die Schwelle erreicht, die es ihnen gestattet, ihre Scheu vor der Inanspruchnahme von Hilfen durch Außenstehende abzulegen.

Im Gegenteil: Bisher haben sie versucht, den ›Fall‹ geheimzuhalten. Sie sind ängstlich darum bemüht, nichts über den Zustand ihres Angehörigen nach außen dringen zu lassen.

*nichts nach außen dringen lassen*

65

# Was ist ›Zumutungstoleranz‹?

*Leidensdruck*
*für Angehörige* Leidensdruck ist also nicht nur für den Betroffenen, sondern paradoxerweise auch im umgekehrten Verhältnis
für seine Angehörigen nötig, damit diese ihre Hemmungen zur Inanspruchnahme von Hilfe durch Dritte überwinden.

Erst langwierige, schwerwiegende Konflikte, die bis an
die Grenze der Belastbarkeit in der Familie gehen, sind
erforderlich, um eine Verhaltensänderung herbeizu-
führen.
Diese Form des Leidensdrucks gegenüber den Angehörigen wird hier Zumutungstoleranz genannt.
Diese Zumutungstoleranz wird jetzt gefordert.

## Die finanziellen Folgen des Alkoholkonsums

Alkoholische Getränke sind teuer. Trinkt der Betroffene
exzessiv, wird das im Finanzhaushalt der Familie spür-
bar. Das Einkommen ist verplant, und die Reserven sind
begrenzt. Der Streit ums Geld ist damit programmiert.

*erhebliche*
*Schäden* Der Alkoholgefährdete sieht sich in der Situation, daß
seine Familie ihm den Alkohol nicht gönnt, den er doch
gerade jetzt mal benötigt. Geld wird damit das vorder-
gründige Problem. Hat die Beschaffung des ›Stoffes‹ für
den in Abhängigkeitsproblemen Befindlichen schon
viel Geld gekostet, das den Familienetat unangemessen
belastet, so erreichen die Auseinandersetzungen über
das Geld den Kulminationspunkt, wenn gravierende
Schäden infolge des Alkoholgenusses eintreten; beispielsweise: Trunkenheitsfahrten mit damit verbundenen Geldbußen, Kraftfahrzeugschäden, Führerschein-
verlust, Sachschäden und dergleichen mehr.

## Geringe Aktivitäten mit der Familie

Der Alkoholkonsum des Betroffenen stört das Zusammenleben der Familie nun nachhaltig. Die vielen Streitereien haben eine angespannte Atmosphäre erzeugt. Das ist schon keine gute Voraussetzung für gemeinsame Aktivitäten des Betroffenen und seiner Familienangehörigen im Sinne von Freizeitgestaltung, positiv erlebtem Feierabend, Wochenendausflügen, Urlaub.

*Spannungen kommen auf*

Die Kinder spüren ihre Ohnmacht und ziehen sich zurück, der Betroffene hat in erster Linie sein Beschaffungsproblem zu bewältigen, der Partner steht allein und weiß sich keinen Rat.

*Kinder ziehen sich zurück*

Das führt oft dazu, daß alle Familienangehörigen eine große Betriebsamkeit entfalten, um Anlässe zu finden, die es ihnen gestatten, für bestimmte Aktivitäten den familiären Bereich zu verlassen. Sie flüchten aus dem Haus, um dem ständigen Unfrieden, dem Streit und der eigenen Hilflosigkeit gegenüber dem Betroffenen zu entgehen.

Inzwischen ist durch die immer häufiger werdenden Anlässe die Sensibilität der Familienangehörigen, insbesondere des Partners, geschärft.

Und der Betroffene selbst fühlt sich durch seine Familienangehörigen beobachtet und gegängelt. Und dies in seiner privaten Intimsphäre, wo er doch zu Hause nicht auch noch ›geradegehen‹ wollte, was er ja ohnehin schon den ganzen Tag im Beruf tun muß. Er fühlt sich unverstanden und ungerecht behandelt.

Gedanken der Alkoholgefährdung liegen ihm fern, er ist grundsätzlich nicht bereit, über seine Trinkgewohnheiten mit sich reden zu lassen. Die gelegentlich bei Zwischenfällen entwickelten Schuldgefühle werden verdrängt und Versprechungen nicht eingehalten. Er versucht, sich der Beobachtung zu entziehen, trinkt heimlich, gierig und hat immer häufiger Gedächtnislücken. Er verliert schließlich die Kontrolle über seine Trinkmengen, sucht neue Ausreden, Stimmungsschwankungen werden deutlich, sein Benehmen wird zunehmend aggressiv. (JELLINEK, 3. Kapitel, S. 78 ff.)

*Schuldgefühle werden verdrängt*

*Kämpfe mit wechselnden Koalitionen*

Diese Phase in der Familie ist gezeichnet von verdeckten und offenen Kämpfen mit wechselnden Koalitionen in der Familie. Dadurch, daß die Familie jetzt so massiv reagiert und viel Kraft des Betroffenen bindet, lautet seine Ausrede jetzt: Die Familie ist der Grund seines Trinkens.

*Andere sind schuld*

Auch jetzt noch: Alle anderen sind schuldig, nur der Betroffene selbst nicht.

*Unkontrollierte oder extreme Verhaltensweisen*

Problematisch wird es dort, wo Familienangehörige auffordern, noch einen zu trinken, damit man ›genießbar‹ wird; während kleine Kinder jetzt in solchen Situationen den Elternteil ausdrücklich auffordern »Mama, trink doch ein Glas Rotwein, damit du wieder ruhig wirst . . .« ziehen sich ältere Kinder zurück. Der übliche Generationskonflikt innerhalb der Familie wird durch unkontrollierte, extreme Verhaltensweisen und Forderungen des alkoholkranken Elternteils verstärkt. Diese Verhaltensweisen, deren Skala von extremer Aggressivität bis zur totalen Gleichgültigkeit reicht, disqualifizieren den Betroffenen in den Augen seiner Angehörigen.

## Abtauchen in die Verheimlichung

*›under-cover-drinker‹*

Die vorstehend beschriebenen Verhaltensweisen des Partners und der Kinder sollen durch das Abtauchen des Betroffenen in die Verheimlichung vermieden werden:

- der Konsum wird abgestritten,
- Alkohol wird heimlich getrunken,
- volle und leere Flaschen werden versteckt,
- das kurzzeitige Verlassen der häuslichen Gemeinschaft genutzt, ›einen Hieb‹ zu nehmen.

Die Angehörigen werden mit Hustenbonbons vermeintlich irritiert; dabei ist für sie das Auftauchen dieses Geruchsbildes erst das sichere Indiz.

## Steigende Zumutungstoleranz

Mit der steigenden Zumutungstoleranz, die der Betroffene durch sein Verhalten und seine Eskapaden seinen Angehörigen zumutet, wächst deren Bereitschaft, weitere private Bezugspersonen ins Vertrauen zu ziehen.

Die bisher praktizierte Geheimhaltung des peinlichen ›Falls‹, und die Hoffnung auf Besserung haben versagt. Von den Freunden und Verwandten erhofft man sich Hilfe, indem diese dem Betroffenen ›gehörig‹ ins Gewissen reden und sich um ihn ›kümmern‹. Damit wird das erste, kleine Behandlungsregime begründet.

*Geheimhaltung versagt*

Bei den entfernteren Verwandten, Freunden und Bekannten kommt es im Grunde heute auch nur noch in Ausnahmefällen zu Fehlverhalten, wenn sie von dem Problem Kenntnis erhalten. Die abrupte Abwendung von dem Alkoholgefährdeten bzw. Alkoholkranken (»mit Säufern wollen wir nichts zu tun haben«) gibt es so gut wie nicht mehr.

*wichtige Unterstützung*

Die Problemstellung ist durch Aufklärungsarbeit weitgehend bekannt und die Beteiligten wissen im allgemeinen, daß es jeden von ihnen treffen kann. So kann sich dieser Personenkreis als wichtige Unterstützung in der schwierigen Situation der nächsten Angehörigen bewähren und oft mit Ratschlägen und tätiger Hilfe zur frühzeitigen Rehabilitation des Alkoholgefährdeten bzw. Alkoholkranken beitragen.

## Das urbane Umfeld schafft Anonymität

Dabei kommt es übrigens darauf an, ob die Familie in einer Großstadt oder im ländlichen Bereich wohnt. In der Großstadt fällt es den Angehörigen relativ leicht, über einen langen Zeitraum hinweg den Zustand des Betroffenen zu verheimlichen und zu verschleiern. Die Anonymität der Großstadt läßt Auffälligkeiten untergehen.

*Einfluß der Nachbarschaft*

Ganz anders verhält es sich in ländlichen Gemeinden. Hier haben sich die Bürger gegenseitig ›im Blick‹, Auffälligkeiten werden schnell registriert und damit öffentlich.

Insoweit baut sich im ländlichen Bereich für den Betroffenen möglicherweise viel schneller eine Drucksituation auf, die hilfreich sein kann; allerdings läßt häufig dieses entfernte private Umfeld den Betroffenen nach mehreren vergeblichen Hilfsversuchen dann auch um so deutlicher fallen; man lebt dann halt mit so einem ›Fuzzy‹[1] in der Gemeinschaft.

1 Fuzzy ist ein ewig betrunkener ›Held‹ amerikanischer Western-Serien

# Die Chance für wirksame Hilfsmaßnahmen

Wenn der Mißbrauchsgefährdete auch den Hilfsangeboten und dem Rat seines privaten Umfelds nicht zugängig ist, wird irgendwann – meist relativ schnell – die Situation eintreten, daß die weiteren Verwandten, Freunde und Bekannten von dem Betroffenen abrücken und den Umgang mit ihm meiden. Auch in dieser Situation werden die unmittelbaren Angehörigen wieder stark gefordert. Für den Betroffenen beginnt sich der Teufelskreis immer schneller zu drehen, weil er das eingetretene Defizit mit weiteren Alkoholmengen zudecken muß.

*Gefahr der Isolierung*

Fazit für die Angehörigen: Was das engere und weitere private Umfeld nicht geschafft haben, muß nun durch systematische Wahrnehmung wirksamer Hilfen von außen erreicht werden.

*wirksame Hilfe von außen*

## Das Gespräch mit dem Hausarzt

Der Alkoholgefährdete nimmt relativ häufig ärztliche Hilfe in Anspruch. Es empfiehlt sich deshalb für den Partner, zunächst das Gespräch mit dem behandelnden Arzt zu suchen. Hier wird die Problematik offengelegt und versucht, den Arzt in das Behandlungsregime mit einzubeziehen.

*Hausarzt einbeziehen*

Der Mißbrauchsgefährdete wird die Inanspruchnahme fremder Hilfe subjektiv als einen Verrat an seiner Person betrachten. Es kommt zu heftigen Reaktionen. Aber wie extrem die Reaktionen auch sind, die Angehörigen müssen sich bewußt werden, daß sie es mit einem Kranken zu tun haben, der nicht mehr in der Lage ist, sich vernunftgemäß zu steuern!

*extreme Reaktionen einkalkulieren*

Nicht selten führt der Alkoholgefährdete als Reaktion auf die Inanspruchnahme kompetenter Hilfe durch die Angehörigen den Bruch mit seiner Familie herbei, und zwar so endgültig, daß auch nach der späteren Rehabilitation der Bruch nur schwer repariert werden kann.

71

## Das Gespräch mit dem Vorgesetzten

*Arbeitsplatz wichtiger als Familie*

Erfahrungsgemäß ist vielen arbeitenden Menschen der Arbeitsplatz wichtiger als die Familie.

Das Druckmittel Arbeitsplatz wird eingesetzt werden müssen, wenn das Problem kontrollierbar gemacht werden soll. Jetzt ist der Zeitpunkt gekommen, Kontakt mit dem Vorgesetzten des Betroffenen aufzunehmen.

*Vorgesetzten einbeziehen*

Auch hier muß sich der Partner davon lösen, sich Vorwürfe zu machen, weil er seinen Partner hintergeht und ihn bei seinem Vorgesetzten ›in die Pfanne haut‹.

Tritt auch der betriebliche Vorgesetzte dem mittlerweile großen Behandlungsregime bei, wird er das Gespräch mit dem Betroffenen aus betrieblicher Sicht aufbauen, um deutlich zu machen, daß ihm auch die betriebliche Basis entzogen wird, wenn sich sein Konsumverhalten nicht entscheidend verändert (9. Kapitel, Seite 155 ff.).

## Die vorübergehende Trennung

*Vertrauensfrage stellen*

Der Partner muß seine Aufmerksamkeit darauf legen, die Familie vor dem endgültigen Auseinanderbrechen zu schützen. Dabei ist eine vorübergehende Trennung der endgültigen Trennung vorzuziehen, insbesondere wenn die Kinder noch klein sind.
Die feststellbaren übersteigerten Trotzreaktionen des Betroffenen brechen später ohnehin wie ein Kartenhaus zusammen.

Es ist zulässig, die Vertrauensfrage zu stellen:
**entweder der Alkohol oder wir/ich.**

# Einbindung in das Behandlungsregime

So hat sich im günstigen Fall für den Betroffenen durch die Aktivität seiner Familie – wenn auch sehr spät – eine große Koalition gebildet. Die Familie, der Hausarzt, der Betrieb und gegebenenfalls auch die Krankenkasse, stellen bei diesem konzertierten Verhalten ein Behandlungsregime auf, gegen das der Betroffene mit seinen Ausreden und seinen Trinkgewohnheiten nicht mehr ankommt.

*konzertiertes Verhalten bringt Erfolg*

## Gute Chancen

Die Voraussetzung zur Erhöhung des Leidensdrucks für den Betroffenen ist gegeben und damit die Chance für dessen Bereitschaft, sich einer Therapie zu stellen.

*Leidensdruck konsequent erhöhen*

Die Einbindung dieser Stellen in ein Behandlungsregime während der Rehabilitation des Betroffenen stellt den wichtigsten Faktor auf dem Weg zum Erfolg dar. Das abgestimmte, gleichförmige Verhalten, das Zusammenwirken aller Beteiligten, die Verhinderung von Fluchtwegen für den Betroffenen sind ein sicheres Mittel, um den Erfolg der Rehabilitationsmaßnahmen zu gewährleisten.

Der Betroffene kann nicht mehr die Familie gegen den Betrieb ausspielen (oder umgekehrt), er kann sich nicht beim Hausarzt über betriebliche oder familiäre Dinge beschweren, er findet seine besten Freunde auf der anderen Seite und begreift schließlich, daß er sich zum eigenen Wohl dem Behandlungsregime beugen muß.

*Diktatur der Einsicht*

Dabei spielt die kompromißlose Verhaltensweise der nächsten Angehörigen des Betroffenen die entscheidende Rolle.

Erziehung zur Härte ist angesagt, zur Härte gegenüber dem Betroffenen, die im Einzelfall zwar schmerzlich ist, die aber die einzige Möglichkeit beinhaltet, durch Konsequenz zum Erfolg zu gelangen. Das Ziel ist die erfolgreiche Behandlung des Betroffenen und die dauerhafte

*Erziehung zur Härte*

73

Abstinenz nach der Entziehungskur (10. Kapitel, Seite 179 ff.).

*Der Alkoholiker
hat Probleme
weil er trinkt*

**Lösungsansätze
Der Alkoholiker trinkt nicht deswegen, weil er Probleme am Arbeitsplatz oder in der Familie hat; er hat deswegen Probleme, weil er trinkt.**

**Das Fazit der vorhergehenden Betrachtungen:**

- Erziehende sind Vorbild:
  Griffnähe und Konsumgewohnheiten können grundsätzlich schon in der Familie geregelt werden.
  Beispiele dafür sind:
  – nicht tagsüber trinken,
  – keine harten Getränke konsumieren,
  – Kindern und Jugendlichen grundsätzlich und ausnahmslos nie Alkohol zum Probieren geben.

- Es ist darauf hingewiesen, daß Alkohol zur Angstreduktion konsumiert wird. Hier müssen die Familie und der Betroffene prüfen, ob sie mit ihren Wünschen, Erwartungen und Forderungen die Meßlatte nicht zu hoch legen.
  Eine zweitbeste Lösung erweist sich manchmal als die allerbeste, wenn man daran denkt, was sie an Nerven und Kraft spart und erheblich weniger Streß verursacht.

- Kontakte mit alkoholgeneigten Freunden, Verwandten und Kollegen sind durch den Partner des Gefährdeten zu reduzieren, im Zweifelsfall durch die persönliche Ansprache: »Du trinkst mir zu viel!«

- Liegt ein Mißbrauchsverhalten vor, gilt es möglichst frühzeitig ein ›Behandlungsregime‹ (Seite 141) mit zu begründen;
  den Hausarzt dafür zu gewinnen, dürfte nicht schwerfallen (Seite 71).
  Die Initiative hat der Partner des Alkoholgefährdeten.

- Ich empfehle ausdrücklich dem Partner des Betroffenen, anläßlich einer geeigneten Situation, in einem

Vier-Augen-Gespräch mit dem Vorgesetzten diesen danach zu befragen, wie er – der Vorgesetzte – die Trinkgewohnheiten seines Mitarbeiters sieht.

a) Hat der Vorgesetzte bereits die Einsicht, daß das Trinkverhalten seines Mitarbeiters nicht normal ist, haben Sie die besten Chancen, ein erfolgreiches Behandlungsregime mit ihm zu gründen.

b) Ist die Einsicht des Vorgesetzten nicht vorhanden, d. h. eine Sensibilisierung für die Problematik ist nicht gegeben, liegt es häufig daran, daß der Vorgesetzte einen alkoholnahen Führungsstil praktiziert. Suchen Sie sich in diesem Fall einen Verbündeten außerhalb des Betriebs.

## 4 Schritte zum Erfolg

**Erster Schritt:** Anläßlich eines aktuellen Vorfalls macht der Ehepartner deutlich, daß er ab sofort die Konsumgewohnheiten so nicht mehr akzeptiert. Die Forderung: ein Gespräch mit dem Hausarzt.

*4 Schritte zum Erfolg*

**Zweiter Schritt:** Der Hausarzt wird vorinformiert mit der Bitte, eine geeignete Entziehungsmaßnahme zu empfehlen.

**Dritter Schritt:** Gleichzeitig wird der Vorgesetzte rückhaltlos informiert und gebeten, den Betroffenen mit der Forderung ›Kur oder Arbeitsplatz‹ zu konfrontieren.

**Vierter Schritt:** Von sofort an wird eine anonyme Selbsthilfegruppe, aus Gründen der Diskretion auch in einem entfernteren Ort, besucht, an der beide Partner beteiligt sind.

Beachten Sie hierbei auch die Hilfsangebote der im 13. Kapitel genannten Einrichtungen.

Es verbleibt als weitere Lösung einerseits möglichst viele, dem Betroffenen sehr nahe stehende Personen für das Behandlungsregime zu gewinnen und andererseits alle Kontakte, die zum Konsum animieren, zu reduzieren.

## Der neue Anfang nach der Kur

Der Betroffene hat nun endlich seine Rehabilitationsmaßnahmen eingeleitet. Informationen zu diesen Maßnahmen lesen Sie im 10. und 13. Kapitel.

*Die Aufgaben der Angehörigen*

Die schwierige Zeit des dauernden Hin und Her der Ereignisse und der Gefühle der Beteiligten ist beendet. Die
Aufgaben der Angehörigen sind jetzt nicht mehr die
Auseinandersetzungen mit einem häufig Betrunkenen,
nicht mehr die Verhinderung des heimlichen Trinkens,
nicht mehr die Aufdeckung von Verstecken und dergleichen; vielmehr liegen die Aktivitäten ganz eindeutig bei
der Hilfe zur Stabilisierung des trockenen Betroffenen.

Der Partner und die Familie sind in die Rehabilitationsmaßnahmen mit eingebunden und für die Strategien
genügend sensibilisiert.

*Alkohol auf der Verbotsliste*

Der Betroffene kommt schließlich in seinen vertrauten,
persönlichen Bereich zurück. Alkohol wird in dieser
Phase auch von den anderen Familienangehörigen auf
die Verbotsliste gesetzt.

*Mitarbeit in einer Therapie-Gruppe*

Die Eingliederung des Rehabilitanden in seinen betrieblichen Wirkungskreis verdient eine besondere Priorität.
Der Kontakt des Betriebs zu den Angehörigen wird also
erhalten bleiben, ebenso, wie die Angehörigen sich zur
Mitarbeit in einer Therapie-Gruppe (Selbsthilfegruppe)
bereitfinden und sich auch dort persönlich mit engagie-
ren.

*Kontakte selektieren*

Der psychologische Hintergrund des Wiedereintritts
des Betroffenen in seinen häuslichen Bereich ist für dessen Stabilisierung von großer Bedeutung. Das gilt nicht
nur für Betrieb und Familie, sondern auch für die Kontakte, die der Betroffene vor seiner Krankheit unter-
hielt. Ob bei Verwandten, Freunden, in Vereinen – der
Partner muß versuchen, die Kontakte zu selektieren
und möglichst viele Personen über die wesentlichen
Hintergründe und Maßnahmen des Behandlungsregimes zu orientieren.

Wenn der Abstinente dann soweit stabilisiert ist, daß er
den Halt in sich selbst gefunden hat und jederzeit selbst

entscheiden kann, was ihm schadet und was nützt, wird
er auch unangemessenen Versuchungen erfolgreich wi-
derstehen können. In der ersten Phase der Wiederauf-
nahme seiner früheren privaten Beziehungen ist jedoch
Vorsicht und Beistand angezeigt.

# Entscheidungshilfen für Führungskräfte

1. Der Alkoholiker trinkt nicht, weil er Probleme am Arbeitsplatz oder in der Familie hat; er hat deswegen **Probleme, weil er trinkt!**

2. Nach einer **Rehabilitationsmaßnahme** steht die Stabilisierung und Normalisierung des Betroffenen im privaten und betrieblichen Bereich im Mittelpunkt.

3. **Jugendliche** sind im betrieblichen Alltag besonders gefährdet; ihnen gehört eine spezielle Aufmerksamkeit.

4. Das den Mißbrauchsgefährdeten abschirmende Umfeld wird zum **Co-Alkoholiker.**

5. Nur das konzertierte Verhalten von privatem und beruflichem Umfeld schafft ein erfolgversprechendes **»Behandlungsregime«.**

**Fazit:** Führungskräfte nehmen frühzeitig mit dem Partner des Betroffenen Kontakt auf, um ein konsequentes, »Fluchtwege« vermeidendes **»Behandlungsregime«** aufzubauen.

# 5. Kapitel

# Arbeit und Alkohol

**Die Folgen des Alkoholkonsums im Betrieb**

**Beobachtungsmerkmale im Betrieb**
- Fehlzeiten
- Kurzerkrankungen
- Arbeits- und Wegeunfälle
- Leistungsverhalten
- Gelegenheit macht Trinker
- Persönliches Verhalten
- Tarnung
- Check-Liste: Zusammenfassung

**Die Verantwortung der Vorgesetzten**
- Verdeckte Fälle von Trunkenheit
- Offene, akute Fälle von Trunkenheit
- Die unternehmerische Fürsorgepflicht
- Rechtsfolgen unterlassener Hilfeleistung

**Die besondere Fürsorgepflicht in akuten Fällen**
- 1. für den angetrunkenen Mitarbeiter
  (leichter Rausch)
- 2. für den betrunkenen Mitarbeiter
  (mittelgradiger Rausch)
- 3. für den volltrunkenen Mitarbeiter
  (schwerer Rausch)

**Schulung der Vorgesetzten**
- Wer fordert, muß fördern
- Trainings
- Kriterien
- Arbeitskreise einrichten
- Präventive Aufklärung

**Entscheidungshilfen für Führungskräfte**

# Die Folgen des Alkoholkonsums im Betrieb

5–18% der Arbeitnehmer in der Bundesrepublik Deutschland sind aufgrund ihres Alkoholkonsums behandlungsbedürftig, mindestens 3% sind akut erkrankt. Das bedeutet nach dem Gesetz der Wahrscheinlichkeit, daß auch in Ihrem Unternehmen eine entsprechende Zahl alkoholgefährdeter und alkoholkranker Mitarbeiter vorhanden ist. Ob Sie das nun wissen oder nicht, ob Sie das wahrhaben wollen oder nicht, oder ob Sie ganz einfach keine entsprechenden Wahrnehmungen machen konnten.

**Alkohol am Arbeitsplatz gehört zu den vermeidbaren Risiken des Berufslebens.**   *vermeidbares Risiko*

Die Folgen von Alkoholkonsum im Betrieb sind beträchtlich.   *Folgen*

1. Die Kurz-Fehlzeiten unterscheiden sich von denen der nicht Alkoholabhängigen beträchtlich. Alkoholabhängige fehlen zwei bis dreimal häufiger als ihre nichtabhängigen Kollegen.   *Kurz-Fehlzeiten*

2. Schätzungsweise 25%[1] aller Arbeitsunfälle sind durch Alkoholgenuß verursacht oder beeinflußt; die Dunkelziffer liegt höher.   *Arbeitsunfälle*

3. Die Arbeitsleistung sinkt bei fortdauerndem Alkoholgenuß beträchtlich; das betrifft nicht nur die Quantität, sondern auch die Qualität. Die Fehlleistungen steigen und die Qualitätsmängel häufen sich.   *Fehlleistungen*

4. Das Betriebsklima nimmt Schaden, wenn auch in der Anfangsphase die Gruppe oder das unmittelbare Umfeld den Alkoholgenuß des Betroffenen noch tolerierten; es wächst in zunehmendem Maße der Unmut: Fehler des Kollegen müssen ausgebügelt und Teile   *Unfrieden*

---

1 Auch hier geben die Untersuchungen von LEU und LUTZ einen umfassenden Überblick über die ›Ökonomischen Aspekte des Alkoholkonsums in der Schweiz‹ (Seite 29); die Autoren sprechen von mindestens 25%.

81

seiner Arbeit von der Gruppe mit erledigt werden. Das Leistungsergebnis der Gruppe wird beeinträchtigt, was möglicherweise im Akkord- oder Prämienlohn negative Folgen zeigt. Der Arbeitsfrieden ist auf Dauer dadurch unangemessen belastet.

*Vandalismus*  5. Kommen drei Dinge zusammen – Nachtschicht (Mangel an Aufsicht), aufgestaute Aggressionen (Ärger über das betriebliche Umfeld) und Alkohol (da reichen 1 oder 2 Bier zum Abbau von Aggressionsstaus) – ist ein weiteres Problem programmiert: der Alkohol-Vandalismus. Durch Sachbeschädigung von Betriebsmitteln bis zur schwerwiegenden Sabotage können Frustrationen auch an Sachen abreagiert werden.

Und dann gibt es noch einen weiteren Punkt:

*Corporate Identity*  6. Es wird heute so viel von Corporate Identity und Corporate Culture gesprochen; haben Sie auch schon einmal daran gedacht, wie Besucher, Publikum und Kunden den Alkoholgenuß wahrnehmen? Wenn in großvolumigen Kundensendungen Mitarbeiter ihre Flaschen mittels ›Beigabe‹ entsorgen?[2] Wenn leere oder halbgeleerte Flaschen herumstehen? Wenn es ›lustig‹ zugeht?

*Blickfeld: Arbeit und Alkohol*  Die Mitarbeiter müssen gar nicht Alkohol konsumiert haben. Allein die Verknüpfung ›Arbeit und Alkohol‹ ruft bei einem Außenstehenden negative Assoziationen hervor.

Hat der Außenstehende einen positiven Eindruck von der Arbeitsfähigkeit, dann heißt es:

»Die machen eine tolle Arbeit. Wahrscheinlich weil die saufen dürfen . . .«

Sieht das Publikum Alkohol am Arbeitsplatz witzig an, dann klingt es so:

»Das sind zwar nicht die Besten. Aber die Lustigsten . . .«

---

2 Das Problem ist jetzt teilweise dadurch gelöst, daß bei Automatenflaschen erst eine Leerflasche eingegeben werden muß.

Und bestehen Konflikte, dann wird in die Kritik mit eingebracht:

»Die saufen doch nur . . .«

---

**Alkoholverbot am Arbeitsplatz hat imagemäßig noch keinem Unternehmen geschadet. Aber betrunkene Mitarbeiter!**

---

Die steigende Zahl von Arbeitsunfällen, der Ausfall durch alkoholbedingte Krankheiten und die Folgekosten haben das Problem bewußt gemacht. Aus diesen Gründen kann kein Unternehmen auf wirksame Maßnahmen gegen den Alkoholkonsum während der Arbeitszeit verzichten.

# Beobachtungsmerkmale im Betrieb

## Fehlzeiten

Bei Mitarbeitern, die bisher nicht aufgefallen sind, beginnen sich Fehlzeiten zu häufen.

*Fehlzeiten auffallend häufiger* Alkoholkranke sind von Fehlzeiten auffallend häufiger betroffen als andere Mitarbeiter:

- es beginnt mit Verspätungen oder früherer Beendigung der Arbeit,
- einzelne Fehltage stellen sich ein, Fehltage insbesondere im Zusammenhang mit Feiertagen oder Wochenenden häufen sich,
- der Mitarbeiter läßt sich durch Dritte entschuldigen,
- es ergeben sich häufig Fehltage, für die nachträglich Urlaub beantragt wird,
- der ›gelbe Urlaubsschein‹[3] wird eingereicht.

*bis 118 Tage* Die Fehltage alkoholabhängiger Mitarbeiter betragen in der akuten Phase 40% bis 60% der Arbeitszeit; die Fehltage im Jahr vor der Behandlung: durchschnittlich 118 Tage.

Wie würde diese Entwicklung nach Einführung von Karenztagen verlaufen?

## Kurzerkrankungen

Alkoholkranke sind von Krankheit 2,5mal häufiger betroffen als andere Mitarbeiter.

*Kurzerkrankungen als Indikator* • Die Kurzerkrankungen (das sind zulässige Fehltage ohne ärztliche Krankschreibung) des Mitarbeiters häufen sich und werden auffällig; er liegt deutlich über dem Durchschnitt bei nicht ärztlich bestätigten Krankentagen.

Kurzerkrankungen sind der wichtigste nachprüfbare Indikator. Gehen Sie davon aus, daß 90% aller nicht

---

3 betrieblicher Sprachgebrauch für die (gelbe) ärztliche Krankmeldung

schlüssig erklärbaren Mehrfach-Kurzerkrankungen
Ihrer Mitarbeiter ein Mißbrauchsverhalten zu Grunde liegt.

## Arbeits- und Wegeunfälle

25% aller Arbeitsunfälle sind alkoholbedingt.[4]

Alkoholisierte Mitarbeiter sind von Arbeitsunfällen
3,6mal häufiger betroffen als andere Mitarbeiter.[5]

- sogenannter ›sträflicher Leichtsinn‹ zeigt sich
- Arbeitsunfälle sind nicht erklärbar
- der Mitarbeiter ist direkt nach dem Unfall ›ver-
  schwunden‹
- der alkoholkonsumierende Mitarbeiter ist überpro-
  portional an Arbeitsunfällen beteiligt.

*Auffälligkeiten*

Für den Straßenverkehr (Wegeunfälle) gilt, daß die Un-
fallquote nach Alkoholgenuß meßbar weitaus höher ist;
beträgt beispielsweise der Blutalkoholgehalt 0,5 Promille (ca. 0,6 l Bier) ist die Gefährdung bereits doppelt so
hoch wie wenn der Fahrer nüchtern ist; bei 0,8 Promille
(1 l Bier) ist die Gefährdung 16mal so hoch.

*Arbeits- und
Wegeunfälle*

## Warum soll das eigentlich am Arbeitsplatz an-
## ders sein?

An dieser Stelle sei noch einmal darauf hingewiesen,
daß Alkoholkranke auch in Phasen starker Alkoholabhängigkeit am Straßenverkehr teilnehmen (Seite 13).

---

4 Ist das nicht schizophren, wenn in Anbetracht der genannten
 Zahlen anläßlich der öffentlichen Belobigung in einem ›Unfall-
 frei-Wettbewerb‹ ein Unternehmen während der Arbeitszeit seine Mitarbeiter mit alkoholischen Getränken – einem Karton
 Wein! – bewirtet!?
5 FEUERLEIN berichtet von einer sehr sorgfältigen – allerdings
 schon 30 Jahre alten Untersuchung – aus den USA: In dem Großbetrieb (mehr als 10 000 Mitarbeiter) wurden alle Krankmeldun-
 gen von mehr als 8 Tagen, alle Betriebsunfälle und alle Unfälle
 außerhalb der Arbeitszeit analysiert und registriert. Ergebnis:
 Alkoholisierte Mitarbeiter haben 3,6mal häufiger Unfälle als
 nüchterne Mitarbeiter.

## Leistungsverhalten

Die Leistung des Mitarbeiters, die früher keinen Grund
zu Beanstandungen gab, läßt nach:

*Leistungsabfall*

- die Bearbeitungszeiten werden länger
- die Produktivität sinkt
- es stellen sich immer häufiger Fehler bzw. Qualitätsmängel ein
- höherer Ausschuß
- der Mitarbeiter ist nicht mehr so gewissenhaft wie
  früher und
- er kann sich offenbar nicht mehr in der notwendigen
  Weise konzentrieren
- das Leistungs- und Durchhaltevermögen schwankt,
  auch: kurzfristige große Aktivitäten mit nachfolgendem Leistungsabfall

*Leichtsinn*

- Alkohol führt zu einer Überschätzung der eigenen
  Leistungsfähigkeit, einem verstärkten Leichtsinn, einer mangelnden Sorgfalt und in der Folge zu einer
  reduzierten Verantwortungsbereitschaft. Der Mitarbeiter kann jedenfalls keine Multifunktionstätigkeit
  wahrnehmen, zum Beispiel gleichzeitig aufnehmen –
  verarbeiten – reagieren
- diese Beobachtungen treffen insbesondere auf Nacht-
  und Wochenendschichten zu, die wegen geringerer
  Kontrollen und fehlender Vorgesetztenpräsenz den
  alkoholischen Konsum begünstigen.

*chronisch
Erkrankte*

Beim chronisch Erkrankten ist die Arbeitsleistung dramatisch gemindert: langsamere Motorik und Denkvor-
gänge, erheblicher Konzentrationsmangel, geminderte
Initiative und mangelhafte Sorgfalt.

## Gelegenheit macht Trinker

*Keine Feier
ohne Meier*

- Jede betriebsinterne Gelegenheit zum Konsum alkoholischer Getränke wird wahrgenommen, permanente Präsenz bei nahezu allen erreichbaren Veranstaltungen ist auffällig (›Keine Feier ohne Meier‹)

- in der Nähe von Großbetrieben sind die Kneipen auf
  die Schichtwechselzeiten und die Pausenzeiten be-

sonders eingestellt, da werden die Biere im Akkord gezapft und im D-Zug-Tempo (im doppelten Sinn) geleert. Auch hier ist der betroffene Mitarbeiter präsent

- und wenn es keine besondere Gelegenheit gibt, dann sind halt ›3 Biere = 1 warme Mahlzeit‹

- aufmerksamen Führungskräften fallen Mißbrauchs-gefährdete auch dadurch auf, daß sie permanent auf der Suche nach Wechselgeld für die Automaten sind[6].

*Suche nach Automatengeld*

## Persönliches Verhalten

Verhaltensänderungen stellen sich ein. Der Mitarbeiter ist launisch:

*Verhaltens-auffälligkeiten*

- unausgeglichen, nervös, reiz- und streitbar, aggressiv und teilweise sogar gewalttätig; bitte beachten Sie auch Punkt 5 der Folgen des Alkoholkonsums (Sabotage/Vandalismus)

- einerseits nicht ansprechbar und dann wieder aufge-kratzt und besonders auffällig gesprächig

- Vergeßlichkeit ist auffallend, insbesondere nach Zwischenfällen

- außerdem: eingeschränktes Verantwortungsgefühl, Fehleinschätzung der Realität.

## Tarnung

- Ungewohnte Wohlgerüche wie Pfefferminz, Eukalyp-tusbonbons, scharfe Mundsprays und ähnliches begleiten den Mitarbeiter und sollen die Fahne im Atem überdecken

*Gerüche*

---

6 Neuerdings erleichtern Unternehmen ihren Mitarbeitern diese ›lästige‹ Kleingeldwechselei durch automatengerechte ›Scheck-karten‹.
Aus dem Problem würde eine Chance, wenn dazu die Zeiterfas-sungskarte genützt würde; dann könnte jeder Mitarbeiter am Monatsende schriftlich sehen, was er am Arbeitsplatz konsu-miert hat.
Allerdings auch das Unternehmen.

*Flucht*

- Hand vor dem Mund, vermeiden von Blickkontakt
- auffällige Distanzen; Fluchtverhalten, d. h. mit Ihrem Auftauchen *verzieht* sich der Mitarbeiter
- Gesprächen über Alkohol weicht der Mitarbeiter auffällig aus

*Erklärungen*

- ›plausible‹ Erklärungen für ständigen Alkoholkonsum.

Mir ist aufgefallen, daß Alkoholabhängige bei offiziellen Anlässen oft nicht trinken. Sie haben nie leere Flaschen und alkoholtypische Trinkgefäße in ihrem Umfeld, häufig aber demonstrativ nichtalkoholische Trinkgefäße, z. B. Tassen und alkoholfreie Getränke.

*verändertes Persönlichkeitsbild*

Insgesamt sind die Beobachtungsmerkmale nicht schlagartig feststellbar, ergeben aber in ihrer Gesamtbetrachtung ein anderes Persönlichkeitsbild, als Sie es bisher von Ihrem Mitarbeiter kannten.

*Keine Kaffeesatzleserei*

Bitte machen Sie aber keine ›Kaffeesatz-Leserei‹ bei Ihren Mitarbeitern, Kollegen oder Vorgesetzten. (Hier ist erst einmal angesagt: Jeder ist sich selbst ein Kontrolleur!)

*konsequentere Kontrolle*

Vielmehr sind Sie als Vorgesetzter gehalten zu beobachten, ob mehrere der vorgenannten Auffälligkeiten bei Ihrem Mitarbeiter zusammentreffen. Daraus resultiert dann eine noch konsequentere Kontrolle, um möglichst rechtzeitig die Problemfälle zu erkennen.

## Check-Liste: Zusammenfassung

Wie erkenne ich Mitarbeiter mit Alkoholproblemen?     *Notizen:*

○ Häufige Fehlzeiten aus Gründen, die oft unklar blei-
ben, insbesondere am Wochenende oder am Wochen-
anfang
○ Entschuldigung durch Dritte
○ Kurzfristige Urlaubswünsche (1 Tag), um Kurzer-
krankungen zu verdecken
○ Häufige Kurzerkrankungen, soweit ohne ärztliche
Krankschreibung zulässig
○ Überproportionale Beteiligung an Arbeits- und/oder
Wegeunfällen
○ Schwankendes Leistungs- und Durchhaltevermögen
○ Konzentrationsmangel
○ Mangelnde Sorgfalt
○ Verschlechterung der manuellen Geschicklichkeit
○ Aktive Phasen mit nachfolgendem deutlichen Lei-
stungsabfall
○ Restalkohol bei Arbeitsbeginn (Fahne)
○ Starker Alkoholkonsum bei geduldeten Anlässen mit
›privatem‹ Charakter
○ Eingeschränkte Verantwortungsbereitschaft
○ Fehlende Beziehung zur Realität
○ Schwankende Selbsteinschätzung
(Minderwertigkeitskomplexe oder Überheblichkeit)
○ Ungepflegtes Äußeres
○ Aggressives Benehmen
○ Gedächtnislücken
○ Zitternde Hände, Schwitzen
○ Tarnung durch Wohlgerüche
○ Vermeidung von Gesprächen über Alkohol
○ Häufiges Verschwinden vom Arbeitsplatz
○ Auffällige Distanz (Fluchtverhalten)

# Die Verantwortung der Vorgesetzten

*Herausforde-
rung für
Führungskräfte* Die betrieblichen Führungskräfte aller Hierarchiestufen tragen hier eine besondere Verantwortung; die ausnahmslose Konsequenz ist eine wichtige Funktion. Es ist von besonderer Bedeutung, daß sich alle Führungskräfte zu diesem wichtigen Thema gleichförmig verhalten und nicht zwischen sogenannten ›guten‹ und ›schlechten‹ oder ›toleranten‹ und ›engherzigen‹ Führungskräften unterschieden wird.

Zu einer solchen Zuordnung wären die Mitarbeiter sonst sehr schnell in der Lage und dann auch berechtigt.

## Verdeckte Fälle von Trunkenheit

*Hinweise:* Sie haben vorstehend erfahren, was auf verdeckten Alkoholkonsum weist:

Beobachtungsmerkmale im Betrieb Seite 84 ff.

- Fehlzeiten Seite 84
- Kurzerkrankungen Seite 84
- Arbeits- und Wegeunfälle Seite 85
- Leistungsverhalten Seite 86
- Gelegenheit macht Trinker Seite 86
- Persönliches Verhalten Seite 87
- Tarnung Seite 87
- Checkliste Seite 89

Im 2. Kapitel finden Sie weitere Beobachtungsmerkmale zu den betroffenen Personen:

- Die vier Phasen in 45 Stufen Seite 30
- Typologie der Mißbrauchsgefährdeten Seite 41

## Offene, akute Fälle von Trunkenheit

Sie als Vorgesetzter tragen die Verantwortung für die Arbeitssicherheit Ihrer Mitarbeiter; Sie entscheiden darüber, ob Trunkenheit vorliegt und ob der Mitarbeiter weiterarbeiten darf oder nicht. (Ist der direkte Vorgesetzte nicht erreichbar, so entscheidet dessen Vertreter oder gegebenenfalls der nächsthöhere Vorgesetzte.)

## Die unternehmerische Fürsorgepflicht

Im Rahmen der unternehmerischen Fürsorgepflicht müssen Sie einen alkoholisierten Mitarbeiter von der Arbeit suspendieren.

Sie werden in diesem Kapitel erkennen, wie schwierig es ist, einen im unteren Promillebereich alkoholisierten Mitarbeiter auf seine Gefährdungslage zu überprüfen. Diese Schwierigkeit besteht allerdings nur dort, wo es kein Alkoholverbot gibt.

Besteht in Ihrem Unternehmen kein Alkoholverbot, sind Sie als Vorgesetzter in einer nicht-beneidenswerten Position.

*Vorgesetzter in keiner beneidenswerten Position*

Bei einem vorhandenen Alkoholverbot könnten Sie nämlich sofort nach Ihrer Wahrnehmung bei dem betroffenen Mitarbeiter die Suspendierung veranlassen.

Anderenfalls müssen Sie beurteilen, wieweit der Rauschzustand des Mitarbeiters bereits gediehen ist und ob er die Arbeit ohne Gefahr für sich und andere noch verrichten kann. Da sich die zugeführten Alkoholmengen individuell auswirken, sind Sie mit dieser Beurteilung wahrscheinlich überfordert.

Zu Ihrem eigenen Schutz kann ich Ihnen daher nur empfehlen, mit der Untersagung der Weiterarbeit im Zweifel nicht zu warten, um später bei Eintritt eines Unfallereignisses nicht in die Haftung genommen zu werden.

Erfahrungsgemäß treten immer dann, wenn das Kind in den Brunnen gefallen ist, die Besserwisser auf. Ist ein Arbeitsunfall passiert – schlimmstenfalls mit einem tragischen Ausgang – oder ist durch einen alkoholisierten Mitarbeiter, den Sie als tolerierbar alkoholisiert eingestuft hatten, ein Personenschaden eingetreten, werden die beteiligten Stellen, einschließlich des Staatsanwaltes, den Verantwortlichen suchen und ihn häufig in Ihnen finden.

*auch für weitere Schritte verantwortlich*

Nun dürfen Sie aber diesen Mitarbeiter nicht sich selbst überlassen. Sie sind für die weiteren Schritte Ihres angetrunkenen oder betrunkenen Mitarbeiters verantwortlich.

## Rechtsfolgen der unterlassenen Hilfeleistung

Auf zwei Rechtsvorschriften – neben vielen anderen[7] – müssen wir Führungskräfte besonders hinweisen:

a) Unterlassene Hilfeleistung

§ 323c Strafgesetzbuch (StGB) definiert, was unter unterlassener Hilfeleistung verstanden wird:

*Freiheitsstrafe ... bis zu 1 Jahr*

*Wer bei Unglücksfällen oder gemeiner Gefahr oder Not nicht Hilfe leistet, obwohl dies erforderlich und ihm den Umständen nach zuzumuten, insbesondere ohne erhebliche eigene Gefahr und ohne Verletzung anderer wichtiger Pflichten möglich ist, wird mit Freiheitsstrafe bis zu einem Jahr oder mit Geldstrafe bestraft.*

b) Aussetzung einer hilflosen Person

Das gleiche Gesetz beschreibt in § 221 StGB den Tatbestand der Aussetzung, die insbesondere den volltrunkenen Mitarbeiter betrifft:

*(1) Wer eine wegen jugendlichen Alters, Gebrechlichkeit oder Krankheit hilflose Person aussetzt, oder wer eine solche Person, wenn sie unter seiner Obhut steht*

---

7 § 224 (StGB) Schwere Körperverletzung
(1) Hat die Körperverletzung zur Folge, daß der Verletzte ein wichtiges Glied des Körpers, das Sehvermögen auf einem oder beiden Augen, das Gehör, die Sprache oder die Zeugungsfähigkeit verliert oder in erheblicher Weise dauernd entstellt wird oder in Siechtum, Lähmung oder Geisteskrankheit verfällt, so ist auf Freiheitsstrafe von einem Jahr bis zu fünf Jahren zu erkennen.
(2) In minder schweren Fällen ist die Strafe Freiheitsstrafe bis zu fünf Jahren oder Geldstrafe.
§ 230 (StGB) Fahrlässige Körperverletzung
Wer durch Fahrlässigkeit die Körperverletzung eines anderen verursacht, wird mit Freiheitsstrafe bis zu drei Jahren oder mit Geldstrafe bestraft.

*oder wenn er für ihre Unterbringung, Fortschaffung oder Aufnahme zu sorgen hat, in hilfloser Lage verläßt, wird mit Freiheitsstrafe von drei Monaten bis zu fünf Jahren bestraft.*

*... bis zu 5 Jahren*

*(2) ...*

*(3) Ist durch die Handlung eine schwere Körperverletzung (§ 224) der ausgesetzten oder verlassenen Person verursacht worden, so tritt Freiheitsstrafe von einem Jahr bis zu zehn Jahren und, wenn durch die Handlung der Tod verursacht worden ist, Freiheitsstrafe nicht unter drei Jahren ein.*

*... bis zu 10 Jahren*

# Die besondere Fürsorgepflicht
# in akuten Fällen

Sie erhalten deshalb – als Erste Hilfe – Leitlinien und
Handreichungen zu akuten Fällen von Trunkenheit am
Arbeitsplatz.

## 1. ... für den angetrunkenen Mitarbeiter (leichter Rausch)

(Alkoholspiegel 0,5 bis 1,5 Promille)
Diese Zustände sind erkennbar durch

- wahrnehmbare Fahne
- Gesichtsrötung
- vermehrten Rede- und Tätigkeitsdrang
- laute, teilweise gröhlende Sprechweise
- unangemessene Vertraulichkeit
- erhöhte Bereitschaft zu sozialem Kontakt
- Abbau von Hemmschwellen
- subjektives Gefühl der erhöhten Leistungsfähigkeit
- herabgesetzte psychomotorische Leistungsfähigkeit
- beeinträchtigte Fähigkeit zur kritischen Selbstkontrolle.

Auch angetrunkene Mitarbeiter gefährden sich selbst
und ihre Kollegen. Darüber hinaus wird das erwartete
Arbeitsergebnis erheblich beeinträchtigt.

Häufig wird der angetrunkene Mitarbeiter seine eingeschränkte Arbeitsfähigkeit abstreiten, weil er eine gegenteilige, subjektiv andere Wahrnehmung hat.

Der Werksarzt[8] ist hinzuzuziehen; er versucht, den Mit-

---

8 Unternehmen, die keinen werksärztlichen Dienst oder während
der Auffälligkeit, zum Beispiel bei Schichtarbeit, keinen zur Verfügung haben, bieten sich folgende Alternativen an:
a) Sanitäter, Werksfeuerwehr, Sicherheitsdienst
b) der Vorgesetzte hat die Möglichkeit, auf Alkoholtestverfahren mit Atem-Test-Geräten zurückzugreifen; hier gibt es zur Zeit
zwei Verfahren:
1. den Röhrchen-Test ALCOTEST, der durch Verfärbung anzeigt,
ob ein bestimmter Alkoholgehalt im Blut überschritten ist, al-

arbeiter zu einem Alkoholtest zu bewegen. Einen Zwang
zum Alkoholtest oder zur Blutprobe kann er nicht ausüben.

Es unterliegt aber der Beurteilung des Vorgesetzten, ob *von der Arbeit*
er einen Mitarbeiter für geeignet oder nicht geeignet *suspendieren*
hält, die ihm übertragene Arbeit zu verrichten.

Sind Sie der Meinung, der Mitarbeiter ist infolge des
Alkoholgenusses nicht mehr in der Lage, seine Arbeit
ohne Gefahr für sich oder andere auszuführen, müssen
Sie ihn gemäß § 38 der allgemeinen Unfallverhütungsvorschriften (Seite 111) von der Arbeit suspendieren.

Allerdings hat der Mitarbeiter die Möglichkeit, Ihnen
das Gegenteil zu beweisen, indem er Ihren Vorschlag
aufgreift und sich einem Alkoholtest unterzieht.

Sie müssen in jedem Fall die Heimfahrt des Angetrun- *Heimfahrt mit*
kenen im eigenen Fahrzeug verhindern. Weisen Sie den *eigenem Fahr-*
Mitarbeiter darauf hin, daß Sie die Möglichkeit haben, *zeug verhindern*
in diesem begründeten Verdacht die Polizei zu informie-
ren.

## 2. ... für den betrunkenen Mitarbeiter (mittelgradiger Rausch)

(Alkoholspiegel 1,5–2,5 Promille)
Diese Zustände sind erkennbar durch

- Festhalten beim Stehen                                    *betrunkener*
- gelegentliches Abstützen an der Wand (beim Gehen) *Mitarbeiter*
- leicht gestörte Orientierung
- wahrnehmbare psychomotorische Unsicherheit
- euphorische Glückstimmung oder
- aggressive Gereiztheit

---

lerdings nicht wieviel.
Lieferant: BÜTTNER & FRANK, Erlangen und über jede Apothe-
ke zu beziehen
Preis: 10 Stück DM 99,45
2. Alcohol Analyzer; elektronisches Meßgerät, das durch Hin-
einpusten nach einigen Sekunden den Alkoholgehalt im Blut
anzeigt; allerdings ungenau
Lieferant: GVVmbH, Am Tönnisberg 3, 4006 Erkrath
Preis: DM 119,–, incl. MwSt. (1/88)

- eingeschränkte Selbstkritik
- Enthemmung
- direkte, unreflektierte Ausdrucksweise (›Jargon‹)
- direkte, primitive ›Anmache‹ (bei der Zusammenarbeit von Männern und Frauen)
- sprunghaften Themen- und Aktivitätenwechsel
- nichtzielgerichtetes Handeln
- Bereitschaft zu primitiven, vorwiegend explosiven Reaktionen[9]
- Benommenheit.

*Konsum sofort unterbinden*

Wichtig ist, daß der weitere Konsum sofort unterbunden wird, restliche Alkoholvorräte sind in Verwahrung zu nehmen. Der Vorgesetzte muß wissen, daß es ein Beobachtungsmerkmal sowohl für den angetrunkenen wie auch für den betrunkenen Mitarbeiter gibt: Sie haben bei ihren Rauschzuständen den ›Kanal‹ meistens noch nicht voll.

*Mitarbeiter vom Arbeitsplatz entfernen*

Der Mitarbeiter mit diesem Rauschzustand ist sofort von seinem Arbeitsplatz zu entfernen. Er darf **nicht unbeaufsichtigt** sein.

Ermitteln Sie durch Befragen die ungefähre Trinkmenge und -zeit; leugnet der Betrunkene – was erfahrungsgemäß bei diesem Rauschzustand weniger geschieht – müssen Sie zusätzlich Kollegen befragen.

Das Ermitteln des Blutalkoholgehalts wie beim Angetrunkenen bleibt davon unberührt.

*auf keinen Fall arbeitsfähig*

Dieser Mitarbeiter ist auf gar keinen Fall arbeitsfähig. Zu der Zustandsbeschreibung für einen mittelgradig Betrunkenen gehört, daß er transportfähig ist.

*aber transportfähig*

Ist der Mitarbeiter also transportfähig und damit nicht volltrunken, ist die Heimfahrt zu veranlassen; ob sie mit öffentlichen Verkehrsmitteln, werkseigener Beförde-

---

9 Beachten Sie auch aus dem 5. Kapitel: ›Die Folgen des Alkoholkonsums im Betrieb‹ insbesondere den Punkt 1, Seite 81 f. über die Folgen von Alkoholkonsum, die von einfacher Sachbeschädigung bis zu schwerwiegender Sabotage reichen können.

rung[10] oder mit der Taxe organisiert wird, ergibt sich aus den Möglichkeiten Ihres Unternehmens.

Wenn Sie sicher sein wollen, alles getan zu haben, dann geben Sie dem betrunkenen Mitarbeiter eine Begleitperson mit, die ihn in seinem häuslichen Bereich ›abgibt‹, das heißt, daß ein Angehöriger jetzt die Aufsicht übernimmt. Es empfiehlt sich deshalb zu warten, bis die Wohnungstür geschlossen ist.

*Begleitperson mitgeben*

Auf jeden Fall werden Sie an dieser Stelle auf eine Bestimmung aus der gesetzlichen Unfallversicherung hingewiesen:

*Versicherungs-bestimmung beachten*

Der Versicherungsschutz der Berufsgenossenschaft entfällt nämlich, wenn der Alkoholeinfluß die rechtlich allein wesentliche Unfallursache war. Dies gilt auch für den Weg von und zur Arbeit, nach Arbeitsessen und nach Betriebsfeiern.

Für den Begleiter, der den alkoholisierten Mitarbeiter nach Hause bringt, besteht aber in jedem Falle der berufsgenossenschaftliche Versicherungsschutz.

Was bereits für den angetrunkenen Mitarbeiter galt – nämlich die Heimfahrt des Angetrunkenen im eigenen Fahrzeug zu verhindern – gilt nun erst recht für den betrunkenen Mitarbeiter.

Für alle drei Rauschzustände gibt es noch eine weitere, unorthodoxe Lösung:

*ein unortho-doxer Vorschlag*

Der Vorgesetzte / die Personalabteilung / ein Betriebsratsmitglied telefoniert mit den Angehörigen – nicht mit den Kindern! – und fordert zur Abholung des selbst nicht mehr fahrtüchtigen Betrunkenen auf.

---

10 Als sehr umstritten, aber gleichermaßen erfolgreich hat sich die folgende Vorgehensweise erwiesen: Zwei Uniformierte des Werksschutzes/der Werksfeuerwehr bringen den Betrunkenen in einem Fahrzeug nach Hause; beim Parken vor dem Wohnhaus wird die Warnanlage/das Blaulicht eingeschaltet, die zwei Begleiter nehmen den Betrunkenen eingehakt in ihre Mitte und liefern ihn ab.

### 3. ... für den volltrunkenen Mitarbeiter (schwerer Rausch)[11]

(Alkoholspiegel über 2,5 Promille)
Diese Zustände sind erkennbar durch

*volltrunkener Mitarbeiter*

- Schwindelgefühl
- starke Störung der Bewegungskoordination
- nicht zweckangepaßte Motorik
- Gleichgewichtsstörungen (z. B.: fällt beim Bücken um)
- eindeutig wahrnehmbare Sprachstörungen (Lallen)
- Bewußtseinsstörungen und Verlust des realen Situationsbezugs
- Desorientiertheit
- illusionäre situative Verkennung
- motivlose Angst
- schlagartig starke Erregung
- Dämmerzustand.

*ausnüchtern lassen*

Der Mitarbeiter kann sich nicht ohne fremde Hilfe, ohne Gefahr für sich oder andere fortbewegen. Es empfiehlt sich nicht, ihn nach Hause zu transportieren. Insofern die Möglichkeit besteht, ist es besser, den Mitarbeiter an einem geeigneten Ort (Werksarzt, Feuerwehr, Sicherheitsdienste . . .) unter regelmäßiger Überwachung ausnüchtern zu lassen.

*Hinzuziehung ärztlicher Hilfe*

Die Hinzuziehung ärztlicher Hilfe ist erforderlich.
Gibt ein volltrunkener Mitarbeiter nur noch geringe Lebenszeichen von sich, zeigt er keine Reaktionen und/oder neigt er zum Erbrechen (Erstickungsgefahr!), wird die Hinzuziehung eines Arztes zur Pflicht.

*Telefon 110*

Die Telefonnummern für Ihren notärztlichen Dienst erfahren Sie immer über Telefon 110 (Notruf Polizei) oder 112 (Notruf Feuerwehr).

---

11 Akute Vergiftung mit Alkohol, Minuten bis Stunden dauernder Erregungs- oder Dämmerzustand, der meist mit Verkennung der Situation, Sinnestäuschungen, Angst, Wut sowie Neigung zu Gewalthandlungen (Aggressivität) einhergeht und immer eine vollständige oder teilweise Amnesie (zeitlich oder inhaltlich begrenzte Gedächtnislücke) hinterläßt. – PSCHYREMBEL, Klinisches Wörterbuch, de Gruyter, Berlin 1989)

Sind diese Vorschläge nicht zu realisieren (oder dauern sie zu lange), empfiehlt sich die Einweisung in ein Krankenhaus. Im Zweifelsfall ziehen Sie den Rettungsdienst (Telefon 112) hinzu.

*im Zweifelsfall den Rettungsdienst: Telefon 112*

Daß der volltrunkene Mitarbeiter auf gar keinen Fall selbst noch ein Fahrzeug steuern darf, ist wohl unstrittig. Tut er es trotzdem, und Ihnen kann irgend jemand später nachweisen, daß Sie davon Kenntnis gehabt haben, erhalten Sie im Falle der Anzeige sicher ein Strafverfahren mit allen Folgen und Konsequenzen.

Hier haben Sie das Recht zur Selbsthilfe[12], um sich zu entlasten. Das reicht von der Wegnahme seines Autoschlüssels bis zur vorübergehenden Festsetzung eines renitenten Mitarbeiters in einem abschließbaren Raum.

Soweit zu den drei akuten, offenen Rauschzuständen.

Nach solch einem Vorfall ist unverzüglich das Mitarbeitergespräch zu führen.

*unverzüglich das Mitarbeitergespräch führen*

Aber bitte nie mit einem alkoholisierten Mitarbeiter ein Disziplinargespräch führen. ›Unverzüglich‹ heißt deshalb: sofort anläßlich des ersten Kontakts nach der Auffälligkeit, auf jeden Fall mit einem nüchternen Mitarbeiter.

---

12 § 34 StGB behandelt den ›rechtfertigenden Notstand‹.

## Check-Liste: Auswirkungen des Alkohols auf die körperliche und seelische Verfassung

**ab 0,2 Promille**
○ Leichte Verminderung der Sehleistung
○ Verlängerung der Reaktionszeit
○ Nachlassen von Aufmerksamkeit, Konzentration, Kritik- und Urteilsfähigkeit
○ Anstieg der Risikobereitschaft
○ Schlechtere Wahrnehmung von beweglichen Lichtquellen

**ab 0,3 Promille**
○ Fehleinschätzung von Entfernungen

**ab 0,5 Promille**
○ Verminderung der Sehleistung um etwa 15%
○ Hell/Dunkel-Anpassung der Augen verlangsamt; Rotlichtschwäche
○ Hörvermögen herabgesetzt
○ Beginnende Enthemmung
○ Anstieg der Reizbarkeit
○ Fehleinschätzung von Geschwindigkeiten

**ab 0,7 Promille**
○ Gleichgewichtsstörungen
○ Nachlassen der Nachtsehfähigkeit
○ Reaktionszeit wird länger

**ab 0,8 Promille**
○ Ausgeprägte Konzentrationsschwäche
○ Rückgang der Sehhfähigkeit um etwa 25%
○ Reaktionszeit um 35 bis 50% verlängert
○ Euphorie
○ Enthemmung nimmt zu
○ Selbstüberschätzung
○ Blickfeldverengung (Tunnelblick)
○ Wahrnehmung von Gegenständen und räumliches Sehen sind stark beeinträchtigt

○ Kontrolle über willkürliche Augenbewegungen geht verloren

**ab 1,1 Promille**
○ Beginn der absoluten Fahruntüchtigkeit
○ Weitere Verschlechterung des räumlichen Sehens und der Hell/Dunkel-Anpassung
○ Massive Aufmerksamkeits- und Konzentrationseinbuße
○ Maßlose Selbstüberschätzung durch gesteigerte Enthemmung und Verlust der Kritikfähigkeit
○ Reaktionsfähigkeit erheblich gestört
○ Starke Gleichgewichtsstörungen
○ Verwirrtheit, Sprechstörungen
○ Orientierungsstörungen

**ab 2,4 Promille**
○ Ausgeprägte Gleichgewichts- und Koordinationsstörungen
○ Gedächtnislücken entstehen
○ Bewußtseinsstörungen
○ Reaktionsvermögen kaum noch vorhanden

**ab 3,0 Promille**
○ Volltrunkenheit
○ Schwere Alkoholvergiftung
○ Tiefe Bewußtlosigkeit
○ Gedächtnisverlust (»Filmriß«)

**ab 4,0 Promille**
○ Lähmungen
○ Unkontrollierte Ausscheidungen
○ Atemstillstand

Quelle: Hauptverband der gewerblichen Berufsgenossenschaft/Deutscher Verkehrssicherheitsrat, 1990

# Schulung der Vorgesetzten

## Wer fordert, muß fördern

Null Promille im Betrieb durchzusetzen ist eine organisatorische und rechtliche Aufgabe, und vorrangig eine Führungsaufgabe.

*Null Promille ist Führungsaufgabe*

Anordnungen, Aushänge, Vereinbarungen, Strafen oder ›nur‹ der drohend erhobene Zeigefinger sind nicht ausreichend.

Sie benötigen als Vorgesetzter ein Instrumentarium zur Durchsetzung und Kontrolle und außerdem Hilfen und Gebrauchsanleitungen bei Verstößen.

Hier ist der Arbeitgeber gefordert, seinen Führungskräften das notwendige Wissen zu vermitteln.

*Hilfen der Unternehmensleitung*

Pauschale Appelle wie »Das weiß man . . .« oder »Sehen Sie mal zu . . .« oder auch das Rundschreiben mit einem Zeitungsartikel aus einem aktuellen Anlaß sind zu wenig.

## Trainings

Am geeignetsten sind innerbetriebliche Trainings. Die Inhalte sind firmenspezifisch zusammenzustellen; nehmen Sie dazu das Inhaltsverzeichnis dieses Buches als Checkliste.

*innerbetriebliche Trainings*

## Kriterien

Achten Sie bei den Trainings darauf, daß etwa die Hälfte der Seminarzeit für praktische Gesprächsübungen mit Videokontrolle eingeplant wird. Jeder Teilnehmer muß bei der Einübung der Gesprächsführung in kritischen Situationen mindestens zweimal die Möglichkeit für eine Übung erhalten. Deswegen sollte die Teilnehmerzahl auf 9 und die Dauer auf 3 Tage angesetzt werden.

*praktische Übungen*

*9 Teilnehmer 3 Tage*

*außerbetrieb-*    Ist Ihr Betrieb zu klein, so daß sich ein Training inner-
*liche Trainings*    betrieblich nicht lohnt, besuchen Sie ein sogenanntes
›offenes‹ Seminar mit Teilnehmern aus mehreren Unter-
nehmen. Übliche Seminartitel: *Führungstraining, Mitarbeitergespräch, Gesprächsführung in kritischen Situationen.*

Vergewissern Sie sich beim Veranstalter, daß die vorgenannten Kriterien für innerbetriebliche Seminare auch
auf dieses Seminar zutreffen.

*Ein Tip:*    Mit Ihrer Anmeldung teilen Sie dem Veranstalter – und
damit dem Trainer – mit, daß Sie in der Erwartung kommen, praktische Führungshilfe im Umgang mit alkohol-
auffälligen Mitarbeitern zu erhalten.

## Arbeitskreise einrichten

Es empfiehlt sich, einen turnusmäßigen Arbeitskreis
einzurichten, der dem Erfahrungsaustausch der Führungskräfte dient. Häufig ist der Werksarzt kompetent
und geeignet, die Leitung zu übernehmen.

*Vergessen Sie*    Achtung: Vergessen Sie den Betriebsrat nicht!
*den Betriebsrat*    Sie müssen ihn mit der Führungsproblematik vertraut
*nicht!*    machen und ihn mit seinen Erfahrungen zu Ihren Sit-
zungen hinzuziehen. Inhalte solcher Besprechungen:

Erfahrungsaustausch, Vorstellung von neuen Veröffent-
lichungen und Filmen, Rechtsfragen, Training, Einzel-
fallhilfe . . .

## Präventive Aufklärung

Auf die Gefahren des Alkoholgenusses im Unternehmen
ist immer wieder vorbeugend aufmerksam zu machen.

Gerade aus konkreten Anlässen und unter Nennung
von Roß-und-Reiter-Beispielen muß informiert werden.

Diese präventive Aufklärungarbeit erstreckt sich besonders auf neu eintretende Mitarbeiter, und hier wiederum auf junge Mitarbeiter und auf die Auszubilden-
den. Beachten Sie im 4. Kapitel JUGEND UND ALKO-
HOL, Seite 59 ff.

# Entscheidungshilfen für Führungskräfte

1. Alkohol am Arbeitsplatz gehört zu den **vermeidbaren Risiken** des Berufslebens

2. Alkoholkonsum im Betrieb richtet **beträchtliche materielle und immaterielle Schäden** an.

3. Es gibt konkrete, beobachtbare und überprüfbare Merkmale, um **Mitarbeiter mit Alkoholproblemen zu erkennen.**

4. In akuten Fällen von Alkoholmißbrauch haben Führungskräfte eine **besondere Fürsorgepflicht.**

5. **Präventive Aufklärung** aller Mitarbeiter und die besondere Schulung der Führungskräfte zum Thema Alkohol ist eine vordringliche Managementaufgabe, die gewinnbringend ist.

**Fazit:** Führungskräfte sind sich ihrer besonderen Fürsorgeverpflichtung bewußt und kennen **beobachtbare und nachvollziehbare Kriterien,** um potentiell gefährdete Mitarbeiter zu erkennen, anzusprechen und einer Rehabilitationsmaßnahme zuzuführen.

# 6. Kapitel

# Keine Gründe für Alkohol im Betrieb

**Änderung der Grundeinstellung**
- Hier müssen viele Unternehmen umdenken
- ... und auch die Geschäftsfreunde?
- Null Promille sind ›in‹
- Kosten des Alkoholmißbrauchs für den Betrieb
- Ein unbefriedigender Zustand
- Eigene Primärerhebung
- Was sagt die Unfallverhütungsvorschrift?
- Fazit

**Entscheidungshilfen für Führungskräfte**

# Änderung der Grundeinstellung

## Hier müssen viele Unternehmen umdenken:

Der Arbeitsplatz ist nicht der passende Ort, um alkoholische Getränke zu konsumieren. Alkohol und Arbeit gehören nicht zusammen.

*Alkohol und Arbeit gehören nicht zusammen*

Alkohol gehört erst recht nicht an solche Arbeitsplätze, an denen Unfallgefahren drohen. Das ist im Straßenverkehr unstrittig, weil Aufmerksamkeit und Reaktionsfähigkeit durch Alkoholkonsum erheblich gemindert sind.
Wer bei gefahrgeneigten Arbeiten dennoch Alkohol trinkt, handelt verantwortungslos und gefährdet sich selbst und seine Kollegen – ganz abgesehen von dem materiellen Schaden, der entstehen kann.

Hier ist die neueste Rechtsprechung des Bundesarbeitsgerichts (BAG)[1] über die Verpflichtung zu Schadensersatz bei Fahrlässigkeit von Bedeutung; danach haftet ein Arbeitnehmer für Schäden, die er schuldhaft verursacht hat, auch für Schäden, die durch Arbeitsunfälle entstehen. Liegt Alkoholgenuß vor, wird immer schuldhaftes Verhalten unterstellt werden.

*Schadensersatz bei Fahrlässigkeit*

## . . . und auch die Geschäftsfreunde?

›No beer, no business‹ soll ein ausländischer Kunde einmal zu einem Unternehmer gesagt haben.

Räumen wir doch mit dem Ammenmärchen auf, daß unsere Kunden und Geschäftsfreunde von uns alkoholische Bewirtung erwarten. Diejenigen, die das tun, kommen häufig aus Unternehmen, wo sie selbst am Arbeitsplatz ›Null Promille‹ haben.

*Keine Erwartungshaltung*

Warum wird immer wieder der Kunde zitiert, der erstaunt nachfragt ›Sie und kein Alkohol?‹ Warum werden nicht auch mal die vielen Besucher aus Abstinenz- und

*Negativimage*

---

1 BAG, 8. Senat (AZ.: 8 AZR 66/82, 524/82 und 332/82) vom 24. 11. 1987

Ambivalenztrinkkulturen – die übrigens weltweit erheblich überwiegen – zitiert, die sich bestenfalls noch darüber lustig machen, wie sich die ›Germans‹ während der Arbeitszeit ›die Rübe vollhauen‹.

*Problemlösung* Es bleibt jedem Unternehmen unbenommen, außerhalb des Betriebs und nach getaner Arbeit – oder am Vorabend der Arbeit – Kunden zu bewirten. Dann haben Sie den Alkoholkonsum dort, wo er sein sollte: in der Freizeit.

Heute wird niemand mehr zum Trinken genötigt!

## Null Promille sind ›in‹!

> **Für Alkoholkonsum während der Arbeitszeit gibt es keinen einleuchtenden Grund.**

*Macht der Gewohnheit* In erstaunlich vielen Betrieben wird trotzdem auch heute noch der Genuß von alkoholischen Getränken ›in einem angemessenen Rahmen‹ gestattet. Wird dort die Kraft der Tradition mit der Macht der Gewohnheit verwechselt?

Das absolute Alkoholverbot im Unternehmen ist eine wichtige Grundlage für die Gewährleistung einer guten Arbeitsleistung, die Erhaltung eines gesunden Betriebsklimas und für die Vermeidung von Risiken.

## Kosten des Alkoholmißbrauchs

*bewährte Mitarbeiter betroffen* Die Erfahrung hat gezeigt, daß es sich bei alkoholkranken Mitarbeitern oft um langjährige, erfahrene und gute Mitarbeiter handelt, auf die der Betrieb nicht verzichten kann.

Mit jedem Alkoholkranken, dem der Betrieb den Arbeitsplatz erhält, hilft er nicht nur einem Menschen, sein Schicksal wieder in die eigene Hand zu bekommen, sondern er erhält sich damit auch die Fachkompetenz und Erfahrung, Arbeitsleistung und Produktivität eines eingearbeiteten Mitarbeiters.

Daß sich Präventionsprogramme und Maßnahmen der Hilfe für alkoholabhängige Mitarbeiter lohnen, beweisen die folgenden Zahlen[2]

- Amerikanische Studien stellen fest, daß 1 Dollar in ein Präventionsprogramm investiert, 9 Dollar zurückbringt.

  *Präventiv-programme lohnen*

- BAYER spricht von ⅛ Fehlzeitenersparnis; eine Untersuchung in einem anderen Großbetrieb kommt zu dem Ergebnis, daß die Krankheitsfehltage von 38,3% vor der Behandlung auf 4,2% nach der Behandlung zurückgehen.

Und noch ein weiteres Rechenbeispiel zur Ermittlung der Kosten des Alkoholmißbrauchs:
in einer Studie geht das STANFORD-RESEARCH-INSTITUT davon aus, daß ein Mitarbeiter mit Alkoholproblemen nur etwa 75% seines Gehaltes an Gegenleistung erbringt, d. h. 25% gehen durch mangelnde Arbeitsleistung, Fehlzeiten usw. verloren.

Die Kosten für den Betrieb kann man nun nach der folgenden Formel berechnen:

$$\frac{M \times \text{Lohnkosten} \times 0.18\ A}{4} = \begin{array}{l}\text{Kosten für Minder-} \\ \text{leistungen bzw. zusätz-} \\ \text{liche Aufwendungen}\end{array}$$

*Berechnungs-formel*

M = Mitarbeiterzahl (im Beispiel: 150)
Lohnkosten = durchschnittliche Gehaltskosten pro Mitarbeiter und Jahr (60.000,– DM)
A = durchschnittlicher Anteil von 15% exzessiv konsumierenden Trinkern und 3% pathologischen Alkoholikern in der Belegschaft (18%)
4 = 25% (Minderleistungen, Mehraufwendungen)

Das Rechenbeispiel:
Ein Betrieb hat 150 Beschäftigte, 60.000,– DM durchschnittliche Gehaltskosten:

*Beispiel*

$$\frac{150 \times 60.000 \times 0.18}{4} = 405.000,\text{– DM}$$

---

2 Aus: Daten zum Thema Alkohol am Arbeitsplatz, nach ZIEGLER, DEUTSCHE HAUPTSTELLE GEGEN SUCHTGEFAHREN

Das ergibt 405 000,– DM Kosten für Minderleistungen bzw. zusätzliche Aufwendungen pro Jahr in einem Unternehmen mit 150 Mitarbeitern.

## Ein unbefriedigender Zustand

Es mag einiges dafür sprechen, daß in den traditionell Durst erzeugenden ›Warm-Betrieben‹ für den Getränkekonsum andere Regeln gelten, als in Betrieben, die nicht diesen Arbeitsbedingungen ausgesetzt sind.

*Unfallrisiko dramatisch erhöht*

Es kann auch von niemandem exakt nachgeprüft werden, ab welcher Flasche Bier der Mitarbeiter nun nicht mehr in der Lage ist, bestimmte Arbeiten ohne Gefahr für sich oder andere auszuführen. Fest steht aber nach heutiger Erkenntnis, daß jeder Grad von Trunkenheit das Unfallrisiko dramatisch erhöht. Und das gilt von der 1. Flasche an.

## Eigene Primärerhebung

*überwiegend herrscht Alkoholverbot*

Eine eigene Primärerhebung bei einer großen Anzahl deutscher Unternehmen, mit insgesamt 500 000 Arbeitnehmern, hat ergeben, daß eine große Anzahl von Betrieben (56,6% der befragten Unternehmen) über ein Alkoholverbot verfügt.

Was die Konsequenz der Einhaltung dieses Alkoholverbots betrifft, sieht es allerdings weniger gut aus. Insgesamt halten sich nur 16,7% der Betriebe mit Alkoholverbot konsequent daran und lassen keine Ausnahmen zu.

*Zu viele Ausnahmen*

Dagegen ist bei 83,3% der Unternehmen mit Alkoholverbot bei bestimmten Anlässen Alkoholausschank zulässig oder die Regel.

Nach den gestellten Fragen war das bei folgenden Anlässen der Fall:

– Jubiläen und sonstige Feiern          70%
– Kundenbewirtung          53,3%
– Empfänge          46,6%
– Bier in Bayern (!)          10%
(Mehrfachnennungen waren möglich).

Hier ist insbesondere auch wegen der rechtlichen Situation ein Umdenken dringend erforderlich (s. Seite 107).

In unserer hochtechnisierten Betriebslandschaft sind einfache manuelle Arbeiten, die im angetrunkenen Zustand ohne Gefährdung der eigenen Person oder Dritter ausgeführt werden können, kaum noch vorhanden. Die Folgen sind, daß durch Unfälle Gesundheit und Sachwerte, oft in erheblichem Umfang, geschädigt oder vernichtet werden. *High-tech*

**Daher die Forderung: *Null Promille* im Betrieb** *Null Promille im Betrieb*

## Was sagt die Unfallverhütungsvorschrift?

Die Unternehmen können sich, soweit sie nicht auf Tarifverträge, Betriebsvereinbarungen oder Arbeitsordnungen zurückgreifen können, die den Genuß von Alkohol während der Arbeitszeit verbieten, immer auf § 38 der Unfallverhütungsvorschrift ›Allgemeine Vorschriften VBG 1‹ berufen. Dort heißt es, abgestellt auf die Versicherungsbedingungen der Berufsgenossenschaften:

**Versicherte dürfen sich durch Alkoholgenuß nicht in einen Zustand versetzen, durch den sie sich selbst oder andere gefährden können.** *Eine bigotte Verordnung*

**Versicherte, die infolge Alkoholgenusses oder anderer berauschender Mittel nicht mehr in der Lage sind, ihre Arbeit ohne Gefahr für sich oder andere auszuführen, dürfen mit Arbeit nicht beschäftigt werden.**

Hiernach ist der Alkoholkonsum während der Dienstzeit nicht ausdrücklich verboten, jedoch dürfen die Arbeitnehmer sich durch Alkoholgenuß nicht in einen berauschten Zustand versetzen.

Eine bigotte Verordnung!

Bitte lesen Sie auch den Kommentar im 13. Kapitel, Seite 252 ff.

Gericht fordert
Regelung

Mit dem Urteil des Landesarbeitsgerichts Baden-Württemberg vom 18. 10. 1976 (10 SA 50/76) ist erklärt worden, daß die Unterlassung eindeutiger betrieblicher Regelungen hinsichtlich des Alkoholgenusses zu Lasten des Arbeitgebers geht. Dieses Arbeitsgericht hat im Rahmen einer Kündigungsschutzklage gegen die ausgesprochene Kündigung damit argumentiert, daß der Arbeitgeber den Alkoholgenuß im Betrieb in gewissem Umfang toleriert habe.

Konsequenz

Das läßt für die Arbeitgeber auch deshalb nur die einzige Konsequenz zu: das absolute Alkoholverbot während der Arbeitszeit zum Schutz des Unternehmens, der Menschen im Unternehmen, der Betriebsmittel und schließlich der haftenden Vorgesetzten.

## ›Kreativität‹ ohne Grenzen

die ›Unberührten‹

Es gibt allerdings eine Zielgruppe im Unternehmen, die von einem Alkoholverbot ›unberührt‹ bleibt: die pathologisch Erkrankten und exzessiv Konsumierenden.

kreative Höchstleistungen

Wissen Sie eigentlich, zu welchen kreativen Höchstleistungen Mitarbeiter fähig sind, wenn es darum geht, eigene Alkoholprobleme zu verschleiern?

unbemerkte
Beschaffung

Sie sind sehr findig, Alkohol auf neutrale Weise mit in den Betrieb zu bringen. Pförtner oder Werkschutz sind überfordert, wollte man ihnen die Verpflichtung für die Nichteinbringung von Alkohol in das Unternehmen auferlegen; diese Stellen sind auf Stichproben oder Kontrollen bei besonderen Verdachtsmomenten beschränkt.

So dicht kann aber kein Stichproben-Kontrollnetz sein, daß da nicht ein Durchschlupf gefunden wird:

Verstecke

In Thermoskannen, in originalverschlossenen(!) Cola- und Limonadendosen, in Milchtüten, Honiggläsern und anderen exotischen Hohlkörpern. Und die Verstecke finden sich in Spindschränken, Kassetten und Tresoren, Lüftungsschächten, Zylinderbohrungen, Spülkästen, Papierkörben, Aktenordnern . . .

Beim Verdacht des pathologischen oder verbotenen Konsums alkoholischer Getränke während der Arbeitszeit müssen diese Kanäle sorgfältig beobachtet und systematisch geschlossen werden.

Auch hier gilt die beliebte Western-Art: Ein schneller Schuß zur rechten Zeit, schafft Ruhe und Behaglichkeit.

---

**Fazit:**
**Es gibt keine Gründe für Alkohol im Betrieb. Ein Alkoholverbot im Betrieb ist unabdingbar!**

---

# Entscheidungshilfen für Führungskräfte

1. Für Alkoholkonsum während der Arbeitszeit gibt es **keinen vertretbaren Grund**. Die konsequente Forderung lautet deshalb: **Null-Promille im Betrieb!**

2. Ein praktiziertes Alkoholverbot im Betrieb ist die **einzige erfolgversprechende Präventivmaßnahme**.

3. Ein **absolutes Alkoholverbot** während der Arbeitszeit schützt das Unternehmen, die Menschen im Unternehmen, die Betriebsmittel und schließlich die haftenden Vorgesetzten.

4. Die Unfallverhütungsvorschriften (UVV) der Berufsgenossenschaften sind immer noch nicht hilfreich für Führungskräfte; gerade deswegen ist im Rahmen der **Fürsorgepflicht** eine engere Auslegung des Alkoholkonsums im Betrieb notwendig.

5. **»Wachsweiche« Appelle**, die sich an die Selbstverantwortung der Mitarbeiter richten, verfehlen bei Gefährdeten das Ziel.

**Fazit:** Führungskräfte unternehmen den Versuch, **Kosten** des Alkoholmißbrauchs für den eigenen Betrieb zu erfassen und initiieren eine **Änderung der Grundeinstellung**.

# 7. Kapitel

# Einführung eines Alkoholverbots

**Vorbereitende Maßnahmen**
- Bildung eines Arbeitskreises
- Der programmierte Erfolg
- Mitwirkung des Betriebsrats
- Hilfen für die Arbeitnehmervertretung
- Konzentrierte Aufklärungsarbeit
  ... bei den Multiplikatoren
  ... in der Belegschaft
- Diskussionen sind nützlich
- 1 Gramm Information wiegt mehr als 1000 t Meinung
- Vorsicht vor Opportunisten
- Zu überzeugen fällt dem Überzeugten nicht schwer
- Textvorschlag für die Arbeitsordnung

**Die Betriebsvereinbarung**
- Muster einer Betriebsvereinbarung
- Die entscheidende Betriebsversammlung

**Nach der Einführung**
- Das Postulat der Vorbeugung
- Betriebliche Anlässe
- Beispiel für den Ablauf von Jubiläumsfeiern
- Betriebliche Anlässe ›außer Haus‹
- Statt Toleranz – Konsequenz!

**Entscheidungshilfen für Führungskräfte**

# Vorbereitende Maßnahmen

## Bildung eines Arbeitskreises

Eine wichtige Voraussetzung für ein betriebliches Vorbeugungsprogramm ist, daß alle Beteiligten sich in dieses Programm einbringen und ihre Einstellungen und Interessen zur Diskussion stellen.

Eine solche Vorgehensweise zur Alkoholprävention und Betroffenenhilfe ist betriebsspezifisch aufzustellen und von Unternehmensleitung, Personalabteilung und Arbeitnehmervertretung gemeinsam durchzuführen. *Alkoholprävention*

Als erfolgreich erwiesen hat sich die Bildung eines Arbeitskreises ›Alkoholprobleme‹, im Betriebsjargon auch ›Arbeitskreis-Suff‹ tituliert.

Mögliche Aufgaben der Mitglieder des Arbeitskreises sind:

- Kontakte zu Institutionen/Suchtberatern *Aufgaben*
- Vorgehensweise bei der Einführung eines Alkoholverbots
- Vorbereitung einer Betriebsvereinbarung
- Hilfe in konkreten Einzelfällen

Der Arbeitskreis hat das Ziel, dem Unternehmen und seinen Mitarbeitern bei der Hinführung zu einem Alkoholverbot am Arbeitsplatz und der erfolgreichen Durchführung beratend zur Seite zu stehen. Besser, man geht nach einer formulierten Methode vor, als nach einer imaginären.

Geladene Mitglieder dieses Arbeitskreises sind Vertreter von *Mitglieder*
- Personalabteilung/Betriebsleitung
- Betriebsrat
- Betrieblicher Sozialdienst/Werksärztlicher Dienst
- Sicherheitsbeauftragter/Fachkraft für Arbeitssicherheit
- Betriebskrankenkasse

als Einzelpersonen:
- ein ehemals Abhängiger,

117

- ein Vertreter der unteren Führungsebene (Meister/ Vorarbeiter),
- ein Vertreter des oberen Managements.

## Der programmierte Erfolg

*Vorsitzender ist die ›halbe Miete‹*

Gelingt es Ihnen, als Vorsitzenden einen ›elder statesman‹ zu finden, haben sie bereits die ›halbe Miete‹; den Vorsitzenden zeichnen seine hohe Akzeptanz bei allen Beteiligten aus; agile Ruheständler sind besonders geeignet.

Mögliche Personen:
- ehemalige Vorstands-/Aufsichtsrats-/Betriebsratsmitglieder
- Juristen, Politiker, ranghohe Beamte ›a. D.‹
- im Ruhestand stehende, besonders verdiente Mitarbeiter des eigenen oder eines befreundeten Unternehmens.

*Einstieg*

Dieser Arbeitskreis wird mit dem ›unternehmerischen Willen‹ konfrontiert, ein absolutes Alkoholverbot einzuführen.

Der Bedeutung des Themas entsprechend sollten auch die Vertreter des Unternehmens ›hochrangig‹ angesiedelt sein.

Die Teilnehmer werden mit der aktuellen Situation bekanntgemacht, Fakten aus der jüngsten Zeit müssen die Notwendigkeit belegen.

*Materialien*

Zur Einstimmung für Teilnehmer und Mitarbeiter eignet sich beispielsweise diese Veröffentlichung.

## Mitwirkung des Betriebsrats

*soziale Angelegenheiten sind mitbestimmungspflichtig*

Natürlich kann ein solches Alkoholverbot nicht einseitig von der Unternehmensleitung ohne Mitwirkung des Betriebsrates verfügt werden. Es handelt sich hier um eine ›soziale Angelegenheit‹, die dem Mitbestimmungsrecht des Betriebsrats unterliegt. Unter Hinweis auf § 87 Ziffer 1 des Betriebsverfassungsgesetzes und mit Rücksicht auf die mittlerweile allen verantwortlichen Stellen bekannten Folgen des Alkoholmißbrauchs, muß es gelingen, die Arbeitnehmervertretung von der Notwendigkeit eines absoluten Alkoholverbots im Betrieb im Interesse der Mitarbeiter und des Unternehmens zu überzeugen.

Lesen Sie hierzu das 11. Kapitel, insbesondere ›Die Mitwirkung des Betriebsrats bei der Einführung‹ Seite 210 ff.

## Hilfen für die Arbeitnehmervertretung

Deshalb ist es wichtig, dem Betriebsrat alle Möglichkeiten und Hilfsmittel an die Hand zu geben, um die Überzeugung von der Notwendigkeit eines Alkoholverbotes zu stärken. Darüber hinaus ist flankierend in den Gremien und in der Belegschaft Argumentationsarbeit zu leisten.

## Konzentrierte Aufklärungsarbeit
## . . . bei den Multiplikatoren

Es ist wichtig, daß alle in Frage kommenden Stellen des Unternehmens mit hinzugezogen werden und diese Arbeit unterstützen. Dazu gehören auch die Vertrauensleute, der werksärztliche Dienst, die Sicherheitsbeauftragten und sämtliche Führungskräfte. *weitere Zielgruppen*

Hinzuzuziehen sind die Krankenkassen, eine Institution wie ANONYME ALKOHOLIKER, GUTTEMPLER, BLAUES KREUZ oder – soweit vorhanden – Suchthelfer im Unternehmen oder ehemalige Alkoholkranke, die Entziehungsmaßnahmen erfolgreich hinter sich haben.

Dabei ist der Eindruck zu vermeiden, daß die beteiligten Multiplikatoren bei der Belegschaft als ›Moralapostel‹ ankommen. Vielmehr muß der ursächliche Gedanke der Arbeitssicherheit und der Probleme, die der Genuß von Alkohol am Arbeitsplatz mit sich bringt, besonders herausgestellt werden. *keine ›Moralapostel‹*

Je gründlicher und systematischer die Vorbereitungsarbeit betrieben wird, um so eher ist es möglich, den

Betriebsrat von der Notwendigkeit der Maßnahme zu überzeugen und ihn bei der Überzeugungsarbeit in der Belegschaft zu beteiligen.

*Medieneinsatz* Die Beteiligten werden unter Einsatz der möglichen Medien (Filme, Broschüren, statistisches Material) informiert, geschult und für eine Argumentation vorbereitet. Dokumentationsmaterial ist von den genannten Institutionen zur Verteilung an die Belegschaft leicht zu erhalten.

*Kriterien* Darüber hinaus empfiehlt sich, in Abstimmung mit dem Betriebsrat einen Film auszuwählen, der das Alkoholproblem deutlich macht, auch den Arbeitssicherheitsgedanken mit einschließt, die Laufzeit von 30 min nicht überschreitet und in einer Betriebsversammlung vorgeführt werden kann.

## ... in der Belegschaft

Es ist sinnvoll, in dieser Situation Filme einzusetzen. Allerdings sind nicht alle Filme pauschal für jede Belegschaft geeignet. Verzichten Sie auf Filme mit ›Spielhandlungs-Charakter‹. Besser geeignet sind Fakten beschreibende Dokumentationen.

Geeignete Filme können Sie über die Berufsgenossenschaften, Versicherungsanstalten, Krankenkassen und Filmverleihe erhalten und zur Vorführung entleihen.

Von diesem Zeitpunkt an sind an den zentralen Stellen Informationsbroschüren zum Umgang mit Alkohol ausgelegt.

## Diskussionen sind nützlich

*kontroverse Diskussionen fördern* Sie müssen damit rechnen, daß die Absicht der Einführung eines absoluten Alkoholverbotes im Unternehmen bei der Belegschaft kontroverse Diskussionen auslöst. Die sind notwendig und nützlich. Gerade über dieses Thema kann nicht genug diskutiert werden.

Im Rahmen solcher Diskussionen haben Sie die Chance, die Mitarbeiter aufzuklären und Überzeugungsarbeit zu leisten. Je mehr mit gut informierten Multiplikatoren diskutiert wird, um so besser ist später die Grundlage bei der Einführung und Einhaltung des Alkoholverbots.

Fördern Sie deshalb Diskussionskreise!

## 1 Gramm Information wiegt mehr als 1000 Tonnen Meinung.

Geben Sie ihren Führungskräften notwendige Materialien an die Hand, um die Mitarbeiter entsprechend informieren zu können. Rüsten Sie Ihre Vorgesetzten durch konkrete Schulung auf dieses Thema mit Argumentationshilfen aus. Beteiligen Sie auch den Betriebsrat an der Schulung. *Informations- management*

Vergessen Sie nicht:
Mitarbeitern aller hierarchischen Ebenen muß deutlich gemacht werden, daß die bisherigen Anlässe zum Genuß von alkoholischen Getränken im Unternehmen in allen Bereichen ausnahmslos nicht mehr akzeptiert werden.

Das gute Beispiel der Geschäftsführung, der Führungskräfte, der Verkäufer bei Kundenbesuchen wirkt hier besonders intensiv und erhöht die Akzeptanz des Alkoholverbots bei der Belegschaft. *Akzeptanz des Alkoholverbots*

Die Unternehmensleitung und ihre Führungskräfte müssen übrigens nicht nur vorbildlich handeln, sondern auch darüber reden! So wie auch der Betriebsrat über seine Erfolge spricht.

## Vorsicht vor Opportunisten

Es ist Mode geworden, die Interessen kleiner und kleinster Gruppierungen zu tolerieren und zu schützen. Ursache hierfür ist das mangelnde Stehvermögen vieler an entscheidender Stelle stehender Führungskräfte; sie scheuen sich, für ihre Überzeugung einzutreten, weil damit oft harte und unbequeme Diskussionen verbunden sind. *mangelndes Stehvermögen*

Deswegen gehen viele lieber den Weg des ›geringsten Widerstandes‹, schreiben die Interessen selbst kleiner Minderheiten auf ihre Fahne und machen sich zum Schutzherrn dieser vermeintlichen Interessen. Diese ›Opportunisten‹ gibt es auch in Ihrem Unternehmen; sie sind in der Führungsspitze ebenso zu finden wie in den Gremien. Dieser Typ von Mitarbeiter darf keine Konjunktur haben.

*keine Konjunktur*

Das bedeutet nicht, daß man nicht auch kompromißfähig sein kann und sein muß.

Aber stellen Sie sich einmal vor, man dürfte nicht mehr über Leistung sprechen!? Sie könnten in kürzester Zeit Ihren ›Laden‹ zumachen.

In gleicher Weise wird es möglich sein, auch ein unangenehmes Thema anzugehen, wenn es einer vernünftigen Überzeugung entspringt und entsprechenden Sinn bietet.

## Zu überzeugen fällt dem Überzeugten nicht schwer!

Sinnvolle Entscheidungen können immer deutlich gemacht werden und finden dann auch immer Verständnis bei Mitarbeitern.

Deswegen lassen Sie sich nicht entmutigen, wenn es auch zum Thema Alkohol diese Opportunisten gibt, die gegen ihre eigene Überzeugung die ›Fahne‹ hochhalten und sich vehement für die kleine trinkfreudige Minderheit einsetzen.

## Textvorschlag

In Unternehmen, die über eine Arbeitsordnung verfügen, oder die gerade dabei sind, sich eine Arbeitsordnung zu geben, kann das Alkoholverbot mit folgender
Formulierung eingebaut werden:

*Der Genuß alkoholischer Getränke (dazu gehört auch*
*Bier) im Unternehmen oder in der Arbeitszeit, ein-*
*schließlich der Pausen, ist aus Sicherheitsgründen im*
*Interesse der Arbeitnehmer und des Unternehmens*
*verboten.*

*Niemand darf in angetrunkenem Zustand oder unter*
*Einwirkung von Rauschmitteln zur Arbeit erschei-*
*nen.*

*Desgleichen ist die Einbringung alkoholischer oder*
*alkoholhaltiger Getränke in das Unternehmen unter-*
*sagt.*

*Der jeweilige Vorgesetzte ist verpflichtet, bei Zuwider-*
*handlungen die Arbeitsleistung zu untersagen.*

*Ereignet sich ein Unfall, durch den Menschen verletzt*
*oder materieller Schaden angerichtet wird, so wird*
*grobe Fahrlässigkeit vorausgesetzt, wenn der Scha-*
*densverursacher unter Alkoholeinwirkung stand.*

*Muster:*
*Arbeitsordnung*

123

# Die Betriebsvereinbarung

## Muster einer Betriebsvereinbarung für ein Alkoholverbot:

*Muster:*
*›Betriebs-*
*vereinbarung‹*

Zwischen der Geschäftsführung der (Firma) . . . und dem Betriebsrat wird die folgende Betriebsvereinbarung abgeschlossen:

1. PRÄAMBEL
   Geschäftsführung und Betriebsrat sind sich darüber einig, daß die Arbeitssicherheit im Unternehmen verstärkt werden muß.
   Da sich Unfallgefahren nicht voll ausschließen lassen, kommt es entscheidend darauf an, das Sicherheitsbewußtsein der Mitarbeiter zu stärken. Die Untersuchungen der letzten Unfallberichte haben ergeben, daß in einigen Fällen Alkohol der Verursacher war.
   Der Genuß von Alkohol vergrößert erheblich das Risiko von Arbeitsunfällen; deshalb wird es als erforderlich angesehen, daß im Unternehmen ein absolutes Alkoholverbot eingeführt wird, das für alle Beschäftigten ausnahmslos gilt.
   Hierdurch ist die Arbeitssicherheit für den Mitarbeiter erhöht, die Unsicherheit über den Grad der Trunkenheit nach § 38 der Unfallverhütungsvorschriften VBG 1 beseitigt und schließlich erreicht, daß die Mitarbeiter nicht in angetrunkenem Zustand – ob mit eigenem Fahrzeug oder ohne – den Heimweg antreten.

2. Es ist allen Mitarbeitern untersagt, im Unternehmen alkoholhaltige Getränke zu sich zu nehmen; alkoholhaltige Getränke dürfen nicht in das Unternehmen mitgebracht werden.

3. Angetrunkene Arbeitnehmer dürfen das Werk nicht betreten; sie dürfen im Unternehmen zu ihrem eigenen Schutz nicht beschäftigt werden; sie haben, sofern sie angetrunken in das Unternehmen kommen oder sich im Unternehmen in einen solchen Zustand versetzt haben, das Werk wieder zu verlassen.

4. Alle Mitarbeiter sind verpflichtet, die strikte Einhaltung des Alkoholverbotes zu beachten.
   Stellt der Vorgesetzte bei einem Mitarbeiter ein auffälliges Verhalten fest, das auf Alkoholgenuß zurückgeführt wird, ist er verpflichtet, seinen Mitarbeiter entsprechend zu befragen, um dann über seine Weiterbeschäftigung zu entscheiden.
   Bei der Befragung des unter dem Verdacht der Trunkenheit stehenden Mitarbeiters hat der Vorgesetzte ein Mit-

glied des Betriebsrats oder, falls das nicht möglich ist, einen weiteren Vorgesetzten hinzuzuziehen.

5. Die Entscheidung des Vorgesetzten in dem akuten Fall des Alkoholverdachtes ist bindend.

6. Bestreitet der unter dem Verdacht des Alkoholgenusses stehende Mitarbeiter Alkohol getrunken zu haben, so erhält er die Möglichkeit, den Verdacht durch das Ergebnis einer Alkoholprobe mittels Testgerätes (›Puster‹) zu widerlegen.
Auf seinen Wunsch kann er auch auf einer ärztlichen Blutentnahme und Untersuchung bestehen.
Zeigt das Ergebnis der Blutentnahmen keinen Blutalkohol, so gehen die dadurch entstandenen Kosten zu Lasten des Unternehmens.

7. Kann der unter dem Verdacht des Alkoholgenusses stehende Mitarbeiter diesen Beweis nicht führen oder weigert er sich, bei Entlastungsmaßnahmen mitzuwirken, so hat er die Weisung des Vorgesetzten unverzüglich zu beachten.
Für die ausgefallene Arbeitszeit entfällt der Lohnanspruch.
Der Vorgesetzte entscheidet unter Beachtung der arbeitgeberischen Fürsorge darüber,
– ob der angetrunkene Mitarbeiter den Heimweg ohne Gefahr für sich und andere antreten kann,
– ob die Beförderung des angetrunkenen Mitarbeiters durch Dritte erfolgt,
– ob die Ausnüchterung des angetrunkenen Mitarbeiters im Unternehmen sinnvoll erscheint, oder
– ob ärztliche Hilfe notwendig ist.
Auf jeden Fall hat der Vorgesetzte im Rahmen seiner Möglichkeiten zu verhindern, daß der unter dem Verdacht der Trunkenheit stehende Mitarbeiter den Heimweg im selbstgesteuerten Verkehrsmittel antritt.

8. Die Kosten dieser im Interesse des Mitarbeiters eingeleiteten Maßnahmen gehen zu seinen Lasten.

9. Das gesetzliche Mitbestimmungsrecht des Betriebsrats wird in jedem Falle gewahrt.

10. Diese Betriebsvereinbarung tritt am ... in Kraft. Sie kann mit einer Frist von 6 Monaten zum Ende eines jeden Kalenderjahres gekündigt werden.

Datum

Unterschriften

## Die entscheidende Betriebsversammlung

Nach den Gesprächen mit dem Betriebsrat und den vorgenannten Maßnahmen zur schrittweisen Hinführung zu einem Alkoholverbot, wird die turnusmäßig stattfindende Betriebsversammlung zum Anlaß genommen, die Belegschaft über die beabsichtigte Vereinbarung aufzuklären.

*Notwendigkeit des Alkoholverbots erläutern*

Nach einer guten Vorbereitungsarbeit haben Unternehmensleitung und Betriebsrat in der Betriebsversammlung Gelegenheit, das Thema prägnant vorzutragen und die Notwendigkeit des Alkoholverbots zu erläutern. Der Belegschaft wird das, was unstrittig für ein Alkoholverbot spricht, verdeutlicht.

Unternehmensleitung und Betriebsrat ist zu empfehlen, daß sie der Belegschaft bei dieser Gelegenheit auch die wesentlichsten Inhalte der abzuschließenden Betriebsvereinbarung erläutern.

Klare Verhältnisse sind der beste Garant für das Funktionieren einer Partnerschaft.

Die Betriebsversammlung findet idealerweise an einem der letzten Tage im Monat statt; die Vereinbarung tritt an einem der darauffolgenden Tage des neuen Monats 0.00 Uhr in Kraft.

Die Zwischenzeit bleibt, um Automaten zu entfernen und die Verkaufsstellen zu ›entsorgen‹.

## Nach der Einführung

*mit aller Konsequenz*

Ist schließlich ein absolutes Alkoholverbot eingeführt, muß dafür gesorgt werden, daß dieses Verbot mit aller Konsequenz eingehalten wird. Außer den offiziellen oder geduldeten Anlässen, die bisher zum Alkoholkonsum dienten, muß auch verhindert werden, daß Mitarbeiter Alkohol mit in den Betrieb bringen oder angetrunken zur Arbeit erscheinen.

Denken Sie auch an Fremdfirmen und Handwerker auf Ihrem Betriebsgelände, die nicht unter Ihre Arbeitsordnung oder Ihre Betriebsvereinbarung fallen. Verhindern Sie den schizophrenen Zustand, daß Ihre eigenen Mitarbeiter enthaltsam sind, während Bauleute, Monteure oder andere Angestellte von Fremdfirmen in Ihrem Unternehmen Alkohol trinken. Verpflichten Sie diese Firmen darauf, daß deren Mitarbeiter in Ihr Unternehmen weder Alkohol einbringen dürfen, noch solchen konsumieren oder angetrunken erscheinen. Das ist leicht durchzusetzen, weil Sie sich häufig in einer stärkeren Position befinden.

## Das Postulat der Vorbeugung

Jetzt gilt für Sie als Vorgesetzter das Postulat der Vorbeugung. *Vorbeugen statt überfallen*

Nicht das überfallartige Kontrollieren ist gemeint. Der gute Vorgesetzte informiert seine Mitarbeiter, insbesondere vor ›neuralgischen‹ Terminen wie zum Beispiel Weihnachten/Jahreswechsel **präventiv**. Er macht seinen Mitarbeitern unmißverständlich klar, daß er nicht *casus belli* bereit ist, einen Verstoß gegen das vereinbarte Alkoholverbot hinzunehmen. Jeder in den Betrieb eingeführte Alkohol ist für ihn ein ›casus belli‹, ein ›kriegauslösendes Ereignis‹.

Dabei ist die Intensität des Alkoholkonsums innerhalb *Alkoholnester* eines Betriebs deutlich unterschiedlich, entsprechend *erkennen* sind die Schwellen der Auffälligkeit unterschiedlich hoch. Jeder kennt sogenannte ›Alkoholnester‹ im Unternehmen, wo aus jedem Anlaß getrunken wird, während andere Betriebsteile deutlich zurückhaltender sind.

| |
|---|
| **Alkoholmißbrauch der Mitarbeiter am Arbeitsplatz ist auch Führungsschwäche des Vorgesetzten!** |

Die Einführung eines absoluten Alkoholverbots im Unternehmen ist zwar nicht populär, kann aber durch begleitende Maßnahmen zu einer von der Belegschaft akzeptierten Regelung werden. Oftmals sind nämlich

127

die betrieblichen Usancen, was die Anlässe des Alkoholkonsums in den Unternehmen betrifft, von den Mitarbeitern selbst gar nicht so geschätzt. Beispielsweise:

## Betriebliche Anlässe

*1000 Anlässe*　Es gibt in allen Betrieben die berühmten ›Anlässe‹, die aufmerksame Kollegen schon darüber wachen lassen, daß auch niemand vergißt, auf seinen Anlaß einen ›auszugeben‹. Das beginnt beim Einstand und endet mit dem Abschied. Dazwischen gibt es tausend Möglichkeiten: Geburtstag, das neue Auto, von der Geburt des Kindes über die Hochzeit, Silberhochzeit, Beförderungen bis zum Jubiläum und den Ruhestand sowie Ostern, Pfingsten, Weihnachten, Jahreswechsel und dergleichen bis zur simpelsten Situation, die dann noch herhalten muß, wie die neuen Schuhe, die noch quietschen oder der Anzug, der noch staubt.

## Das Betriebs-Jubiläum

*Das Beispiel:*　Gewachsene Betriebe haben eine Stammbelegschaft.
*Jubiläum*　Familienangehörige mit mehreren Generationen in der Firma sind keine Seltenheit. Die Firmen rechnen es sich zur Ehre an, und es schlägt sich für sie auch wirtschaftlich nieder, wenn die Fluktuationsrate gering ist. Die Anzahl der Betriebsjubiläen in diesen Unternehmen ist deswegen hoch.

*Mindest-*　In vielen Betrieben ist es heute noch üblich, daß die
*ausstattung*　Jubilare am Tag ihres Jubiläums ihre Kollegen bewirten. In Betrieben mit häufigen Jubiläumsfeiern bilden sich dabei Standards heraus, die sehr schnell den Charakter einer ›Mindestausstattung‹ erhalten.

Es gibt Experten, die peinlich darauf achten, was der Jubilar seinen Kollegen anbietet. Um sich nicht lumpen zu lassen, legt der Jubilar dann häufig zu dem, was seine Kollegen vor ihm getan haben, noch etwas drauf. Das führt dazu, daß das Geldgeschenk des Unternehmens an den Jubilar für die Bewirtung der Kollegen verbraucht wird oder hierzu nicht einmal ausreicht.

Dabei ist der Sinn der Jubiläums-Gabe auch aus steuer-
licher Sicht doch der, die Treue des Mitarbeiters gegenüber dem Unternehmen zu belohnen und nicht, die
Aufwendungen aus Anlaß des Jubiläums zu ersetzen.

*verfehlter Sinn*

Viele Jubilare und deren Angehörige sind daher froh,
wenn Unternehmensleitungen die althergebrachten
Bräuche verändern und neue Grundsätze für die Gestal-
tung der betrieblichen Jubiläen einführen.

In vielen Unternehmen ist dies aus grundsätzlichen Er-
wägungen ganz einfach notwendig geworden. Ein Betrieb kann es sich heute nicht leisten, produktive Tage
durch das Feiern von Jubiläen im Betrieb zu verlieren.

Es gibt Unternehmen mit einem Alkoholverbot, die den
Alkoholausschank anläßlich der Jubiläen im Betrieb
tolerieren. Dadurch ergeben sich bei Arbeitsunfällen
unter Alkoholeinfluß an solchen Tagen komplizierte juristische Tatbestände.

Alkoholverbot am Arbeitsplatz einerseits und ›ja,
aber . . .‹ andererseits akzeptieren Arbeitsrichter nicht
(siehe hierzu Seite 112 im 6. Kapitel).

Aus diesen Gründen empfiehlt es sich, Jubiläen grundsätzlich aus dem Unternehmen herauszunehmen.

Das kann durchaus attraktiv gestaltet werden!

### Beispiel für den Ablauf von Jubiläumsfeiern.

*Auf neuen Wegen . . .*

Für den Ablauf der Betriebsjubiläen (gedacht ist hier an
die 25- und 40jährigen) kann die folgende Regelung
gelten:

1. Der Jubilar hat an seinem Jubiläumstag bezahlt
   arbeitsfrei.

2. Alternative I:
   Nach Abstimmung mit dem Jubilar besucht ihn zu
   einer vereinbarten Uhrzeit eine Delegation des Betriebs in seiner Wohnung.
   Die Besucher: mindestens der Vorgesetzte, ein Kollege, ein Betriebsratsmitglied.
   Es wird empfohlen, diesen Besuch auf den frühen

129

Nachmittag zu legen, damit die Besucher sich von dieser Veranstaltung nach Hause verabschieden können.[1]

Alternative II:
Der Jubilar wird mit seinem Partner zum ›Power-Lunch‹ in das Casino eingeladen.
Diese Lösung hat zwei Vorteile: erstens ist der Zeitaufwand vertretbar, und zweitens löst sich das Problem des Alkoholkonsums ganz einfach dadurch, daß es keinen gibt.

3. Der Vorgesetzte würdigt die Verdienste des Jubilars, überreicht die Jubiläumsurkunde, einen Glückwunschbrief des Unternehmens und ein mögliches Geschenk. Die finanzielle Jubiläumsgabe wird dem Mitarbeiter jetzt als Scheck überreicht. (Machen Sie nicht die unpersönliche Kontoüberweisung!)

4. Periodisch ein- oder zweimal im Jahr (bei kleineren Unternehmen alle 2 Jahre) lädt das Unternehmen die Jubilare des abgelaufenen Zeitabschnitts zu einer Jubilarfeier ein. Dabei kann der Eingeladene einen Angehörigen mitbringen. Aus diesem Anlaß wird eine besondere Erinnerungsgabe überreicht, die einen Bezug zum Unternehmen hat. Ein anschließendes gemeinschaftliches Essen (mit dann folgendem Tanz?) macht ein derartiges Fest zu einer attraktiven Veranstaltung.

5. Dem Jubilar ist es selbstverständlich freigestellt, seine Kollegen aus Anlaß seines Jubiläums einzuladen. Das findet aber in jedem Fall außerhalb des Unternehmens und in der Freizeit statt.

## Betriebliche Anlässe ›außer Haus‹

Ich meine, daß dieses Alkoholverbot am Arbeitsplatz konsequenterweise während der Arbeitszeit auch ›außer Haus‹ gilt:

---

1 Eine grundsätzliche Empfehlung für solche und vergleichbare Veranstaltungen: die Fahrt erfolgt mit öffentlichen Verkehrsmitteln/Taxen und ist abrechnungsfähig.

- Geschäftsführung und Verkäufern hat es noch nie geschadet, beim Kunden NEIN DANKE zu Alkoholangeboten zu sagen; *NEIN DANKE beim Kunden*

- bei Service-Technikern im Außendienst und als Aussteller auf Messen – auch für diese Mitarbeiter gilt: kein Alkohol während der Arbeitszeit

- und ein letztes Schlupfloch sind Seminare. Hier gibt es verschiedene Lösungsansätze – je nach dem, wie es im Stammhaus gehandhabt wird: *Seminare*
  - während der Seminarzeit gilt die gleiche Regelung wie in der Firma
  - das Unternehmen zahlt während der Seminardauer alle alkoholfreien Getränke, und/oder
  - abends Wein und Bier, aber nie sogenannte ›harte Getränke‹

## Statt Toleranz – Konsequenz!

Verhält sich ein Unternehmen so konsequent, dann wird es auch bei anderen offiziellen Veranstaltungen, wie bei Empfängen, Bewirtungen von Kunden und betrieblichen und ähnlichen Anlässen keine alkoholischen Getränke ausschenken.

Wird so konsequent vorgegangen, gewöhnen sich die Belegschaften auch großer Unternehmen, in denen das bisher ganz anders lief, sehr schnell daran, daß anstelle der früher obligaten alkoholischen Getränke nun Alkoholfreies gereicht wird.

# Entscheidungshilfen für Führungskräfte

1. Bilden Sie einen **Arbeitskreis »Alkoholverbot«,** in den Unternehmensleitung, Personalabteilung und Arbeitnehmervertretung eingebunden sind.

2. Leisten Sie **Aufklärungsarbeit bei allen Multiplikatoren** im Betrieb und in der Belegschaft.

3. Eine **eindeutige Betriebsvereinbarung** sorgt für den verbindlichen rechtlichen Rahmen.

4. Ein Alkoholverbot dient zur präventiven Intervention, **nicht als Alibi für überfallartige Kontrollen.**

5. **Das betriebliche Alkoholverbot wird »gelebter« Bestandteil der Firmenphilosophie.**

**Fazit:** Führungskräfte setzen sich für die Durchführung eines Alkoholverbotes im Betrieb ein und sorgen in ihrem eigenen Verantwortungsbereich für die **konsequente Realisierung** der beschlossenen Maßnahmen.

8. Kapitel

# Der gefährdete Mitarbeiter im Betrieb

**Die Fehler des Umfeldes**
- Kollegen ...
- ... und Vorgesetzte
- als Co-Alkoholiker

**Das Behandlungsregime**
- Konstruktiver Leidensdruck
- Rahmenbedingungen
- Der Therapie-Trichter

**Einstellung neuer Mitarbeiter**
- Der sachverständige Griff zur Leber
- Das Verkehrszentralregister
- Risikofaktor ›trockener Alkoholiker‹?
- Die Probezeit

**Entscheidungshilfen für Führungskräfte**

# Die Fehler des Umfeldes

Sie haben in vorhergehenden Kapiteln lesen können, daß die Krankheit nicht schlagartig auftaucht und daß eine sehr große Anzahl von Erscheinungsmerkmalen beobachtbar ist – sofern Sie als Vorgesetzter ein offenes Auge dafür haben.

*Fehler erkennen*

Sie haben bis hier auch erfahren, welche erheblichen Gefahren dem Mitarbeiter und in der Folge seinen Angehörigen und letztendlich auch dem Unternehmen drohen. Es ist deshalb notwendig, die jetzt folgenden Fehler des Umfeldes zu vermeiden.

*Fehler vermeiden*

Denn der gefährdete Mitarbeiter ist in ein Umfeld eingebettet, das, wenn es richtig funktioniert und reagiert, relativ schnell zur Aufdeckung der Suchterkrankung und damit zur Möglichkeit der Hilfeleistung führt.

*Hilfe geben*

Hier werden aus falsch verstandener Solidarität oder weil viele glauben, die Dinge auch anders in den Griff zu bekommen, entscheidende Fehler gemacht. Durch die Verschleierung der wahren Ursachen erschwert oder verhindert das Umfeld eine gezielte Hilfe.

Es ist wichtig zu wissen, daß das Umfeld nicht beschützen und sich nicht nach dem Abhängigen richten darf. Vielmehr muß möglichst frühzeitig und möglichst schnell Hilfe von außen auf den Betroffenen einwirken.

Nur wenn das Umfeld eigenständig handelt, hat der Alkoholabhängige eine Chance zur Heilung.


## Kollegen . . .

Die Kollegen stellen den übermäßigen Alkoholkonsum des Mitarbeiters fest, dulden ihn aber und decken den Mitarbeiter sogar. Sie sorgen dafür, daß er in kritischen Situationen nicht auffällt und bringen ihn gegebenenfalls aus der Schußlinie. Es gibt Fälle, in denen Mitarbeiter volltrunkene Kollegen im Kofferraum ihres Autos unauffällig aus dem Unternehmen entfernen. Diese Haltung zeugt von Solidarität mit dem betroffenen Kol-

*Solidarität*

135

legen, die mindestens unbewußt auch damit begründet sein mag, daß jeder fühlt, er könne auch einmal zum Kreis der Betroffenen gehören.

*Toleranz hat Grenzen*

Erfahrungsgemäß hält diese solidarische Phase nur eine begrenzte Zeit. Der Betroffene hat schließlich eine Leistung zu erbringen, die aufgrund seines Zustandes nicht mehr voll erfüllt wird. Seine Kollegen müssen für ihn mitarbeiten. Daß dies auf Dauer nicht geschätzt ist, liegt auf der Hand. Die Toleranz hat insbesondere da ihre Grenzen, wo die Leistung der Gruppe prämienwirksam gemessen wird und finanzielle Verluste für alle eintreten.

Über die Leistungsfähigkeit eines exzessiv Trinkenden gibt die Darstellung auf Seite 138, die von einer Klinik veröffentlicht wurde, Aufschluß.

Während der Mitarbeiter mit Alkohol-Problemen in der Anfangsphase seines Einstiegs noch etwa 90% der Leistung bringt, sinkt sein Leistungsergebnis in der späteren Phase auf 25% und weniger.

Der Kollege wird also irgendwann zum Totalausfall und wird dann auch von seiner Gruppe nicht mehr gedeckt.

## . . . und Vorgesetzte

*Angst vor Konflikten*

Der nächste Vorgesetzte als weiteres Glied in der Kette ignoriert aus Angst vor Auseinandersetzungen oder aus Unkenntnis das Problem. Die Spannweite reicht vom ›Nicht-wahrhaben-wollen‹ über das ›Nicht-zur-Kenntnisnehmen‹ bis zum ›bewußten Verschweigen‹. Aus einer falsch verstandenen Schutzfunktion wird der übermäßige Alkoholgenuß bagatellisiert mit Aussagen wie:

*typische Aussagen*

»Immerhin macht er ja seine Arbeit . . .«
»Der arbeitet betrunken noch besser als andere nüchtern . . .«
»Wenn der getrunken hat, arbeitet er am besten . . .«
»Solange er da ist – ob betrunken oder nüchtern – ist er mein bester Mann . . .«.

Die Minderung von Arbeitsleistung, Zunahme von Fehlern, Häufung von Fehltagen wird bewußt übersehen.

Hier hat der Vorgesetzte seine Probleme, indem er selbst Ängste vor einem Konfliktgespräch hat, aber auch die Befürchtung, daß Disharmonie und Konflikte unter seinen Mitarbeitern auftauchen. Die Folge: Ständiges Hinausschieben des Gesprächs mit dem Betroffenen.

*nichts sehen, nichts hören, nichts sagen*

# Wie sich ein Alkoholiker im Beruf verhält

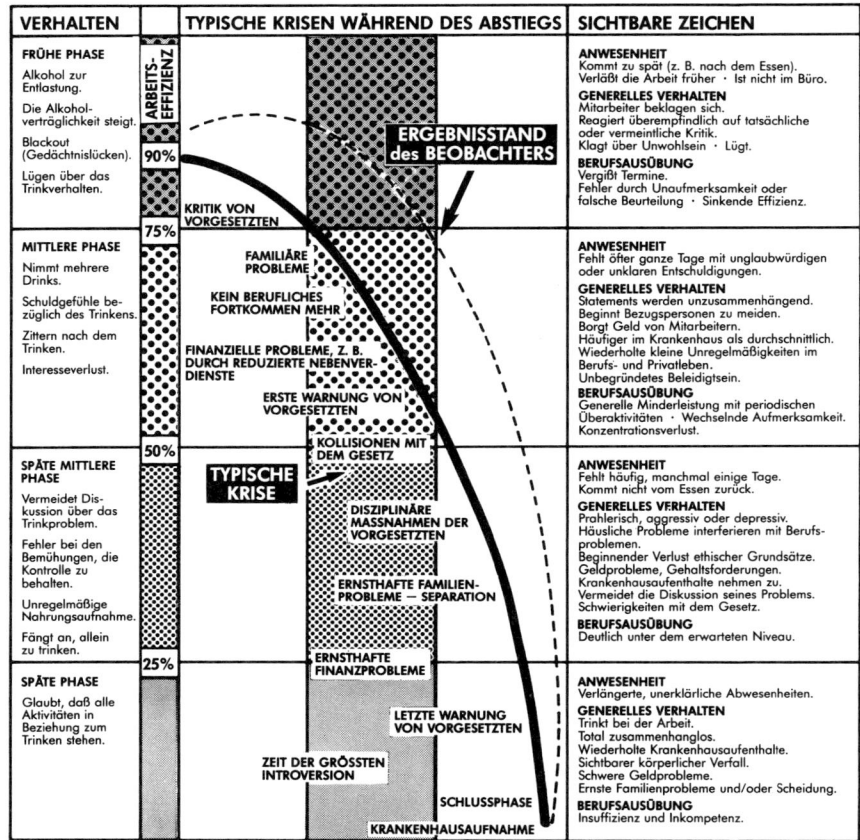

**Abb. 8:** Wie sich ein Alkoholiker im Beruf verhält (Quelle: OBERNBERG-KLINIK)

## ... als Co-Alkoholiker

> **Wer die Folgen des Alkoholmißbrauchs nicht se-hen will, verharmlost oder gar vertuscht, ver-mindert den Leidensdruck des Betroffenen. Er ermöglicht daher das Weitertrinken und wird damit selbst zum sogenannten ›Co-Alkoholiker‹.**

Kollegen und Vorgesetzte versuchen bis zuletzt selbst zu therapieren, natürlich erfolglos. Die zuständigen be-trieblichen Instanzen erhalten bis jetzt keine Informa-tionen.

Schließlich geht gar nichts mehr: alle sind am Ende mit ihrer Weisheit, das Kind ist in den Brunnen gefallen. *bis der Kragen platzt*

Nun wird der bisher immer gut beurteilte und nie abge-mahnte Mitarbeiter urplötzlich ›der Personalabteilung zur Verfügung gestellt‹. Der Kragen ist geplatzt, die falsch verstandene Solidarität aufgebraucht. Jetzt ha-ben die Juristen das Wort: Die Rede ist von Pflichten und Rechtsfolgen, Verwaltungszwang, Strafe, Schadenser-satz und Regreßansprüchen – es wird ermahnt, ver-warnt, entlassen! *Personalabtei-lung hat das Wort*

Das passive Verhalten, das Ignorieren durch das Umfeld, wird in seiner Folge – zumindest moralisch – zur Kör-perverletzung, bei aktiver Förderung sogar bis zur To-desfolge.

139

# Das Behandlungsregime

*nie jemand*
*allein*

Das Mißbrauchsverhalten eines Mitarbeiters kann nie jemand allein behandeln, übrigens auch nie nur *eine* Institution.

Erheblich erfolgreicher ist die Zusammenarbeit des gesamten direkten Umfelds des Betroffenen, das am **besten** in einem **Behandlungsregime** zusammengeschlossen ist.

Welche lebensbedrohenden Gefahren dem Betroffenen bevorstehen, müssen alle Beteiligten wissen: Vorgesetzte, Kollegen, Mitglieder des Betriebsrats, Angehörige, Freunde . . .

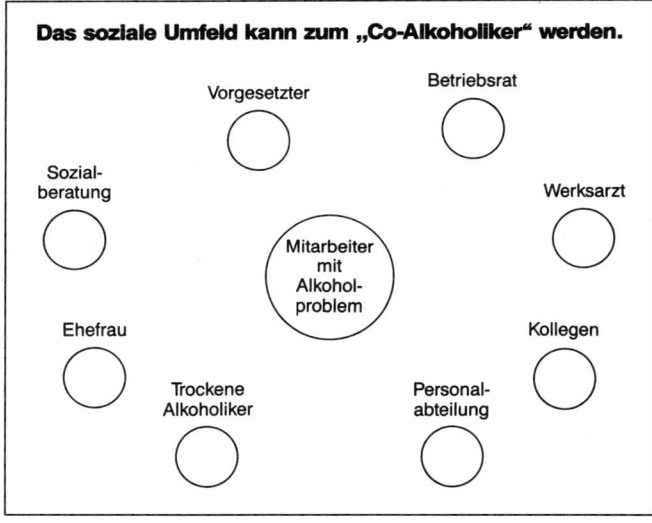

**Das soziale Umfeld kann zum „Co-Alkoholiker" werden.**

Vorgesetzter

Betriebsrat

Sozial-
beratung

Werksarzt

Mitarbeiter
mit
Alkohol-
problem

Ehefrau

Kollegen

Trockene
Alkoholiker

Personal-
abteilung

**Abb.: 9** Das soziale Umfeld

## Konstruktiver Leidensdruck[1]

Der alkoholabhängige Mitarbeiter steht unter einem Suchtdruck. Er zeigt grundsätzlich keine Einsicht in seine Krankheit. Deswegen ist es nötig, einen konstruktiven Leidensdruck auszuüben. Erst wenn der Leidensdruck größer ist als der Suchtdruck, besteht die Hoffnung auf Einsicht beim Betroffenen.

*Leidensdruck größer als der Suchtdruck*

Gehen Sie bitte davon aus, daß einem berufstätigen Menschen die Stellung wichtiger ist als vieles andere. Häufig wird sogar dem ›Job‹ der Vorrang vor der Familie eingeräumt. Wenn der konstruktive Leidensdruck Arbeit, Familie und privates Umfeld in der Summe als gefährdet verdeutlicht, dann ist die Prognose für eine Rehabilitation ausgesprochen günstig.

Stellen Sie sich einmal einen Raucher vor, der gar nicht aufhören will, sich aber trotzdem in die Hände von Therapeuten begibt. Das kann nicht erfolgreich sein.

Auch ein Alkoholiker ist nicht ein Kranker, der die Heilung allein von den Fachleuten erwarten darf; er ist vielmehr Mittelpunkt einer Trainingsmaßnahme zur Verhaltensänderung, die viel Information, Übung, Ausdauer sowie eigene Mitwirkung erfordert und eben nicht das ›Passiv-Kranksein‹.

*Trainingsmaß- nahme zur Verhaltens- änderung*

## Rahmenbedingungen

Für einen einheitlichen Umgang mit betroffenen und gefährdeten Mitarbeitern ist es notwendig

- daß alle Mitarbeiter, insbesondere die Vorgesetzten, über die Alkoholkrankheit unterrichtet sind,
- daß einheitliche Grundsätze für die Bekämpfung der Alkoholkrankheit aufgestellt sind,
- daß mit externen Beratungsstellen zusammengearbeitet wird, sofern keine internen vorhanden sind, und

*abgestimmtes Verhalten*

---

1 ›Konstruktiv‹ deswegen, weil diese Form des Drucks zum Ziel hat, den betroffenen Mitarbeiter vor seiner eigenen physischen und psychischen Zerstörung zu bewahren.
›Leidensdruck‹ deswegen, weil diese Form der Repressalie stärker sein muß als der Suchtdruck.

– daß das Vorgehen aller Stellen des Unternehmens miteinander abgestimmt ist.

Daraus resultiert der THERAPIE-TRICHTER,[2] der das Behandlungsregime für den Betroffenen begründet.

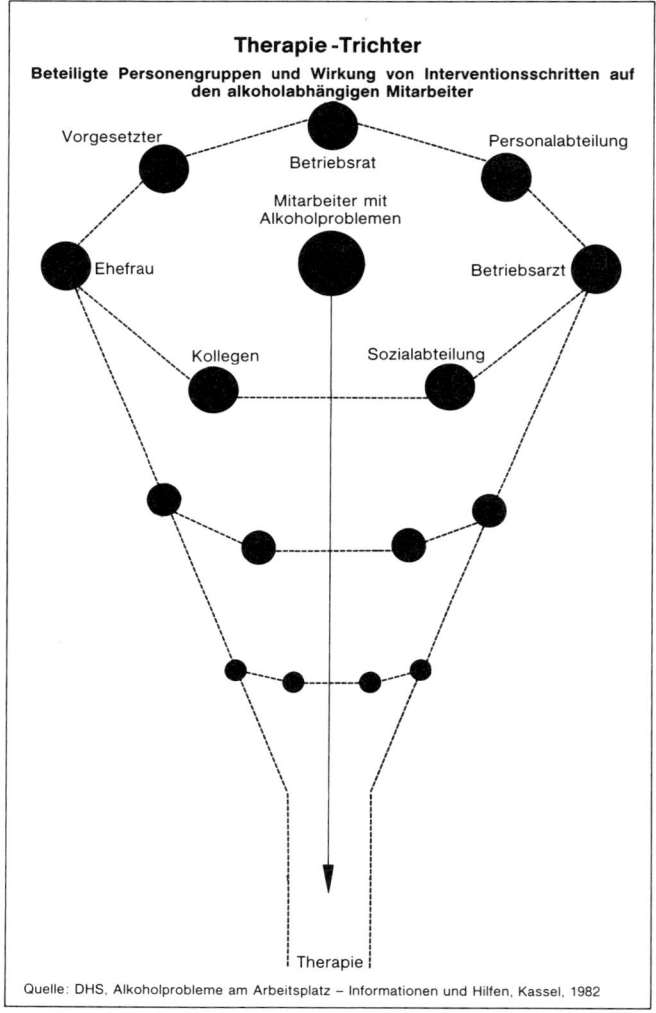

**Abb 10:** Therapie-Trichter

2 Probleme mit dem Alkohol – Eine Fibel für den Betrieb, 3. erweiterte Auflage, Karl H. WILKE/Herbert ZIEGLER, Köln, 1986

# Einstellung neuer Mitarbeiter

Prävention beginnt in einem Unternehmen mit der Einstellung neuer Mitarbeiter.

*Prävention beginnt bei der Einstellung*

> **Nicht jeder, der Alkohol trinkt, ist Alkoholiker, aber jeder der Alkohol trinkt, kann Alkoholiker werden. Insbesondere wer viel Alkohol trinkt, ist stark gefährdet.**

Diese zentrale Aussage muß daher schon bei der Personalauswahl beachtet werden.

## Der sachverständige Griff zur Leber

Dem werksärztlichen Dienst kommt hier eine entscheidende Bedeutung zu. Ergibt sich bei der werksärztlichen Untersuchung ein Verdacht auf starken Alkoholkonsum, so muß dem nachgegangen werden. Eine negative Erklärung des Bewerbers reicht hierzu nicht aus. Ist der Bewerber nicht bereit, sich im Verdachtsfall einer weiteren Untersuchung zu unterziehen, so kann die Konsequenz nur sein, daß er aus dem Kreis der Bewerber ausscheidet.

*werksärztliche Untersuchung*

## Das Verkehrszentralregister

Viele Unternehmen lassen sich ein polizeiliches Führungszeugnis geben. Warum aber lassen Sie sich nicht den Punktestand aus dem Verkehrszentralregister in Flensburg vorlegen? Jedem steht die Möglichkeit offen, Auskunft über den ihn betreffenden Inhalt des Verkehrszentralregisters zu verlangen. Der Auskunftsantrag (Abb. 11) muß schriftlich erfolgen und die Unterschrift des Antragstellers zur Identitätsprüfung amtlich beglaubigt sein. Die Auskunftserteilung (Abb. 12) erfolgt dann durch Nachnahmesendung, für die ein Betrag von DM 10,00 erhoben wird.

*Punktestand aus dem Verkehrszentralregister*

*Auskunft DM 10,00*

Jetzt gibt es auch eine **Schnell-Auskunft** für 72,– DM – eine Investition, die sich lohnt.

Lassen Sie sich im Rahmen des Personalauswahlverfahrens derartige Selbstauskünfte zumindest von den Bewerbern[3] vorlegen, die auf ihren Führerschein angewiesen sind.

---

3 Verkäufer und Servicetechniker im Außendienst, LKW- und PKW-Fahrer, Staplerfahrer

**Antrag**
**auf Auskunft aus dem Verkehrszentralregister**

| Personen-daten | | ◄ Geburtsdatum |
| --- | --- | --- |
| | | ◄ Geburtsname |
| | | ◄ Familienname<br>Nur bei Abweichung vom Geburtsnamen |
| | | ◄ Vornamen |
| | | ◄ Geburtsort |
| | | ◄ Letzte bekannte Anschrift |

| Antrag | Es wird um Auskunft aus dem Verkehrszentralregister nach § 30 des Straßenverkehrsgesetzes gebeten. |
| --- | --- |

Zum Zweck der Erteilung einer Teilauskunft bitte das Zutreffende ankreuzen:

☐ Ausstellung eines Ersatzführerscheins

☐ Ausgabe von roten Kennzeichen zur wiederkehrenden Verwendung

**Kraftfahrt-Bundesamt**

**24932 Flensburg**

◄ Zweck des Auskunfts-
ersuchens
(außer Teilauskunft)

◄ Behörde

◄ Geschäftsnummer

◄ Ort, Datum

(Dienststempel-abdruck)

(Unterschrift)
**Anschrift für Rückantwort eintragen!**

**Kraftfahrt-Bundesamt**
24932 Flensburg,

U. an einsendende
Stelle zurückgesandt.

Zahl der Anlagen:

(Abweichungen zur Person in den Registerunterlagen bzw. schlecht leserliche Angaben sind rot gekennzeichnet, ggf. ist eine Identitätsprüfung erforderlich).

Im Auftrag

C Anträge an das Verkehrszentralregister

**Abb. 11:** Auskunfts-Antrag/Verkehrszentralregister

145

# Kraftfahrt-Bundesamt

Kraftfahrt-Bundesamt · 24932 Flensburg

| Ihre Zeichen und Ihre Nachricht vom | Mein Zeichen - Bitte immer angeben - | Durchwahl Nr. (0461) 316 - | Flensburg |
|---|---|---|---|
| 10.08.1993 | JZ- 228-93-084 | /30*4* | 16.08.93 |

Auskunft aus dem Verkehrszentralregister
**Anlagen:**

Sehr geehrte Damen und Herren,
ich erteile Ihnen die beantragte Auskunft aus dem Verkehrszentralregister.
Unter den folgenden Angaben zur Person:

| Geburtsdatum | |
|---|---|
| Geburtsname | Familienname (Nur bei Abweichung vom Geburtsnamen) |
| Vorname(n) | Geburtsort |

ist (sind) im Verkehrszentralregister im Zeitpunkt der Auskunftserteilung **keine** Entscheidung(en) erfaßt.

Bewertung nach dem Mehrfachtäter-Punktsystem:

- insgesamt - **entfällt** Punkt(e)

Die Bewertung der einzelnen Entscheidungen ist aus dem Stempelabdruck auf der(n) Anlage(n) zu ersehen.

Die aus der Anlage ersichtliche Punktwertung beruht auf Mitteilungen der Gerichte oder der Bußgeldbehörden, die das Kraftfahrt-Bundesamt nur beschränkt nachprüfen kann. In Einzelfällen kann deshalb eine unzutreffende Punktwertung nicht völlig ausgeschlossen werden. Fragen zur Punktwertung, ggf. auch zur Gewährung eines Punktnachlasses aufgrund erfolgreicher Teilnahme an Nachschulungsveranstaltungen können unter Vorlage dieser Auskunft bei der örtlich zuständigen Führerscheinstelle geklärt werden.

**Gebührenfestsetzung**
Bearbeitungsgebühr nach Abschnitt 1 Nr. 142 der Anlage zu § 1 der Gebührenordnung für Maßnahmen im Straßenverkehr vom 26. Juni 1970 (Bundesgesetzblatt I S. 865, 1298), zuletzt geändert durch Verordnung vom 23. Okt. 1991 (Bundesgesetzblatt I S. 2038):

| | |
|---|---|
| | 10,00 DM |
| Nachnahmegebühr | 3,00 DM |
| | -------- |
| Durch Nachnahme erhoben | 13,00 DM |
| | ======== |

Mit freundlichen Grüßen

| Dienstgebäude | Das Kraftfahrt-Bundesamt hat gleitende | Fernsprecher | Telex | Konten |
|---|---|---|---|---|
| Förderstraße 16 | Arbeitszeit. Besuchszeit deshalb nur | (0461) 316-0 | 22 872 | Postgirokonto: PGiroA. Hamburg |
| Flensburg-Mürwik | Mo.-Do. von 8.30-15.00 Uhr, | (Vermittlung) | Teletex | (BLZ: 200 100 20) Kto.-Nr. 60-209 |
| | Fr. von 8.30-14.00 Uhr, | | 461 301 | Girokonto: |
| | sonst nach Vereinbarung. | | Telefax | Landeszentralbank Flensburg |
| | Bitte haben Sie Verständnis. | | 0461/3161665 | (BLZ: 215 000 00) Kto.-Nr. 215 01 000 |
| | | | /3161488 | |

**Abb. 12:** Muster einer Auskunftserteilung

Datenschutzrechtliche Bedenken bestehen bei dem Auszug aus dem Verkehrszentralregister nicht, da ein unter Datenschutzgesichtspunkten relevanter Übermittlungsvorgang lediglich zwischen dem Amt und dem Bewerber mit dessen Einwilligung stattfindet. Auch die Weitergabe der Unterlagen erfolgt an Sie im Einverständnis mit dem Bewerber.

*keine datenschutzrechtlichen Bedenken*

| Alkoholgehalt im Blut | Wenn keine Anzeichen von Fahrunsicherheit vorliegen | Wenn Anzeichen von Fahrunsicherheiten vorliegen | Wenn es zu einem Unfall kommt |
|---|---|---|---|
| Ab 0,3‰ Alkohol zeigt Wirkung | | •••  ■  🚗  ○ | •••  ■  ▲  🚗  ○ |
| Ab 0,8‰ vierfaches Unfallrisiko | •• •  ●  🚗 | •••  ■  🚗  ○ | •••  ■  ▲  🚗  ○ |
| Ab 1,1‰ über zehnfaches Unfallrisiko | •••  ■  🚗  ○ | •••  ■  🚗  ○ | •••  ■  ▲  🚗  ○ |

- •  Punkte im VZR Flensburg
- ●  Geldbuße (bis 3.000 DM)
- ○  Geldstrafe
- 🚗  Fahrverbot (bis 3 Monate)
- 🚗  Führerscheinentzug (Sperrfrist 6 Monate bis 5 Jahre oder auf Dauer)
- ■  Freiheitsstrafe (bis 5 Jahre oder Geldstrafe)
- ▲  Schadenersatz, Schmerzensgeld und eventuell Rente an Unfallopfer

*Quelle:* Hauptverband der gewerblichen Berufsgenossenschaften und des Deutschen Verkehrssicherheitsrates e.V.

**Abb. 13:** Strafenkatalog bei festgestelltem Alkoholgehalt im Blut

Bei 18 Punkten oder einem Unfall unter Alkohol wird der Führerschein kassiert. Die Chance ihn wiederzubekommen ist oft nur eine medizinisch-psychologische Eignungsuntersuchung beim TÜV.

Dieser sogenannte ›Idiotentest‹ besteht aus einer medizinischen Voruntersuchung (ungünstig: schlechte Leberwerte), verschiedenen Leistungstests (Konzentrationsfähigkeit, Reaktionsvermögen, Dauerbelastbarkeit) sowie einem Vier-Augen-Gespräch mit einem Psychologen, dem dicksten Stolperstein der gesamten Untersuchung.

*Test*

*Frage bei Auf-*
*fälligkeiten*

Deshalb ist an Bewerber auch diese Frage bei Auffälligkeiten zulässig: »Haben Sie schon einmal die psychologische Eignungsuntersuchung gemacht?«. Wird diese Frage mit ›JA‹ beantwortet, dürfen Sie nachfragen: wie oft haben Sie diese Eignungsuntersuchung über sich ergehen lassen müssen?

Denn das ist vielen unbekannt: Der Psychologe händigt das Gutachten aus Datenschutz-Gründen dem Untersuchten selbst aus; dieser hat die Möglichkeit – bei einem für ihn negativen Ergebnis – das Gutachten in den Papierkorb zu werfen und sich einen neuen Gutachter zu suchen.

Alkoholiker sind häufig erkennbar durch eine hohe Zahl von Alkoholikern in der Verwandtschaft: bei 31% der Alkoholiker waren entweder Vater oder Mutter oder beide Alkoholiker.

In allen Studien zeigt sich auch, daß in Familien von Nicht-Alkoholikern Alkoholismus seltener vorkam. Das berechtigt bei Personalauswahlverfahren, zumindest wo mehrere Punkte im Verkehrszentralregister eingetragen sind, zu der Frage, ›Wie haben es Ihre Eltern mit dem Alkohol gehalten?‹

### Risikofaktor: ›trockener‹ Alkoholiker?[4]

*Einstellung*
*trockener*
*Alkoholiker*

Ich empfehle ausdrücklich die Einstellung des ›trockenen‹ Alkoholikers; für seine Einstellung gilt sinngemäß das 10. Kapitel, Seite 183.

> **Lieber einen trockenen Alkoholiker als einen mißbrauchsgefährdeten Mitarbeiter!**

Bei dem einen ist das Problem unter Kontrolle und damit im ›Griff‹; was aus dem anderen sich noch entwikkelt . . .?

---

4 Medizinisch gibt es keine ›geheilten‹ Alkoholiker. Ein Alkoholiker bleibt lebenslang Alkoholiker; es wird aber unterschieden zwischen einem ›nüchternen‹ Alkoholiker, der in der Lage ist, im Moment nicht zu trinken und einem ›trockenen‹ Alkoholiker, der ganz ohne Alkohol leben kann.

## Die Probezeit

Ist der Bewerber eingestellt, so muß die Probezeit dazu benutzt werden, den Bewerber nicht nur hinsichtlich seiner Leistung, sondern auch seines allgemeinen Verhaltens zu beobachten.

Hier ist wieder der direkte Vorgesetzte gefordert, der aufgrund der bereits beschriebenen Schulungsmaßnahmen in der Lage ist, die Anzeichen für einen Alkoholmißbrauch zu erkennen und rechtzeitig zu reagieren.

Mit Rücksicht auf häufig recht kurzfristige Probezeiten, empfiehlt es sich, daß der Vorgesetzte seine Wahrnehmungen sofort und unmittelbar dem Personalwesen mitteilt; dieses muß dann im Einvernehmen mit den nächsthöheren Vorgesetzten darüber befinden, wie weiter vorgegangen werden soll.

Auf jeden Fall muß in Zweifelsfällen nochmals der Werksarzt hinzugezogen werden.

# Entscheidungshilfen für Führungskräfte

1. Alkoholpräventation beginnt mit der **Einstellung neuer Mitarbeiter**.

2. Ein funktionierendes und konsequent reagierendes betriebliches Umfeld sorgt für eine **schnelle Aufdeckung** der Suchterkrankung und schafft erst damit Möglichkeiten zur Hilfe.

3. Kollegen und Vorgesetzte, die aus falsch verstandener Solidarität den Mißbrauchsgefährdeten schützen, sind Co-Alkoholiker und machen sich **schuldig am gefährdeten Kollegen**.

4. Ein ›**konstruktiver Leidensdruck**‹ durch das betriebliche Umfeld bewahrt den Betroffenen vor seiner eigenen physischen und psychischen Zerstörung.

5. Ein abstinent lebender, ehemaliger Alkoholiker ist in einem guten betrieblichen Umfeld mit Alkoholverbot **kein Risiko**.

**Fazit:** Führungskräfte helfen mit beim Aufbau eines »**Behandlungsregimes**«, um den konstruktiven Leidensdruck für den Betroffenen zu erhöhen und ihm damit die Chancen zur Behandlung und Rehabilitation seiner Krankheit zu geben.

**Falsch verstandene Solidarität** – insbesondere auch das Abschieben in andere Abteilungen – ist körperverletzender Co-Alkoholismus.

150

# 9. Kapitel

# Die Strategie des Helfens und Handelns

**Zielsetzung**

**Die arbeitsgerichtliche Rechtsprechung**
- Alkoholabhängigkeit = Krankheit
- Verschulden des Mitarbeiters
- Keine Entgeltfortzahlung bei Unfall nach Alkoholmißbrauch
- Urteil zur Lohnfortzahlung
- Kündigungsrecht

**Das Mitarbeitergespräch**
- 1. Gespräch (Leitfaden)
- Muster der Gesprächsvorbereitung
- 2. Gespräch (im größeren Kreis)
- Suchthelfer
- 3. Gespräch (Vorgesetzter, Personalabteilung, Betriebsrat)
- Möglicher Gesprächseinstieg
- Sind Abstufungen sinnvoll?

**Die Abmahnung**
- Eine erste Konsequenz
- Muster einer Abmahnung

**Entbindung von der ärztlichen Schweigepflicht**
- Muster einer schriftlichen Entbindungserklärung

**Erhöhung des konstruktiven Leidensdrucks**
- Druck durch Dritte (siehe Behandlungsregime)
- Härte ist notwendig
- Argumente für die Härte

**Entscheidungshilfen für Führungskräfte**

# Zielsetzung

Die Maßnahmen des Unternehmens müssen folgende Ziele beinhalten:

**die Wiederherstellung der Gesundheit des Betroffenen,** deswegen

1. die Feststellung, ob und welche Therapie notwendig ist sowie die schnelle Einleitung dieser Maßnahmen und

2. die Erhaltung des Arbeitsplatzes für den Betroffenen, sofern dieser bei den nötigen Maßnahmen erfolgreich mitarbeitet,

3. die endgültige Trennung von alkoholkranken Mitarbeitern, die die Mitarbeit bei der Rehabilitation nicht oder nur halbherzig vollziehen.

Wie jetzt noch ausgeführt wird, stellt die endgültige Trennung von alkoholkranken Mitarbeitern erst die letzte Konsequenz des Unternehmens dar.

# Die arbeitsgerichtliche Rechtsprechung

> Die einschlägige Rechtsprechung in der Bundesrepublik Deutschland weist eindeutig in Richtung auf eine immer stärkere Fürsorge des Arbeitgebers für seine Mitarbeiter.

## Alkoholabhängigkeit = Krankheit

*Alkoholabhängigkeit = Krankheit*

So hat das Bundesarbeitsgericht in seinem Urteil vom 1. 6. 1983 – 5 AZR 536/80 – festgestellt, daß **Alkoholabhängigkeit eine Krankheit** im Sinne § 1, Absatz 2 des Lohnfortzahlungsgesetzes ist.

*Lohnfortzahlungspflicht*

Der Arbeitgeber kann sich danach der Lohnfortzahlungspflicht nur entziehen, wenn ihm der Beweis dafür gelingt, daß die Alkoholabhängigkeit des Arbeitnehmers von diesem selbst verschuldet ist. Der Arbeitgeber wird aber den Beweis dafür, daß der Mitarbeiter den Eintritt der Alkoholabhängigkeit schuldhaft herbeigeführt hat, nur selten führen können. Er wird also in aller Regel zahlen müssen.

Das Bundesarbeitsgericht hat den alkoholabhängigen Mitarbeiter verpflichtet, an der Aufklärung aller für die Entstehung der Alkoholabhängigkeit erheblichen Umstände mitzuwirken.

## Verschulden des Mitarbeiters

*Ausnahme: selbst verschuldet*

Der Abhängige muß deshalb den Arbeitgeber auf Anforderung darüber aufklären, worauf seiner Ansicht nach der Eintritt der Alkoholabhängigkeit zurückzuführen ist. Räumt der Mitarbeiter dabei ein, daß ihn allein das Verschulden trifft, so braucht der Arbeitgeber nicht zu zahlen.

Denken Sie bitte daran, daß Sie im Streitfall beweispflichtig sind. Also empfiehlt es sich, einen Zeugen zu dem Gespräch hinzuzuziehen.

154

## Keine Entgeltfortzahlung bei Unfall nach Alkoholmißbrauch

›Beruht ein zur Arbeitsunfähigkeit führender Unfall des Arbeitnehmers allein auf Alkoholmißbrauch (Zustand der Trunkenheit), so liegt ein den Lohnfortzahlungsanspruch ausschließendes Verschulden des Arbeitnehmers vor.‹

*aktuelles Urteil*

Dieses Urteil verkündete der 5. Senat des Bundesarbeitsgerichts am 11. 3. 1987 (Az.: 5 AZR 739/85).

Bei dem Rechtsstreit hatte eine Krankenkasse gegen den Arbeitgeber die Rückerstattung des Krankengeldes eingeklagt.

Nach dem Lohnfortzahlungsgesetz behält der Arbeitnehmer den Anspruch auf Lohnfortzahlungsgeld bis zu 6 Wochen, wenn er seine Arbeitsleistung infolge unverschuldeter Krankheit nicht erbringen kann.

›Schuldhaft‹ im Sinne dieser Entgeltfortzahlungsbestimmungen handelt der Arbeitnehmer, der gröblich gegen das von einem verständigen Menschen im eigenen Interesse zu erwartende Verhalten verstößt.

*Definition: schuldhaft*

Der Verschuldensvorwurf besteht in derartigen Fällen darin, nicht rechtzeitig mit dem Trinken aufgehört, sondern durch weiteren Alkoholkonsum sich in einen Zustand versetzt zu haben, in dem sicheres Verhalten nicht mehr gewährleistet ist.

Jeder Arbeitnehmer weiß, daß übermäßiger Alkoholgenuß die Fähigkeit, richtig zu reagieren stark herabsetzt und daß dadurch die Gefahr von Unfällen stark vergrößert wird. Weiterhin beschreibt das Gericht, daß die Versicherte im Zeitpunkt ihres Unfalls einen so hochgradigen Trunkenheitszustand erreicht hatte, daß die körperliche und geistige Reaktionsfähigkeit erheblich herabgesetzt und dadurch die Unfallgefahr wesentlich erhöht gewesen sei.

Danach war Alkoholmißbrauch die Ursache des Unfalls und der Arbeitsunfähigkeit; damit entfällt die Entgeltfortzahlung.

*Folge*

### Neues Urteil zur Lohnfortzahlung

*Trinken nach*
*Entziehungskur*

**Arbeitnehmer, die nach einer Entziehungskur erneut trinken, handeln schuldhaft und verlieren daher bei alkoholbedingter Arbeitsunfähigkeit den Anspruch auf Lohn- oder Gehaltsfortzahlung (Az.: 5 AZR 497/86).**

Das hat das Bundesarbeitsgericht (BAG) in seiner Entscheidung vom 11. 11. 87 erklärt: Alkoholabhängigkeit sei zwar eine Krankheit im medizinischen und rechtlichen Sinn, doch könne dem Arbeitgeber dann keine Lohn- und Gehaltsfortzahlung zugemutet werden, wenn ein Arbeitnehmer gröblich gegen die von einem verständigen Menschen zu erwartende Verhaltensweise verstoße.

Auf diese Grundsätze hat das BAG in seiner Entscheidung vom 27. 5. 1992 (Az.: 5 AZR 297/91) erneut hingewiesen und hält damit an seiner gefestigten Rechtsprechung fest.


### Kündigungsrecht

*verhaltens-*
*bedingte*
*Kündigung*

Die Rechtsprechung des Bundesarbeitsgerichts, wonach Alkoholismus eine ›Krankheit‹ im lohnfortzahlungsrechtlichen Sinne ist, kann aber nur mit großer Vorsicht auf das Kündigungsrecht übertragen werden.

So ist der Arbeitgeber nicht verpflichtet, durch eigene Nachforschungen, Art und Schwere des beim Arbeitnehmer bestehenden ›Alkoholproblems‹ zu ermitteln, um daran die Art der beabsichtigten Kündigung auszurichten. Fällt ein Arbeitnehmer nämlich mehrfach durch Alkoholmißbrauch während der Dienstzeit auf, so kann nach entsprechender Abmahnung durchaus die ›verhaltensbedingte‹ Kündigung ausgesprochen werden.

Hierzu BAG NJW 1964, 74; LAG München, BLUTALKOHOL, 1976, 363; ArbG. Hamburg, BLUTALKOHOL, 1988, 71; Urteil BAG vom 14. 2. 91, 2 AZR 525/90 (Entziehung der Fahrerlaubnis bei Berufskraftfahrer); Schrifttum:

156

KISSEL DAR 1982. 344 ff. 350; MOLKETIN/GRESS BLUT-
ALKOHOL, 1982, 229; MOLKETIN BLUTALKOHOL 1987,
229; SCHAUB 7. Aufl. zu § 55 Ziff. 5.

Wenn der Arbeitnehmer in diesem Zeitpunkt aber be- *personen-*
reits alkoholkrank war, so wird auf seinen Einwand *bedingte*
eine solche verhaltensbedingte Kündigung nicht mehr *Kündigung*
greifen. Es sind dann die strengeren Vorschriften, die an
die ›personenbedingte‹ Kündigung geknüpft werden,
anzuwenden. Es kommt dann maßgeblich auf die Prognose über den Krankheitsverlauf und die Therapiebe-
reitschaft des Betroffenen an (BAG vom 9. 4. 87, Az.: AZR
210/86).

# Das Mitarbeitergespräch

In der Praxis ist leider immer wieder festzustellen, daß über einen zum Alkohol neigenden Mitarbeiter viel gesprochen wird. Es ist ja auch ein wahnsinnig interessantes Thema, die Schwächen des Kollegen zu diskutieren und dabei zu spekulieren, wie lange das wohl gutgehen wird.

*Aufgabe des Vorgesetzten*

Andererseits ist es aber gerade in der Anfangsphase der Auffälligkeit wichtig, mit dem zum Alkohol neigenden Mitarbeiter das Gespräch zu führen. Das ist die Aufgabe des Vorgesetzten.

Besonders wichtig ist es, dem Betroffenen den Eindruck zu vermitteln, daß man ihm nichts ›am Zeug flicken‹ will; dem Betroffenen muß deutlich gemacht werden, daß dieses Gespräch nicht die Vorstufe einer Kündigung bedeutet.

Er muß den richtigen Eindruck gewinnen, daß Unternehmen und Vorgesetzter ihm helfen wollen.

## 1. Gespräch (Leitfaden)

*1. Gespräch*

Zur Vorbereitung dieses Gesprächs dient der folgende Leitfaden:

*Leitfaden*

### 1. Vertrauensbasis schaffen
Die Herstellung einer Vertrauensbasis ist wichtig; deswegen führt der Vorgesetzte dieses erste Gespräch mit dem betroffenen Mitarbeiter unter vier Augen.

### 2. Eile ist geboten
Durch sein Verhalten, ist der Betroffene zum ›Störfaktor‹ im Unternehmen geworden, zu einer Gefahr
a) für sich selbst
b) für sein Umfeld.
Aus diesem Grund muß schnell gehandelt werden; er braucht tatkräftige Hilfe – schon deswegen ist Eile geboten.

158

### 3. Unverzüglich

Schieben Sie also das Gespräch mit dem Betroffenen nicht auf die lange Bank, sondern führen Sie es wirklich unverzüglich im Sinne der juristischen Definition: nämlich ohne schuldhaftes Zögern.

### 4. Die Spitze des Eisbergs

Gehen Sie bitte davon aus, daß der Mitarbeiter, der wegen seines Alkoholkonsums im Dienst aufgefallen ist, nicht nur zufällig dieses erste und einzige Mal im Betrieb Alkohol getrunken hat. Er wird vielleicht auch heimlich (in den Pausen, in ›Still‹-Räumen) trinken und ist nun erstmalig aufgefallen. Das gilt es, im ersten Gespräch zu prüfen.

### 5. Gute Gesprächsvorbereitung

Vermeiden Sie abfällige Bemerkungen. Stellen Sie sich aber darauf ein, daß ein Alkoholabhängiger versucht, sein Umfeld über seine Situation zu täuschen. Oftmals tritt er die Flucht nach vorn an und greift den Gesprächspartner unangemessen an. Der Alkoholabhängige sieht seinen Gesprächspartner, den Vorgesetzten, als Gegner an, der ihm nicht nur seinen ›Stoff‹ wegnehmen will, sondern außerdem noch mit empfindlichen Übeln droht. Bereiten Sie deshalb das Gespräch gründlich vor.

### 6. Keine Ursachenforschung

Lassen Sie sich nicht auf Diskussionen über Trinkmengen ein. Vermeiden Sie auch Ursachenforschung, die in diesem Stadium des Gesprächs ohnehin kaum zu etwas führt.

### 7. Der Aufhänger

Hat der Betroffene keine Argumente mehr, neigt er zu ›vertraulichen Mitteilungen‹, mit denen er Ihnen Persönliches unter dem Siegel der Verschwiegenheit mitteilt. Auch dabei lassen Sie sich nicht auf eine Diskussion ein.

Wegen der erwähnten Reaktionen des Betroffenen ist es am besten, für ein erstes Gespräch als Ausgangspunkt die Arbeitsleistung des Betroffenen zu wählen und nicht das Alkoholproblem.

Der Vorgesetzte kann dem Betroffenen durchaus *Argumente* klarmachen, daß er an ihm und seinem beruflichen

159

Fortkommen interessiert ist. Da aber die Arbeitsleistung in letzter Zeit nachgelassen hat, wird er zu einer deutlichen Leistungsverbesserung aufgefordert.

Erst dann kann offen darüber gesprochen werden, daß der Alkoholkonsum als Grund für die nachlassende Arbeitsleistung des Betroffenen angesehen wird. An dieser Stelle des Gesprächs können passende Beispiele aus der unmittelbaren Vergangenheit angeführt werden.

*Behaupten heißt beweisen*

Aber Achtung: *Behaupten heißt beweisen.*

Vermeiden Sie auf jeden Fall Vermutungen. Im ungünstigsten Fall müssen Sie eine erneute Auffälligkeit abwarten.

## 8. Die Konsequenzen

Machen Sie dem Betroffenen im Gespräch aber unmißverständlich klar, was auf ihn zukommt, wenn sich seine Arbeitsleistung und sein Verhältnis zum Alkohol nicht ändern. Achten Sie darauf, daß nur solche Maßnahmen angedroht werden, die dann auch wirklich im Anschluß durch Sie realisierbar sind.

## 9. Treffen Sie eindeutige Vereinbarungen

*Konsens erzielen*

Wer den Konsens über die Art des Vorgehens erzielt, hat meist schon 80% des Ziels erreicht.

Unklare Vereinbarungen führen zu Mißverständnissen, Ausflüchten und letztlich (Rechts-)Streitigkeiten. Bieten Sie im Gespräch dem Betroffenen Hilfen an, die vom Sozialberater, Suchthelfer, Werksarzt ausgehen können oder verweisen Sie, soweit Sie eigene Einrichtungen dieser Art nicht haben, an freie Träger, die über Erfahrungen im Umgang mit Alkoholabhängigen verfügen (13. Kapitel, Seite 259 ff.).

Binden Sie die Hilfsmöglichkeiten und die daraus resultierenden Maßnahmen in die Vereinbarung mit ein. Eröffnen Sie dem Betroffenen, daß sein Verhalten und seine Arbeitsleistung künftig verstärkt überwacht werden. Es werden konkrete, nachvollziehbare Schritte besprochen und gemeinsam

*Ziele setzen*

vereinbart. Setzen Sie inhaltliche und zeitliche Ziele.

## 10. Dokumentation

Schließlich lassen Sie den Betroffenen wissen, daß über dieses Gespräch eine Aktennotiz angefertigt wird; diese wird, wenn sich das Verhalten und die Leistung des Betroffenen nicht sofort ändert, der Personalabteilung zugestellt.

Erweist sich dieses erste Gespräch als wirkungslos und bewirkt auch das Nachstoßen des Vorgesetzten nichts, setzt die zweite Phase des Mitarbeitergesprächs ein.

## Gesprächsvorbereitung

*Muster*  Name:                    Datum:                    Dauer:

1.      Aufhänger:

1.1.    Beweis:

2.      mögliche Gefahren:

2.1.1.  selbst/privat, persönlich:

2.1.2.  selbst/dienstlich:

2.2.1.  direktes betriebliches Umfeld

2.2.2.  indirektes betriebliches Umfeld:

3.      Konsequenzen:

4.      Hilfen:

5.      Ziel:

6.      getroffene Vereinbarung:

7.      Wiedervorlage:

## 2. Gespräch (Vorgesetzter, Personalabteilung, Werksarzt bzw. Suchthelfer)[1]

Dieses Gespräch wird von der Personalabteilung im Beisein des Vorgesetzten mit dem betroffenen Mitarbeiter geführt; dadurch gewinnt es einen offizielleren Charakter und muß auch in dieser Weise verlaufen.

*2. Gespräch*

Dem betroffenen Mitarbeiter ist deutlich zu machen, daß, nachdem die Gespräche mit seinem Vorgesetzten nichts gefruchtet haben, die Einschaltung der Personalabteilung und damit die Führung dieses Gesprächs jetzt eine notwendige Konsequenz ist.

Auch in dieser Phase des Gesprächs steht das Hilfsangebot für den betroffenen Mitarbeiter im Vordergrund. Sie müssen betonen, daß heute noch keine juristischen Maßnahmen im Sinne einer Abmahnung eingeleitet werden, daß diese aber bei einer weiteren Auffälligkeit unvermeidbar sind und realisiert werden!

*keine juristische Maßnahme*

Auch in diesem Gespräch sind wieder ganz konkrete Erwartungen festzustellen und möglichst Zeitpläne festzulegen. Gegebenenfalls wird bereits der Termin für ein nächstes Gespräch vereinbart.

### Suchthelfer

Ist im Unternehmen ein Suchthelfer vorhanden, so empfiehlt es sich, diesen jetzt mit einzuschalten.

*Suchthelfer*

Als Suchthelfer arbeiten besonders erfolgreich solche Mitarbeiter, die:

- selbst einmal alkoholabhängig waren
- die Notwendigkeit von Therapie-Maßnahmen erfahren und erkannt haben

---

1 Es hängt von den Umständen des Einzelfalles ab, ob zu diesem Gespräch mit der Personalabteilung schon der Betriebsrat hinzugezogen wird. Anzustreben ist, das Gespräch der Personalabteilung zunächst ohne den Betriebsrat zu führen, damit in der Kette der Steigerungsmöglichkeiten der betrieblichen Maßnahmen noch ein weiteres Glied erhalten bleibt.

und

– anschließend über eine längere Zeit (mindestens 2 Jahre) trocken geblieben sind, nach wie vor Therapie-Gruppen besuchen

und

– entsprechende Seminare zur Vorbereitung auf ihre Tätigkeit als Suchthelfer absolviert haben. (Adressen siehe Seite 265 ff.)

Erfahrungsgemäß gewinnt ein Suchthelfer, der in etwa diese Vorgeschichte aufweist, durch seine eigenen Erfahrungen mit dem Alkohol schneller als andere Stellen ein Vertrauensverhältnis zu dem betroffenen Mitarbeiter.

*Institutionen* Vielleicht gelingt es dem Suchthelfer, Kontakte zwischen dem betroffenen Mitarbeiter und einer Institution, wie Anonyme Alkoholiker, Blaukreuzler, Guttempler usw. herzustellen.

Es gibt Fälle, in denen betroffene Mitarbeiter auf diesem Weg die für sie notwendige Behandlung – ohne langwierige Entziehungskur – fanden. Diese Fälle sind allerdings als besonders glücklich zu bezeichnen.

Es ist schon als ein Erfolg zu werten, wenn durch den Besuch von Therapie-Gruppen sich der betroffene Mitarbeiter öffnet und die Einsicht für seine Behandlungsnotwendigkeit im Sinne von Entgiftung (= Körperlicher Entzug) und Entziehung (= Psychischer Entzug) gewinnt.

In den Unternehmen, in denen ein Suchthelfer nicht vorhanden ist, es aber einen werksärztlichen Dienst, einen Sozialarbeiter oder eine Sanitätsstelle gibt, empfiehlt es sich, diese Stelle einzuschalten, die dann die entsprechenden Kontakte zu den vorgenannten Institutionen herstellt.

Ergibt sich nach diesem zweiten Gespräch keine positive Leistungs- und Verhaltensänderung des betroffenen Mitarbeiters, so wird zu dem nächsten Gespräch auf jeden Fall der Betriebsrat hinzugezogen.

164

## 3. Gespräch (Vorgesetzter, Personalabteilung, Betriebsrat)

In aller Regel hat der Betriebsrat aufgrund seiner Beziehungen zum Umfeld des betroffenen Mitarbeiters einen realen Eindruck davon, in welcher Situation der Alkoholabhängige sich befindet. Es empfiehlt sich daher ein Vorgespräch zwischen Personalabteilung und Betriebsrat. Der Betriebsrat wird sich erfahrungsgemäß so beteiligen, daß in dem gemeinsamen Gespräch mit der Personalabteilung und dem Betroffenen auch er auf die Folgen des Alkoholmißbrauchs hinweist und seinerseits Hilfsangebote unterbreitet.

*3. Gespräch*

Natürlich hat der Betriebsrat in diesem Fall zwei Seelen in seiner Brust. Er will auf der einen Seite verhindern, daß dem betroffenen Mitarbeiter, den er zu seiner Klientel zählt, ein ›empfindliches Übel‹ geschieht. Er weiß aber andererseits, wohin der Zustand der Alkoholabhängigkeit führt, wenn das Unternehmen nicht konsequent den eingeschlagenen Weg fortsetzt.

### Mögliche Gesprächseinstiege:

*»Unser Gespräch heute hat einen sehr ernsten Anlaß: Das Unternehmen wird auf Ihre Dienste verzichten!*

*Vorschläge*

*Aus diesem Grund werde ich Ihnen heute formal eine Abmahnung aussprechen.*

*Es sei denn, Ihrem in der Vergangenheit gezeigten Verhalten und den vorausgegangenen ergebnislosen Gesprächen liegt ein medizinisches Problem zugrunde:*

*Alkohol ist ein medizinisches Problem – sogar ein lebensbedrohendes!*

*Ich würde es begrüßen, wenn Sie ein von uns vorgeschlagenes Behandlungsprogramm akzeptieren.*

*Damit vermeiden Sie zwar nicht die heute erfolgende Abmahnung, aber Sie öffnen den Weg für eine Rehabilitation, eine Wiederherstellung Ihrer Gesundheit*

165

*und damit auch eine langfristige Erhaltung Ihres Arbeitsplatzes hier bei uns! . . .«*

Die auszusprechende Abmahnung, die zunächst mündlich erteilt wird – dann aber anschließend sofort schriftlich zu wiederholen ist – muß eine Gesprächsbestätigung als späteres mögliches Beweismittel enthalten.

## Abstufungen?

*Abstufungen?* An dieser Stelle besteht natürlich auch die Möglichkeit (mit Einverständnis des Betriebsrats!) über eine Versetzung oder Abgruppierung des betroffenen Mitarbeiters zu befinden.

*negative Erfahrungen* Der Autor hat damit jedoch negative Erfahrung, weil Suchterkrankte diese Maßnahme in aller Regel akzeptieren (weil sie ja weiterhin ihren Stoff konsumieren können), ihr Trinkverhalten aber nicht deswegen ändern. Diese Maßnahme ist also zur Erhöhung des Leidensdrucks nicht geeignet.

# Die Abmahnung

## Eine erste Konsequenz

Zur Erhöhung des konstruktiven Leidensdrucks für den betroffenen Mitarbeiter und als eine erste juristische Konsequenz ist es nunmehr erforderlich, eine Abmahnung auszusprechen und schriftlich zu bestätigen. Dieses kann der Arbeitgeber einseitig tun.

Sie macht einerseits dem betroffenen Mitarbeiter deutlich, daß das Unternehmen die angekündigten Konsequenzen auch realisiert, ihm andererseits aber immer wieder die helfende Hand bietet, um ihn aus der Abhängigkeit befreien zu können.

Dem betroffenen Mitarbeiter wird klar vor Augen geführt, daß das Unternehmen den Alkoholgenuß während der Arbeitszeit nicht duldet und im Fall einer Wiederholung des bisherigen Verhaltens mit der Beendigung des Arbeitsverhältnisses durch Kündigung zu rechnen ist.

Der Hinweis auf dieses ›empfindliche Übel‹ in der Abmahnung ist *unverzichtbar*, da sonst ein wesentlicher Bestandteil der Abmahnung fehlt, die dann bei einer späteren juristischen Auseinandersetzung keinen Bestand hat.

## Muster einer schriftlichen Abmahnung

Die ordnungsgemäße Abmahnung muß der Kündigung in jedem Falle vorausgehen.

**Sehr geehrte(r) . . .,**

**Sie sind zuletzt am . . . um . . . Ihrem Vorgesetzten und dessen Stellvertreter alkoholisiert aufgefallen; Sie hatten einen stark schwankenden Gang, mußten sich zeitweise festhalten, um nicht zu fallen. Sie sprachen ungewöhnlich laut und hatten eine Fahne.**

Sie wurden von Ihrem Vorgesetzten, Herrn . . ., befragt und gaben zu, folgende alkoholische Getränke konsumiert zu haben:

. . . . . . .

In diesem Zustand hatte Ihr Vorgesetzter die Aufgabe, Sie sofort von Ihrer Arbeit zu entbinden: nach § 38 Absatz 2 der Unfallverhütungsvorschriften sind Sie für sich selbst und Ihre Kollegen zu einem Gefährdungsrisiko geworden. Wir haben deshalb veranlaßt, daß Sie mit einer Taxe nach Hause gebracht wurden.

Sie haben durch Ihr Verhalten gegen § 38 Absatz 1 der Unfallverhütungsvorschriften (bzw. gegen das betriebliche Alkoholverbot) verstoßen. Diese Vorschriften sind Bestandteil Ihres Arbeitsvertrags und Ihnen hinreichend bekannt.

Für die nicht geleistete Arbeit am . . . wird Ihr Lohn um DM . . . mit der Monatsabrechnung . . . gekürzt. Die Taxikosten ziehen wir Ihnen von Ihrem Nettolohn ab.

Wir mahnen Sie hierdurch ausdrücklich ab.

Bitte beachten Sie ausnahmslos die entsprechenden Bestimmungen der Unfallverhütungsvorschriften (bzw. das betriebliche Alkoholverbot). Das Unternehmen ist auf gar keinen Fall bereit, einen Wiederholungsfall hinzunehmen.

Falls Sie künftig gegen Ihre vertraglichen Verpflichtungen verstoßen, werden wir sofort die Kündigung des Arbeitsverhältnisses einleiten.

*Der nächste Schritt ist die Kündigung*

Spätestens durch diesen formellen juristischen Schritt (der nächste Schritt ist die Kündigung, der auch als solcher gegenüber dem Betroffenen deutlich gemacht wird) wird dem betroffenen Mitarbeiter der Ernst der Situation vor Augen geführt.

Es ist jetzt die Frage, wie weit der Mitarbeiter in die Abhängigkeit verstrickt ist und ob der Leidensdruck bereits größer als der Suchtdruck ist.

# Entbindung von der ärztlichen Schweigepflicht

Um ein tatsächliches Bild von dem Gesundheitszustand des Betroffenen zu erhalten ist es hilfreich, wenn der Mitarbeiter seinen behandelnden Arzt und seine Krankenkasse von der Schweigepflicht gegenüber dem Unternehmen, vertreten durch die Personalabteilung, entbindet.

*Arzt und Krankenkasse entbinden*

Die Entbindung von der Schweigepflicht muß der betroffene Mitarbeiter schriftlich erklären. Hierzu bietet sich diese Formulierung an.

Muster einer Entbindungserklärung

*Muster*

## Erklärung

**Ich, der Unterzeichnete**

_____

**entbinde hierdurch meinen behandelnden Arzt**

_____

**sowie meine Krankenkasse**

_____

**gegenüber meinem Arbeitgeber, der Firma**

_____

**von der bestehenden Schweigepflicht. Sie sind berechtigt, meinem Arbeitgeber, vertreten durch die Personalabteilung, Auskunft zu geben über meine Krankengeschichte, die Diagnosen sowie alle Tatbestände, die auf Alkoholgenuß bzw. -mißbrauch zurückzuführen sind.**

**Diese Erklärung ist für die Dauer der nächsten 6 Monate unwiderruflich.**

**Ort, Datum:**

**Unterschrift:**

Das setzt das Unternehmen in die Lage, mit diesen Stellen über weitere Maßnahmen konstruktiv gemeinsam zu beraten.

> **Im Falle seiner Berufung auf die Alkohol-Krankheit muß der Mitarbeiter die Entbindung von der Schweigepflicht vornehmen.**

*Zustimmungs-pflicht*

Ist ein Werksarzt im Unternehmen vorhanden, so ist der fachliche medizinische Meinungsaustausch zwischen den Ärzten zu empfehlen. Gleichzeitig werden durch die Einschaltung des behandelnden Arztes und der Krankenkasse des betroffenen Mitarbeiters diese Stellen in die Gruppe derjenigen einbezogen, die konstruktiven Leidensdruck auf den betroffenen Mitarbeiter ausüben können.

# Erhöhung des konstruktiven Leidensdrucks

Es empfiehlt sich, nach der Abmahnung den konstruktiven Druck auf den Mitarbeiter auch durch Dritte weiter zu verstärken. Der Mitarbeiter fühlt sich jetzt durch das Unternehmen über die Personalabteilung, den Vorgesetzten und den Betriebsrat unter Druck gesetzt. Auch weitere Stellen des Unternehmens, die in dieser Phase hilfreich mitarbeiten können müssen spätestens jetzt eingeschaltet werden und auch ihrerseits Druck ausüben. *Druck durch Dritte*

Wie im 4. Kapitel (insbesondere ab Seite 68) bereits ausgeführt wird, spielt das private Umfeld des Betroffenen im Zusammenhang mit der Bekämpfung seiner Alkoholkrankheit eine wichtige Rolle. Dieser Kontakt (Ehegatte, Lebenspartner, Familie) muß jetzt unbedingt aufgenommen werden, um auch die Familie in die gemeinschaftlichen Maßnahmen einzubinden.

Der Betroffene muß spüren, daß er sich auch im privaten Bereich nicht mehr aufgefangen fühlen kann, solange er selbst den Rehabilitationsmaßnahmen aus dem Weg geht. Erst wenn er weiß, daß auch sein Partner, seine Kinder, seine Freunde, sein gesamtes privates Umfeld ihn nicht mehr akzeptieren, besteht die Chance, daß der Leidensdruck größer wird als der Suchtdruck. *Leidensdruck größer als Suchtdruck*

Es ist daher durchaus angebracht, den Lebenspartner des Betroffenen zu den betrieblichen Gesprächen jetzt hinzuzuziehen. Damit wird auch diesem privaten Personenkreis deutlich, welch wichtige Rolle er im Zusammenhang mit der Rehabilitationsbereitschaft des Betroffenen spielt. *Partner hinzuziehen*

## Härte ist notwendig!

Oft ist dem privaten Umfeld dieser Zusammenhang nicht bekannt. Aus moralischen Überlegungen fühlt sich dieser Kreis immer wieder zu schützenden Maßnahmen verpflichtet. Das ist bei dem hilflosen Zustand des Betroffenen auch nicht verwunderlich. *Härte ist notwendig!*

171

*Aufforderung zur Mithilfe*

Hier muß das private Umfeld aufgeklärt werden; es handelt sich dabei um eine Aufklärung mit Aufforderung zur Härte gegenüber dem Betroffenen.

## Argumente für die Härte

Es ist bereits ausgeführt, daß die Erhöhung dieses Drucks gegenüber dem Betroffenen das einzig wirksame Mittel ist, um ihn von der Notwendigkeit einer nachhaltigen Rehabilitationsmaßnahme zu überzeugen.

*keine falsche Rücksichtnahme*

In der Praxis hat sich aber auch gezeigt, daß die Familie des Betroffenen durch eine lange Vorgeschichte und die sich daraus ergebenden zahllosen Versuche zur Änderung des Zustandes und Unterbrechung des Teufelskreises die Bereitschaft findet, an einem Therapiekonzept mitzuwirken.

*Argumente*

> **Hier darf es keine falsche Rücksichtnahme mehr geben; der Betroffene befindet sich in Lebensgefahr und kann nur unter Ignorierung aller sentimentalen Einstellungen aus dem Teufelskreis gerettet werden.**

Es ist wie bei einem Ertrinkenden. Der Retter ist genötigt, hart gegen den zu Rettenden vorzugehen, um durch dessen panische Umklammerung nicht selbst heruntergezogen zu werden. Kann der Ertrinkende also nur durch einen Schlag des Retters kampfunfähig gemacht werden, so ist das zunächst ein schmerzliches Übel. Dieses Übel ist aber notwendig, um den Rettungsvorgang überhaupt durchführen zu können.

172

# Entscheidungshilfen für Führungskräfte

1. **Alkoholabhängigkeit ist eine Krankheit** im Sinne des Lohnfortzahlungsgesetzes.

2. Die **Wiederherstellung der Gesundheit** und der Arbeitsfähigkeit des Betroffenen ist das Ziel betrieblicher Maßnahmen.

3. **Das Gespräch** mit dem betroffenen Mitarbeiter ist das entscheidende Führungsinstrument: Viele sprechen **über** den Betroffenen – sprechen Sie **mit** dem Betroffenen.

4. Nur ein konsequentes, **kaskadenartiges Vorgehen** ist erfolgreich: Erstes, zweites, drittes Gespräch, Abmahnung, Entbindung von der ärztlichen Schweigepflicht, Rehabilitation.

5. Der Alkoholkranke braucht zumindest nach der Therapie die **unterstützende Begleitung** seiner Kollegen und Vorgesetzten.

**Fazit:** Führungskräfte scheuen sich nicht vor der **außerordentlich schwierigen Aufgabe**, den Alkoholkranken mit seinem Problem zu konfrontieren, konstruktiven Leidensdruck aufzubauen und konsequente Maßnahmen einzuleiten, zu kontrollieren und zu begleiten.

# Die Kündigung

Haben alle Maßnahmen des Unternehmens nichts bewirkt und der betroffene Mitarbeiter ist weiterhin auffällig, wird deutlich, daß wegen seiner Abhängigkeit der
Leidensdruck verstärkt werden muß. War der Mitarbeiter bisher durch nichts dazu zu bewegen, sich einer
Therapiemaßnahme zu stellen, so bleibt schließlich als
letztes Mittel nur die Kündigung.

*als letztes Mittel: die Kündigung*

Dazu bedarf es nach § 102 des Betriebsverfassungsgesetzes vor Ausspruch der Kündigung der Anhörung des
Betriebsrats. Für die Zustimmung des Betriebsrats haben Sie bei Schilderung des bisherigen Ablaufs wichtige
Argumente, zumal der Betriebsrat an mindestens einem
Teil der mit dem betroffenen Mitarbeiter geführten Gespräche beteiligt war und den Verlauf genau kennt. Für
die Kündigung kann das folgende Muster dienen.

Muster eines Kündigungsschreibens

**Kündigung**

**Sie sind in letzter Zeit während der Arbeitszeit
durch Alkoholgenuß und dessen Folgen mehrfach
negativ aufgefallen.**

*Muster*

**Auf die in diesem Zusammenhang mit Ihnen ge-
führten Gespräche nehmen wir hierdurch Bezug.
Wir beziehen uns ferner auf die Ihnen erteilte
schriftliche Abmahnung vom . . .** (falls mehrere Abmahnungen erteilt wurden, auch diese erwähnen).

**In den Gesprächen und auch schriftlich haben wir
Sie darauf aufmerksam gemacht, daß das Dienstverhältnis mit Ihnen beendet werden muß, wenn
Sie nochmals gegen Ihre arbeitsvertraglichen Verpflichtungen verstoßen.**

**Wir haben Sie in diesem Zusammenhang mehrfach
gebeten, sich einer Therapie-Maßnahme (Entgiftung, Entziehungskur, Rehabilitation) zu stellen.
Das haben Sie trotz aller Hinweise auf die Folgen
abgelehnt.**

Nunmehr sind Sie im alkoholisierten Zustand durch folgendes Ereignis erneut aufgefallen:

_____

_____

_____

Unter diesen Umständen sehen wir keine Möglichkeit, das Dienstverhältnis mit Ihnen fortzusetzen und kündigen dasselbe hierdurch zum . . .[1]

Der Betriebsrat wurde zu der beabsichtigten Kündigung gehört. Er hat ihr nicht widersprochen.

Der Ihnen noch zustehende anteilige Jahresurlaub muß bis zum Ablauf des Dienstverhältnisses genommen werden. Eine Abgeltung in Geld kommt nicht in Betracht.

---

1 Falls das jüngste auslösende Ereignis gravierend war, besteht auch die Möglichkeit einer fristlosen Kündigung des Arbeitsverhältnisses. Beachten Sie dabei aber bitte, daß der Betriebsrat zu der fristlosen Kündigung aus wichtigem Grund angehört wird, da sonst eine formelle Voraussetzung für die Wirksamkeit der fristlosen Kündigung fehlt.

# Die Entziehungskur

Ist es gelungen, bei dem betroffenen Mitarbeiter die Einsicht in eine Rehabilitations-Maßnahme zu wecken, muß im Einvernehmen mit dem Kostenträger schnell gehandelt werden.

Der Betroffene darf während der Entziehungskur nicht allein gelassen werden; in die Rehabilitation sind Personen und Institutionen aus dem privaten und beruflichen Umfeld des Erkrankten einzubeziehen. Es ist besonders wichtig, daß während der Entziehungskur der Kontakt zum Unternehmen bestehen bleibt. Suchthelfer, Werksfürsorge, Betriebsrat oder Vorgesetzte sind mögliche Kontaktpersonen.

*Kontakt zum Unternehmen bleibt*

Auch der Kontakt zur Klinik muß gesucht werden, damit die Rückkopplung aufgenommen werden kann, ob der Patient die Therapie aktiv mitgestaltet.

Die Fachkliniken gehen auch immer mehr dazu über, im Rahmen ihrer Therapie Familienangehörige, mindestens aber den Partner, in die Rehabilitation miteinzubeziehen.

Je enger das Netz der Einbindungen geknüpft wird, um so höher ist die Wahrscheinlichkeit einer erfolgreichen Rehabilitation.

Aber noch ein weiterer Umstand ist für den Erfolg der Rehabilitationsmaßnahme maßgebend:

## Entziehungskur bei weiterbestehendem Arbeitsverhältnis

Hier besteht die Gefahr, daß der Betroffene die Therapie formell mitmacht, daß er aber gewissermaßen nur Pflichtübungen absolviert. Möglicherweise ist er innerlich nicht bereit, sich vom Alkohol völlig zu lösen. Er weiß, daß sein Arbeitsverhältnis weiterbesteht, daß er als langjähriger Mitarbeiter im Unternehmen aufgefangen bleibt und daß ihm auch bei einem Rückfall eigentlich so recht nichts passieren kann. Diese Denkweise

*Pflichtübung*

des Betroffenen, die sehr häufig anzutreffen ist, führt zum Scheitern einer Maßnahme. Die Kur bleibt erfolglos; der Betroffene wird wieder rückfällig.

## Nochmalige Erhöhung des Leidensdrucks

Der Betrieb muß das empfindliche Übel der Kündigung bzw. des Auflösungsvertrags einsetzen, um dem Mitarbeiter die Endgültigkeit des Arbeitsplatzverlustes deutlich zu machen. Als besonderes Entgegenkommen wird die Wiedereinstellung unter bestimmten Bedingungen angeboten. Diese Bedingungen hängen ausschließlich vom Verhalten des Mitarbeiters ab. Es kann sogar die Situation eintreten, daß der Mitarbeiter seine bisherigen Rechte im Unternehmen wie zum Beispiel die Dauer seiner Betriebszugehörigkeit und evtl. damit verbundene Vorteile mit der Zeit zurückerhält.

## Entziehungskur bei aufgelöstem Arbeitsverhältnis

*Entziehungskur bei aufgelöstem Arbeitsverhältnis*

Diese Regelung für den im fortgeschrittenen Stadium befindlichen Mitarbeiter bietet den Vorteil, daß er mit dem Ernst der Situation besonders extrem konfrontiert wird.

*letzte Chance*

Der Mitarbeiter weiß, daß es sich um seine letzte Chance handelt, sein Arbeitsverhältnis wiederzuerlangen. Er kann sich nicht auf dem Gedanken ausruhen, auf jeden Fall in seinem Unternehmen bei weiterbestehendem Arbeitsverhältnis aufgefangen zu sein. Vielmehr muß er etwas tun, um das bereits verlorengegangene Arbeitsverhältnis wiederzuerlangen.

*Anreize zur Rückfall-Verhinderung*

Darüber hinaus muß der Mitarbeiter nach der Wiedereinstellung bei erfolgreich verlaufener Entziehungskur ›trocken‹ bleiben, zumal er erst nach 6 Monaten den Kündigungsschutz nach dem Kündigungsschutzgesetz wiedererlangt; er erhält erst nach 3 Jahren (siehe die auf der nächsten Seite folgende Vereinbarung) seine früheren Rechte aus dem bisherigen Arbeitsverhältnis, insbesondere die Anrechnung der Betriebszugehörigkeit, zurück. Das alles sind weitere Anreize zur Rückfall-Verhinderung.

## Diktatur der Einsicht

Die Erfolgsquoten, die einer Entziehungskur bei derart aufgelöstem Arbeitsverhältnis mit Verpflichtung zur Wiedereinstellung zuzurechnen sind, übersteigen bei weitem die Erfolgsquoten der Entziehungskuren bei vorbehaltslos weiterbestehendem Arbeitsverhältnis.

Wird das Dienstverhältnis also auf diese Weise einvernehmlich beendet mit der Verpflichtung, den Mitarbeiter nach erfolgreich verlaufener Entziehungskur wieder einzustellen, so ist der Abschluß einer Vereinbarung notwendig.

Es empfiehlt sich, in dieses Verfahren, nicht zuletzt auch wegen der Wiedereinstellung, den Betriebsrat mit einzubinden.

*Betriebsrat einbinden*

Sie finden hier ein Muster einer derartigen Vereinbarung, aus der die Einzelheiten ersichtlich sind:

Muster einer Auflösungsvereinbarung:

**VEREINBARUNG**

*Muster*

**Zwischen ... als Arbeitgeber und ... als Arbeitnehmer wird vereinbart:**

1. **Zwischen den Vertragsparteien besteht seit ... ein Arbeitsverhältnis. Herr/Frau ... hat zur Zeit die Aufgabe eines ... in ... (Abteilung).**

2. **Auf Veranlassung der (Firma) ... wird das Dienstverhältnis wegen fortgesetzter Verstöße des/der ... gegen das betriebliche Alkoholverbot (wegen fortgesetzten Alkoholkonsums während der Arbeitszeit) mit Wirkung zum ... im beiderseitigen Einvernehmen aufgehoben.**

3. **Mit der Abgeltung der restlichen Lohn-/Gehaltszahlung, des Urlaubs bis zum Tag des Ausschei-**

dens, der Erteilung eines Zeugnisses und der Aushändigung der Arbeitspapiere sind alle Ansprüche aus dem Dienstverhältnis und dessen Beendigung erledigt.

4. Die (Firma) . . . verpflichtet sich, Herrn/Frau . . . erneut einzustellen, sobald diese(r) eine Alkoholentziehungskur erfolgreich absolviert hat und dies durch entsprechende ärztliche Berichte bestätigt wird.
   Herr/Frau . . . erhält damit im Rahmen dieses neuen Arbeitsverhältnisses einen Anspruch auf einen Arbeitsplatz gleicher oder ähnlicher Funktion und Stellung, wie der frühere Arbeitsplatz.

5. Voraussetzung für die Wiedereinstellung ist, daß Herr/Frau . . . den Genuß alkoholischer Getränke strikt meidet, sich einer institutionellen Therapiegruppe nach Empfehlung der Kuranstalt oder des behandelnden Arztes anschließt und die Gruppenzusammenkünfte regelmäßig, mindestens einmal wöchentlich, besucht.

6. Wird Herr/Frau . . . rückfällig, d. h. er/sie konsumiert erneut Alkohol, so wird die (Firma) . . . das Dienstverhältnis aus wichtigem Grund ohne Einhaltung einer Kündigungsfrist lösen, ohne daß es einer vorherigen Abmahnung bedarf.

7. Sobald Herr/Frau . . . vom Tag der Neueinstellung drei Jahre dem Unternehmen erneut angehört und es während dieser Zeit keine Beanstandungen gegeben hat, erklärt die (Firma) . . . die frühere Betriebszugehörigkeit des/der . . . in vollem Umfang anzurechnen. Das sich daraus ergebende neue Eintrittsdatum wird ermittelt und gilt als Grundlage für alle aus der Dauer der Betriebszugehörigkeit abzuleitenden Ansprüche und Vergünstigungen.

8. Der Betriebsrat hat zu dieser Regelung seine Zustimmung erklärt.

Ort, Datum

Unterschriften:

# Wiedereingliederung nach beendeter Kur

Die Wiedereingliederung eines ›trockenen‹ Alkoholikers in den Betrieb muß vorbereitet werden. Die Kontaktperson, die die Koordinierung zwischen betrieblichem und privatem Umfeld einerseits und der Kurklinik andererseits durchgeführt hat, informiert jetzt die betreffenden Stellen.

Durch den Kontakt mit dem Betroffenen während der Entziehungskur ist dem Unternehmen der aktuelle Stand, die Mitarbeit des Betroffenen und das zeitliche Ende der Rehabilitationsmaßnahme bekannt.

Erfahrungsgemäß bringen Betroffene nach einer erfolgreich abgeschlossenen Rehabilitationsmaßnahme viel Energie und Willen mit, sich an ihrem Arbeitsplatz zu betätigen. Es handelt sich um einen kritischen Übergang von dem Aufenthalt in der Klinik zur erneuten Bewährung im Berufsleben. Jetzt kommt es darauf an, die Wege für den Betroffenen zu ebnen.

*kritischer Übergang zur Bewährung*

Es hängt mit von der Reaktion des Vorgesetzten, der Kollegen, des Betriebsrats und der Stellen, die von der Vorgeschichte wissen, ab, ob ein Betroffener durchhält und sich weiter stabilisiert. Oder ob er in einen labilen Zustand verfällt, dessen Endstation dann wieder die Flasche ist.

## Kooperation der beteiligten betrieblichen Stellen

Initiiert vom Personalwesen beraten die betrieblichen Stellen rechtzeitig gemeinsam darüber, in welcher Weise die Wiedereingliederung des Betroffenen erfolgt. Beteiligt sind der bisherige Vorgesetzte (wenn ein neuer Arbeitsplatz in Frage kommt, auch der neue Vorgesetzte), der Werksarzt, der Suchthelfer und der Betriebsrat.

*in welches Umfeld zurück- gehen?*

Dabei spielt eine besonders wichtige Rolle die Überlegung, in welches Umfeld der betroffene Mitarbeiter zurückkommt. War er bisher in einem Unternehmensteil, in dem man gern einmal Prost sagt (sogenannte

*keine
Alkoholnester*

Alkoholnester, ob nun innerbetrieblich oder außerbetrieblich), so muß jetzt ein Umfeld ausgesucht werden,
das dem wiedereinzugliedernden Mitarbeiter nicht zu
schwere Prüfungen abverlangt.

## Form der Wiedereingliederung und Betreuung

Haben die betrieblichen Stellen und der Betroffene
nach Abwägung aller Gesichtspunkte einen passenden
Arbeitsplatz gefunden, besteht der nächste wichtige
Schritt darin, den Mitarbeiter über seinen Arbeitsplatz
zu informieren.

Handelt es sich um einen neuen Arbeitsplatz, der nicht
nur ein neues kollegiales Umfeld, sondern auch neue
Tätigkeitsmerkmale aufweist, wird besonders viel Sorgfalt auf die Beschreibung des Platzes und die Erklärung
der auszuführenden Arbeiten gelegt.

> **Schönfärberei ist ebensowenig angebracht wie
> Dramatisierung der Schwierigkeit der zu bewäl-
> tigenden Arbeit.**

*Selbstbewußt-
sein muß
wachsen*

Das angeschlagene Selbstbewußtsein des betroffenen
Mitarbeiters muß wieder wachsen. Es ist daher unsin-
nig, ihm Aufgaben zu übertragen, von denen man schon
von vornherein annehmen muß, daß er an ihnen schei-
tert. In dem Maße, wie der einzugliedernde Mitarbeiter
die Chance hat, im Rahmen der neuen Aufgaben Er-
folgserlebnisse zu erzielen, wird die Wiedereingliederung auch erfolgreich sein.

## Schutz vor ›mörderischen‹ Kollegen –
eine Führungsaufgabe

*Verführungs-
situation
vermeiden*

Neben der ›kollegialen‹ Hänselei ist auch die Verfüh-
rungssituation (»Einen kannst Du doch mal mit uns
trinken«) für den Betroffenen zunächst ein Problem. An
den alten und/oder neuen Vorgesetzten werden hierbei
besondere Anforderungen gestellt hinsichtlich

184

- der Einführung und Betreuung,
- des Verhältnisses zwischen dem Betroffenen und seinen alten oder neuen Kollegen,
- des Sicherstellens von Schutz im Rahmen der Fürsorgepflicht und
- gleichzeitig der Leistungsforderung und -überwachung.

Mit dem Vorgesetzten wird die Art der Einführung und der Vorstellung bei den neuen Kollegen abgesprochen.

*Art der Einführung*

> **Trotzdem: Gute Fachvorgesetzte, die Erfolg haben und sich im Betrieb bewähren, haben oft ein erstaunlich schlechtes Gespür für solch kritische Situationen.**

Hier werden Sie als Vorgesetzter zum Trainer:

*der Vorgesetzte als Trainer*

a) Trainer des Rehabilitanden
   - Wie löst er seine Aufgaben fachlich?
   - Wie gestaltet sich das Verhältnis zu seinen Kollegen?
   - Welche Hilfsmaßnahmen sind begleitend einzuleiten?

b) Trainer der Kollegen
   Die Aufklärungsarbeit über die Beschreibung der Folgen eines Rückfalls ist Ihre Aufgabe. Machen Sie den neuen/alten Kollegen deutlich, was ›mörderische Kollegen‹ heißt.

Nutzen Sie die im Anhang genannten Broschüren.


## Besuch von Selbsthilfegruppen[2]

Parallel zur Wiedereingliederung im Betrieb ist in der Nachsorge darauf zu achten, daß der Betroffene die von

*Kontrollaufgabe*

---

2 Aufwendungen, die durch den Besuch einer Selbsthilfegruppe wie die der Anonymen Alkoholiker entstehen, sind steuerlich absetzbare ›außergewöhnliche Belastungen‹, wenn ein amtsärztliches Zeugnis vorliegt, wonach die Teilnahme eine therapeutische Maßnahme ist. Bundesfinanzhof – III R 20/81

ihm gewählte oder ihm empfohlene Selbsthilfegruppe besucht. Ein Kontakt mit der Selbsthilfegruppe ist empfehlenswert.

Diese Kontrollaufgabe hat der Suchthelfer oder der werksärztliche Dienst oder die Personalabteilung.

Je stabiler das Gleis gebaut ist, auf dem sich der Mitarbeiter in den ersten Monaten seiner Wiedereingliederung bewegt, um so schwerer ist ihm ein Ausbrechen aus dieser wichtigen Phase der Rehabilitation gemacht; die Versuchung, die Dinge lax zu handhaben, den Weg des geringsten Widerstandes zu gehen, Selbsthilfeeinrichtungen nicht zu besuchen, wären wieder ein erster Schritt in die Gefahr der Inkonsequenz.

186

# Rückfall des wiedereinzugliedernden Mitarbeiters

Es gibt Unternehmen, die in ihr Wiedereingliederungskonzept bereits einen Rückfall einkalkulieren.

*Rückfall einkalkulieren*

Wird der Mitarbeiter nach einer erfolgreich absolvierten Rehabilitationsmaßnahme rückfällig, das heißt, daß er wieder Alkohol zu sich nimmt und damit auffällig wird, so muß grundsätzlich unter Berücksichtigung des Einzelfalles entschieden werden, welche Maßnahmen zu ergreifen sind.

Im allgemeinen werden sich die Betriebe die mit einer erneuten Rehabilitation verbundenen Kosten nicht leisten können. Kommt das Unternehmen jedoch zu der Entscheidung, daß noch einmal ein Versuch gemacht wird, so muß darauf geachtet werden, daß bei einem erneuten Scheitern die Auflösung des Arbeitsverhältnisses ohne weitere Formalien möglich ist. Siehe hierzu den Vereinbarungsentwurf Seite 181.

*letzter Anlauf*

## Beendigung des Arbeitsverhältnisses nach Rückfall

Will der Betrieb nach einer fehlgeschlagenen Wiedereingliederung das Arbeitsverhältnis kündigen, so kommt es darauf an, ob das Arbeitsverhältnis schon vor Beginn der Rehabilitationsmaßnahme aufgelöst war oder ob es weiterbestanden hat.

Im ersten Fall können Sie unter Berufung auf die entsprechenden Vereinbarungen das Arbeitsverhältnis ohne große Formalitäten, allerdings erst nach Anhörung des Betriebsrates, kündigen.

*Betriebsrat anhören*

Hat das Arbeitsverhältnis aber während der Rehabilitation weiter bestanden, müssen Sie darauf achten, daß:

– die sich aufgrund des Alkoholgenusses ergebenden Tatbestände exakt (und beweisbar) festgehalten sind,

– die Abmahnungsformalitäten erfüllt sind und
– der Betriebsrat angehört ist.

Sie können dann die Kündigung aussprechen.

*Kündigung oder einvernehmliche Lösung*

Es empfiehlt sich, in dem zuvor mit dem Mitarbeiter zu führenden Gespräch auszuloten, ob er bereit ist, eine einvernehmliche Lösung des Arbeitsverhältnisses zu akzeptieren. Eine solche Regelung wird dann die vorgeschilderten Formalien entfallen lassen und bietet für den betroffenen Mitarbeiter den Vorteil, seinen Arbeitsplatz nicht durch eine Kündigung des Unternehmens verloren zu haben.

*Nachteil: Sperrfrist*

Allerdings ist bei nachfolgender Arbeitslosigkeit die Verhängung einer Sperrfrist durch das Arbeitsamt wahrscheinlich.

> **Erschrecken Sie nicht, wenn ich jetzt schreibe, daß der rückfällig gewordene Mitarbeiter einer einvernehmlichen Lösung ›leider‹ zustimmt: Damit gibt er nämlich vorläufig den Kampf gegen die Sucht auf, die jetzt gesiegt hat.**

*der finale Kampf ums Überleben*

Tatsächlich beginnt für den betroffenen Mitarbeiter nun der finale Kampf ums Überleben. Sein Bild sieht nur Feinde, keine Helfer. Ohne Arbeit und soziale Bindungen fällt er rapide ab.

Es gibt Selbsthilfeeinrichtungen, die therapieren erst, wenn dieses Stadium erreicht ist. Für uns als Außenstehende kann es nicht tröstlich sein, daß es immer noch einen Weg zurück gibt. Was der Alkohol von nun an – zumeist täglich – schädigt, wird nicht reparierbar sein.

# Entscheidungshilfen für Führungskräfte

1. Ist der betroffene Mitarbeiter nicht bereit, sich einer Therapiemaßnahme zu stellen, so bleibt **als letztes Mittel die Kündigung**.

2. Die Kündigung ist durch die vorangegangenen Gespräche und Abmahnungen vorbereitet; **der Betriebsrat ist eingebunden**.

3. Die Entziehungskur bei aufgelöstem Arbeitsverhältnis erhöht den Leidensdruck des alkoholkranken Mitarbeiters und **steigert damit die Erfolgsaussichten**.

4. Die erfolgreiche Wiedereingliederung und Betreuung nach beendeter Kur setzt ein **vorbereitetes betriebliches Umfeld** voraus.

5. **Der kontinuierliche Kontakt mit einer Selbsthilfegruppe** ist zentraler Bestandteil der Nachsorge.

**Fazit:** Führungskräfte setzen Kündigungen bzw. Vertragsauflösungen konsequent durch, um **den betroffenen Mitarbeiter zum Handeln zu zwingen** und dadurch einen Umkehr- und Wiedereingliederungsprozeß zu ermöglichen.

# 11. Kapitel

# Der Betriebsrat

**Die Rolle des Betriebsrats im Unternehmen**
– Das Betriebsverfassungsgesetz
– Informelle Hilfen durch den Betriebsrat
– Der Zielkonflikt

**Die Haltung der Gewerkschaften**
– Alkoholkonsum wegen schlechter Arbeitsbedingungen
– Argumente der Gewerkschaften
– Kommentar
– Argumente gegen ein absolutes Alkoholverbot

**Die Mitwirkung des Betriebsrats bei der Einführung eines absoluten Alkoholverbots**
– Fakten sammeln
– Fazit
– Betriebe ohne Betriebsrat

**Entscheidungshilfen für Führungskräfte**

# Die Rolle des Betriebsrats im Unternehmen

In Betrieben, in denen ein Betriebsrat als Arbeitnehmer- *Betriebsverfas-*
vertretung vorhanden ist, das ist die weitaus überwie- *sungsgesetz*
gende Zahl der mittleren und großen Unternehmen, gilt
als ›Spielregel‹ für den Umgang mit der Arbeitnehmervertretung das Betriebsverfassungsgesetz vom 15. 1. 1972
in der Fassung der Bekanntmachung vom 23. 12. 1988.

## Das Betriebsverfassungsgesetz

Im Zusammenhang mit dem Thema dieses Buches sind
folgende Bestimmungen aus dem Betriebsverfassungsgesetz relevant:

*§ 75 Grundsätze für die Behandlung der Betriebs-
angehörigen*

*(1) Arbeitgeber und Betriebsrat haben darüber zu wa-* *§ 75, Grundsätze*
*chen, daß alle im Betrieb tätigen Personen nach
den Grundsätzen von Recht und Billigkeit behandelt werden, insbesondere, daß jede unterschiedliche Behandlung von Personen wegen ihrer Ab-
stammung, Religion, Nationalität, Herkunft, politischen oder gewerkschaftlichen Betätigung oder
Einstellung oder wegen ihres Geschlechts unter-
bleibt. Sie haben darauf zu achten, daß Arbeitnehmer nicht wegen Überschreitung bestimmter
Altersstufen benachteiligt werden.*

*(2) Arbeitgeber und Betriebsrat haben die freie Ent-
faltung der Persönlichkeit der im Betrieb beschäftigten Arbeitnehmer zu schützen und zu fördern.*

Diese Bestimmung regelt in ihrem ersten Absatz die *Gleichbehand-*
Gleichbehandlung und verbietet die Benachteiligung *lung*
aus bestimmten Gründen. Der Betriebsrat wird unter
Anwendung eines Analogieschlusses diese Bestimmungen auch für die Alkoholkranken reklamieren.

Absatz 2 dieser Bestimmung spricht von der ›freien Ent- *freie Entfaltung*
faltung der Persönlichkeit‹. Darauf berufen sich häufig
Betriebsräte, wenn es gilt, ein Alkoholverbot im Betrieb
zu verhindern.

Auch Mitarbeiter, die über das Betriebsverfassungsgesetz gut informiert sind, berufen sich gegenüber dem Betriebsrat auf diese Bestimmung und veranlassen ihn zu entsprechender Aktivität.

*§ 77 Durchführung gemeinsamer Beschlüsse, Betriebsvereinbarungen.*

§ 77, Betriebs-
vereinbarungen

*(1) Vereinbarungen zwischen Betriebsrat und Arbeitgeber, auch soweit sie auf einem Spruch der Einigungsstelle beruhen, führt der Arbeitgeber durch, es sei denn, daß im Einzelfall etwas anderes vereinbart ist. Der Betriebsrat darf nicht durch einseitige Handlungen in die Leitung des Betriebs eingreifen.*

**(2) Betriebsvereinbarungen sind von Betriebsrat und Arbeitgeber gemeinsam zu beschließen und schriftlich niederzulegen. Sie sind von beiden Seiten zu unterzeichnen; dies gilt nicht, soweit Betriebsvereinbarungen auf einem Spruch der Einigungsstelle beruhen. Der Arbeitgeber hat die Betriebsvereinbarungen an geeigneter Stelle im Betrieb auszulegen.**

*(3) Arbeitsentgelte und sonstige Arbeitsbedingungen, die durch Tarifvertrag geregelt sind oder üblicherweise geregelt werden, können nicht Gegenstand einer Betriebsvereinbarung sein. Dies gilt nicht, wenn ein Tarifvertrag den Abschluß ergänzender Betriebsvereinbarungen ausdrücklich zuläßt.*

**(4) Betriebsvereinbarungen gelten unmittelbar und zwingend. Werden Arbeitnehmern durch die Betriebsvereinbarung Rechte eingeräumt, so ist ein Verzicht auf sie nur mit Zustimmung des Betriebsrates zulässig. Die Verwirkung dieser Rechte ist ausgeschlossen. Ausschlußfristen für ihre Geltendmachung sind nur insoweit zulässig, als sie in einem Tarifvertrag oder einer Betriebsvereinbarung vereinbart werden; dasselbe gilt für die Abkürzung der Verjährungsfristen.**

*(5) Betriebsvereinbarungen können, soweit nichts anderes vereinbart ist, mit einer Frist von 3 Monaten gekündigt werden.*

*(6) Nach Ablauf einer Betriebsvereinbarung gelten ihre Regelungen in Angelegenheiten, in denen ein Spruch der Einigungsstelle die Einigung zwischen Arbeitgeber und Betriebsrat ersetzen kann, weiter, bis sie durch eine andere Abmachung ersetzt werden.*

Aus dieser Bestimmung sind besonders die Absätze 2 und 4 von Bedeutung, wenn es darum geht, Betriebsvereinbarungen zum Thema Alkohol abzuschließen.

Ob es sich nun um die Vereinbarung eines absoluten Alkoholverbotes, um die ›Verabschiedung einer Arbeitsordnung‹, um eine Vereinbarung über Grundsätze der Behandlung von Alkoholabhängigen im Unternehmen handelt. Immer sind diese vorgenannten Bestimmungen anwendbar. Ohne Betriebsrat läuft in diesem Zusammenhang nichts.

*Ohne Betriebsrat läuft nichts*

*§ 80 Allgemeine Aufgaben*

*(1) Der Betriebsrat hat folgende allgemeine Aufgaben:*
  1. *darüber zu wachen, daß die zugunsten der Arbeitnehmer geltenden Gesetze, Verordnungen, Unfallverhütungsvorschriften, Tarifverträge und Betriebsvereinbarungen durchgeführt werden;*
  2. *Maßnahmen, die dem Betrieb und der Belegschaft dienen, beim Arbeitgeber zu beantragen;*
  3. *Anregungen von Arbeitnehmern und der Jugend- und Auszubildendenvertretung entgegenzunehmen und, falls sie berechtigt erscheinen, durch Verhandlungen mit dem Arbeitgeber auf eine Erledigung hinzuwirken; er hat die betreffenden Arbeitnehmer über den Stand und das Ergebnis der Verhandlungen zu unterrichten;*
  4. *die Eingliederung Schwerbehinderter und sonstiger besonders schutzbedürftiger Personen zu fördern;*
  5. *. . .*
  6. *. . .*
  7. *. . .*

*(2) . . .*

*§ 80, Aufgaben des Betriebsrats*

*(3) ...*

Nach den in § 80 festgelegten allgemeinen Aufgaben des Betriebsrats ist auch der Alkoholmißbrauch tangiert. Wenn in Absatz 1, Ziffer 1 von den Unfallverhütungsvorschriften die Rede ist, wird klar, daß ein Alkoholmißbrauch im Betrieb ein eklatanter Verstoß gegen die Arbeitssicherheit und damit die Unfallverhütungsvorschriften ist.

Auf § 38 der Unfallverhütungsvorschriften der Berufsgenossenschaften VBG 1 sei hier nochmals hingewiesen.

Nach Absatz 1, Ziffer 2 kann der Betriebsrat auch initiativ werden, wenn ihm dies geboten erscheint. In diesem Zusammenhang wird auf die Einrichtung eines Arbeitskreises hingewiesen (7. Kapitel, Seite 117).

Im Abschnitt ›soziale Angelegenheiten‹ des Betriebsverfassungsgesetzes stehen dem Betriebsrat gemäß § 87 umfangreiche Mitbestimmungsrechte zu. Es sind hier deshalb nur die für das Thema relevanten Bestimmungen genannt:

*§ 87 Mitbestimmungsrechte*

*§ 87, Mitbestim-
mung*

*(1) Der Betriebsrat hat, soweit eine gesetzliche oder tarifliche Regelung nicht besteht, in folgenden Angelegenheiten mitzubestimmen:*

   *1. Fragen der Ordnung des Betriebs und des Verhaltens der Arbeitnehmer im Betrieb;*

   *2. ...*

   *3. ...*

   *4. ...*

   *5. ...*

   *6. ...*

   *7. Regelungen über die Verhütung von Arbeitsunfällen und Berufskrankheiten sowie über den Gesundheitsschutz im Rahmen der gesetzlichen Vorschriften oder der Unfallverhütungsvorschriften;*

   *8. ...*

   *9. ...*

   *10. ...*

*11. ...*

*12. ...*

*(2) Kommt eine Einigung über eine Angelegenheit nach Abs. 1 nicht zustande, so entscheidet die Einigungsstelle. Der Spruch der Einigungsstelle ersetzt die Einigung zwischen Arbeitgeber und Betriebsrat.*

Diese Bestimmungen aus den sozialen Angelegenheiten sind für das Thema Alkohol besonders wichtig. Die Ordnung des Betriebes und das Verhalten der Arbeitnehmer im Betrieb werden direkt berührt. Diese Bestimmung ist auch immer dann wichtig, wenn in einem Unternehmen das Thema Alkohol bisher tolerant gehandhabt wurde. Möglicherweise werden alkoholische Getränke auch noch im Betrieb verkauft, während nun Maßnahmen eingeleitet werden, um dem Alkoholmißbrauch besser begegnen zu können.

Die in Ziffer 7 erwähnte Arbeitssicherheit und der Gesundheitsschutz sind bei Alkohol immer beteiligt.

### *§ 88 Freiwillige Betriebsvereinbarungen*

*Durch Betriebsvereinbarungen können insbesondere geregelt werden*

§ 88, Zusätzliche Maßnahmen

*1. zusätzliche Maßnahmen zur Verhütung von Arbeitsunfällen und Gesundheitsschädigungen;*

*2. ...*

*3. ...*

Wenn es also darum geht, eine Betriebsvereinbarung über ein absolutes Alkoholverbot im Unternehmen einzuführen, ist § 88 Ziffer 1 die Stelle im Betriebsverfassungsgesetz, auf die man sich beruft.

### *§ 120 Verletzung von Geheimnissen*

*(1) Wer unbefugt ein fremdes Betriebs- oder Geschäftsgeheimnis offenbart, das ihm in seiner Eigenschaft als*

§ 120, Schutz des Persönlichkeitsrechts

*1. Mitglied oder Ersatzmitglied des Betriebsrats oder einer der in § 79 Absatz 2 bezeichneten Stellen,*

197

2. . . .

3. . . .

4. . . .

*bekanntgeworden und das vom Arbeitgeber ausdrücklich als geheimhaltungsbedürftig bezeichnet worden ist, wird mit Freiheitsstrafe bis zu einem Jahr oder mit Geldstrafe bestraft.*

*(2) Ebenso wird bestraft, wer unbefugt ein fremdes Geheimnis eines Arbeitnehmers, namentlich ein zu dessen persönlichen Lebensbereich gehörendes Geheimnis, offenbart, das ihm in seiner Eigenschaft als Mitglied oder Ersatzmitglied des Betriebsrats oder einer der in § 79 Absatz 2 bezeichneten Stellen bekanntgeworden ist und über das nach den Vorschriften dieses Gesetzes Stillschweigen zu bewahren ist.*

*(3) . . .*

*(4) . . .*

*(5) . . .*

Zum Schutz der Person und des Persönlichkeitsrechts des alkoholabhängigen Mitarbeiters ist es wichtig, daß diese Angelegenheit im Betrieb nicht ›breitgetreten‹ wird. Hier ist der Arbeitgeber gefordert, bei Einschaltung des Betriebsrates in einem solchen Fall auf diese Bestimmung besonders hinzuweisen und darauf zu pochen, diese Angelegenheiten als streng vertraulich zu behandeln. Nur so kann verhindert werden, daß dem Betroffenen ein persönlicher – materieller oder ideeller – Schaden entsteht.

> **Das Betriebsverfassungsgesetz läßt viele Möglichkeiten für die wirksame Bekämpfung des Alkoholmißbrauchs im Unternehmen zu.**

## Informelle Hilfen durch den Betriebsrat

Das Thema Alkoholmißbrauch im Arbeitsleben kann heute niemand mehr ignorieren. Auch bei den Betriebsräten – und hier besonders auffallend bei den jungen Betriebsräten – ist die Einsicht in die Notwendigkeit von betrieblichen Regelungen erfreulich groß.

Durch ihre Nähe zur Basis haben die Betriebsratsmitglieder aus erster Hand die Folgen des Alkoholmißbrauchs durch ihre Kollegen vor Augen. Die Betriebsräte sind auch oft die erste betriebliche Institution, die von einer Alkoholabhängigkeit eines Mitarbeiters überhaupt erfährt. Verantwortliche Betriebsräte, die die Tragik des Abgleitens in die Alkoholkrankheit erkannt haben, führen daher schon – bevor überhaupt etwas publik wird – vertrauliche Gespräche mit den gefährdeten Kollegen und versuchen, ihnen Hilfe zukommen zu lassen.

*Nähe zur Basis*

Es gibt keine Statistiken über die Anzahl dieser ›Rettungsversuche‹; wenn aber der Draht Betriebsrat – Suchthelfer gut funktioniert, ist es den gemeinsamen Bemühungen von beiden häufig gelungen, den gefährdeten Mitarbeiter in eine Selbsthilfegruppe einzubinden und die Gefahr der Alkoholkrankheit rechtzeitig zu bannen.

*rechtzeitige Hilfe*

## Der Zielkonflikt

Der Betriebsrat ist die Interessenvertretung der Mitarbeiter gegenüber dem Unternehmen. Er wird durch die Mitarbeiter frei gewählt. Das Wahlergebnis ist Ausdruck des Vertrauens der Mitarbeiter zu den Gewählten. Dieses Vertrauens muß sich der Betriebsrat ›würdig‹ erweisen.

Das Betriebsverfassungsgesetz fordert zwar grundsätzlich Unternehmensleitung und Betriebsrat zur vertrauensvollen Zusammenarbeit auf. Das bedeutet aber nicht, daß in konkreten Fällen nicht um Sachen und Personen hart gestritten wird. Das Bundesarbeitsgericht hat in mehreren Entscheidungen von dem Interessengegen-

*vertrauensvolle Zusammenarbeit*

satz zwischen Unternehmensleitung und Betriebsrat gesprochen. Das ist also ganz legitim. Das Wohl des Unternehmens darf aber von beiden Parteien nie aus den Augen verloren werden.

Wird nun ein Mitarbeiter alkoholauffällig, so muß das Unternehmen reagieren. Betroffener ist ein Mitarbeiter, der zur Klientel des Betriebsrats gehört. Der Betriebsrat befindet sich hier in einem Zielkonflikt, weil er sich als Anwalt der Mitarbeiter versteht.

*Einerseits* Einerseits kennt er die Alkoholproblematik und weiß um die Notwendigkeit frühzeitigen konsequenten Eingreifens zur Verhinderung des totalen Abgleitens des Betroffenen.

*Andererseits* Andererseits kennt er auch die Rechtsfolgen, die dem Mitarbeiter drohen.

*Einerseits* Einerseits weiß er auch, daß die Kollegen aus dem Umfeld des betroffenen Mitarbeiters jetzt sehr sorgfältig beobachten und registrieren, wie sich der Betriebsrat in diesem Fall verhält.

*Andererseits* Andererseits fordern gerade diese Kollegen ab einer bestimmten ›Schmerzschwelle‹, daß eine ›faule Kartoffel‹ nicht die anderen ansteckt und daher auszusondern ist.

*Einerseits* Einerseits sieht sich der Betriebsrat als Anwalt des Betroffenen in der Verpflichtung, den Mitarbeiter zu schützen, weil er nicht abschätzen kann, in welchem Stadium der Gefährdung sich der betroffene Mitarbeiter befindet.

*Andererseits* Andererseits verharmlost der Betroffene selbst die Angelegenheit gekonnt, ja, wird sogar ausgesprochen aggressiv, wenn er weiß, daß (noch) nichts nachweisbar ist. Und immerhin kann der Vorfall ja auch wirklich harmlos sein.

*legitime* So wird der Betriebsrat in dieser Anfangsphase der Auf-
*Einstellung* fälligkeit immer versuchen, die Angelegenheit gegenüber der Unternehmensleitung zu bagatellisieren, um Rechtsfolgen von dem Betroffenen abzuwenden. Diese Haltung des Betriebsrats ist legitim.

Durch die Aufmerksamkeit der betrieblichen Instanzen,

die den Betroffenen nun verstärkt beobachten, wird im konkreten Fall des Alkoholmißbrauchs sehr schnell festgestellt werden, daß es sich nicht um einen ›harmlosen Ausrutscher‹ handelt, sondern daß hier eine ernste Ursache vorliegt. Die Gründe, warum der Betroffene nun gerade diesmal wieder alkoholisiert war, sind ja auch schnell verbraucht. Hier helfen dann keine Plädoyers für den Betroffenen mehr.

Ergeben sich also in der Folgezeit weitere Auffälligkeiten, die den Schluß zulassen, daß Gefahr im Verzug ist, wird ein verständiger Betriebsrat die Kooperation mit dem Arbeitgeber zur Rehabilitation des Betroffenen suchen.

*Gefahr im Verzug*

So kommt trotz des bestehenden Zielkonflikts in relevanten Fällen doch recht schnell eine Zusammenarbeit zwischen Arbeitgeber und Betriebsrat zustande. Dieses ist zum Wohl des Betroffenen von entscheidender Bedeutung.

*Zusammenarbeit zwischen Arbeitgeber und Betriebsrat*

# Die Haltung der Gewerkschaften

Die Gewerkschaften als Arbeitnehmerorganisation sehen den zunehmenden Alkoholkonsum durch hohe psychosoziale Problembelastungen des Einzelnen begründet. Diese Belastungen würden nicht angegangen und beseitigt, sondern durch ›Schlucken‹ gelöst. Dabei wird auf die äußeren Umstände der Arbeit und des Arbeitsumfeldes besonders abgestellt. Im einzelnen werden folgende Arbeitsbedingungen als besonders schädlich eingestuft:

*Argumente*     *Schlechte äußere Umstände*

Lärm, Staub, Hitze lassen den Menschen sich nicht wohlfühlen. Er wird daher versuchen, den unbefriedigenden innerbetrieblichen Zustand des ›Sich-nicht-wohlfühlens‹ auszugleichen.

*Schichtarbeit und Überstunden*

Besonders bei Nachtschichten wird häufig festgestellt, daß der betriebliche Alkoholkonsum gegenüber den anderen Schichten erheblich höherliegt.

*Streß durch Überforderung*

Überforderung, Termindruck, Konkurrenzkampf, Konkurrenzneid sind Stichworte, die Mitarbeiter ständig unter Leistungsdruck stehen lassen. Da wirkt Alkohol als ›Erleichterungsdroge‹ beruhigend. Diese Trinkgründe ziehen sich übrigens durch die gesamte Arbeitswelt, vom Schichtarbeiter bis zum Manager.

*Monotonie und Unterforderung*

Neue Arbeitsteilungen und Arbeitsorganisationen führen oft zu monotonen oder vollautomatischen Arbeits-

202

plätzen, bei denen nur noch ein Teil der menschlichen Fähigkeiten gefragt ist. Der ›Streß durch Unterforderung‹ führt daher häufig zum Alkohol, um die Leere aushalten zu können.

## Neue Technologien

Der Trend zur Automatisierung ist längst nicht gestoppt; die Arbeitnehmer müssen daher immer wieder mit neuen technischen Systemen vertraut gemacht werden, die ihnen oft fremd sind. Hinzu kommt die soziale Isolierung, indem nicht mehr mit dem Menschen, sondern mit Computern kommuniziert wird.

Die Gewerkschaften vertreten den Standpunkt, daß, *Standpunkte* wenn die vorgenannten innerbetrieblichen Faktoren einzeln oder insbesondere summiert auftreten,der Auslöser für problematisches Trinkverhalten in den Arbeitsumständen des Betriebes liegt.

Selbst wenn es dem Menschen eine Zeitlang gelänge, die Belastungs- und Störfaktoren des Arbeits- und Betriebsklimas zu ertragen, werde er in seiner Freizeit müde, ausgebrannt, abgeschlagen, lustlos sein. Das sei keine gute Vorbedingung für soziale Interaktion und Kommunikation in der außerbetrieblichen Umwelt, der Partnerschaft und der Familie. Die Konflikte würden hier zunehmen und das wiederum würde zum problematischen oder süchtigen Trinkverhalten in der Freizeit führen.

Fest stehe, so die Gewerkschaften, daß Menschen Alkohol als Droge einsetzen, um psychischen Druck zu überdecken. Sie kommen zu dem Schluß, daß Arbeitsplatz und Arbeitsbedingungen seelischen Problemdruck auslösen oder verstärken können. Innerbetriebliche Ursachen provozieren, erleichtern, unterstützen oder verstärken daher die Flucht in die Droge Alkohol. *Schluß-folgerung*

Das Entstehen von problematischem oder süchtigem Trinkverhalten werde durch innerbetriebliche Faktoren begünstigt. *Fazit*

203

## Kommentar

*Kommentar*  Auch in dieser Veröffentlichung wird die Ansicht vertreten, daß es relevante Aspekte der Arbeitsweltbedingungen gibt, die sich auf den Alkoholkonsum hemmend oder fördernd auswirken. Der Alkoholkonsum ist um so höher, je unzufriedener Mitarbeiter mit den Arbeitsbedingungen sind.

---

**Wer also den Mißbrauch reduzieren will, muß bereits im Vorfeld präventiv tätig werden. Alle anderen Maßnahmen sind tatsächlich nur ›Reparatur-Maßnahmen‹.**

---

Natürlich sind auch die Gewerkschaften dagegen, daß sich die Mitarbeiter in den Unternehmen betrinken. Eine andere Haltung wäre auch lebensfremd und würde nicht dem Charakter der Gewerkschaften als Arbeitnehmerorganisation mit Schutz- und Fürsorgecharakter entsprechen.

Man kann aber nicht auf der einen Seite die Leistungsgesellschaft, die alkoholproduzierende Industrie, den Werbeaufwand dieser Industrie, die Alkoholsteuern usw. anprangern und verantwortlich machen, andererseits aber die Maßnahmen, die Unternehmen einführen, um Schaden von sich, den Mitarbeitern und den Betroffenen abzuwenden, als Verstoß gegen Persönlichkeitsrechte herausstellen.

Insgesamt ist den Gewerkschaften aber zuzustimmen, wenn sie dafür plädieren, daß

– durch mehr und gezieltere Information und Prävention (Vorbeugung) zum Thema Alkohol die Belegschaften sensibler gemacht werden
– die Vorgesetzten zu diesem Thema geschult werden
– Betriebsräte und Unternehmensleitungen Hand in Hand gegen das Problem Alkohol angehen.

## Das absolute Alkoholverbot: Pro und Contra

Die Unternehmen sind keine Therapie-Institute für suchtkranke Mitarbeiter. Da aber Alkohol im Betrieb nun einmal eine große Rolle spielt, versuchen viele Unternehmen, dem Mißbrauch dadurch zu begegnen, daß sie für ihren Betrieb den Genuß von Alkohol nicht gestatten.

*Pro und Contra*

Ein solches generelles Alkoholverbot kommt durch eine spezielle Betriebsvereinbarung mit dem Betriebsrat zustande; sie kann auch Bestandteil der Arbeitsordnung sein. Einzelvertragliche Regelungen sind problematisch. Das Bemühen der Arbeitgeber geht dahin, die ›Gelegenheiten‹, die ›Griffnähe‹, erheblich zu reduzieren, indem Alkoholgenuß am Arbeitsplatz untersagt wird.

### Das Alkoholverbot verletzt Persönlichkeitsrechte

Im sechsten Kapitel dieses Buches ist bereits beschrieben, daß alkoholabhängige Mitarbeiter besonders findig darin sind, immer neue Wege und Möglichkeiten zum Einbringen von Alkohol in den Betrieb zu entdecken.

Wenn auch der bereits in der Abhängigkeitssituation Befindliche durch die Einführung des Alkoholverbotes nicht daran zu hindern ist, sein ›Quantum‹ zu sich zu nehmen, – so ist doch eine deutliche Schwelle eingebaut.

*Schwellenwirkung*

Die Schwelle ist eine Hilfe für all diejenigen, die sich zwar in einem Gefährdungs- aber noch nicht in einem Abhängigkeitsstadium befinden.

Das Alkoholverbot in Unternehmen ist eine Schutzvorschrift für die Mitarbeiter und wird auch von dem überwiegenden Teil der Belegschaften so empfunden. Dieser Teil der Belegschaft hält sich sowieso an das einmal eingeführte Alkoholverbot und hat gegenüber betrieblichen ›Animateuren‹ im Kollegenkreis ein gutes Argument, angebotene alkoholische Getränke abzuschlagen.

*Schutzvorschrift*

Die Schutzvorschrift des absoluten Alkoholverbots im Unternehmen ist nicht gegen die freie Entfaltung der Persönlichkeit des Einzelnen gerichtet.

Artikel 2, Absatz 1 des Grundgesetzes und § 75, Absatz 2, des bereits zitierten Betriebsverfassungsgesetzes widersprechen dem nicht!

Erstaunlicherweise vertreten Gewerkschaften aber häufig gerade diese Ansicht und berufen sich dabei zum Teil auf eine Rechtsprechung, die – ohne den konkreten Einzelfall im Auge zu behalten – dann verallgemeinert übertragen wird.

*Begründung* Dagegen ist der Autor der Meinung, daß gerade aus dem Gesichtspunkt des Arbeitnehmerschutzes heraus ein generelles Alkoholverbot rechtswirksam vereinbart werden muß, und daß es sich hierbei nicht um ein unverhältnismäßiges Mittel handelt, das irgendwelche Persönlichkeitsrechte berührt.

Allerdings muß beachtet werden, daß das Alkoholverbot auch wirklich ausnahmslos von allen Personen im Betrieb eingehalten wird: von der Unternehmensleitung über alle Hierarchiestufen hinweg bis zum Mitarbeiter vor Ort.

*Weitere Argumente* 6% der Mitarbeiter sind abstinent, 14% sind fast abstinent, 32% sind schwache Konsumenten und trinken nicht während der Arbeitszeit bzw. können problemlos darauf verzichten.

Das ist bereits die Hälfte aller Beschäftigten, die mit Sicherheit nichts gegen ein Alkoholverbot haben.

45% der Mitarbeiter sind starke Konsumenten und ⅛ davon sind akut mißbrauchsgefährdet, und

3% der Mitarbeiter sind bereits alkoholkrank.

Die Mißbrauchsgefährdeten müssen wir schützen, indem wir die ›Griffnähe‹ zur Flasche am Arbeitsplatz verhindern. Damit

– ›trocknen‹ wir den Nachwuchs aus, der am Arbeitsplatz das Trinken lernt

*Griffnähe* – reduziert sich dramatisch die ›Griffnähe‹ und dadurch die Gefahr für Mißbrauchsgefährdete.

Beschämend, aber trotzdem ein Argument:

– der Konsum wird in die Freizeit verlagert – im negativen Fall ›verzögert‹ sich die Alkoholerkrankung nur.

*Fazit* Die Argumentation der Gewerkschaften gegen das Alkoholverbot im Betrieb hält einer kritischen Prüfung nicht Stand.

*Ein absolutes Alkoholverbot bringt nichts.*

Das ist nachweisbar falsch.

Schon allein die Reduzierung der Griffnähe vermeidet alle Situationen, wo Gelegenheit Trinker macht. Denn irgendwann fängt so die Gewöhnung an die ›Promille‹ an. Und das ist der Einstieg.

Das Alkoholverbot wird von dem größten Teil der Belegschaft akzeptiert, weil diese Mitarbeiter im Betrieb ohnehin nicht trinken. Es erschwert aber dem anderen Teil der Belegschaft, den Alkohol problemlos einzukaufen, einzubringen und zu konsumieren.

Es ist also durch das Alkoholverbot mindestens eine zusätzliche Hürde in der Alkoholbeschaffung eingebaut. Natürlich wartet auf den Mitarbeiter, der gegen das Verbot verstößt, auch das disziplinarische Risiko.

*Alkoholverbot ist zusätzliche Hürde*

*»Das Alkoholverbot kommt für den alkoholgefährdeten oder bereits alkoholabhängigen Mitarbeiter zu spät.«*

Auch dieses Argument sticht nicht.

Es steht fest, daß der bereits alkoholabhängige Mitarbeiter sich durch ein absolutes Alkoholverbot im Betrieb nicht am Alkoholgenuß hindern läßt. Alkoholkranken werden die für sie – manchmal tödlichen – ›Alibis‹ genommen. Durch Möglichkeiten des ›konstruktiven Leidensdrucks‹ (Seite 141) kann bei einer eindeutigen Rechtslage nachhaltig geholfen werden. Das Behandlungsregime greift nur bei dieser eindeutigen Rechtslage.

*Das Behandlungsregime greift nur bei einer eindeutigen Rechtslage*

Bitte beachten Sie das bereits zitierte Urteil des Landesarbeitsgerichts Baden-Württemberg (10 SA 50/76), das erklärt, daß die Unterlassung eindeutiger betrieblicher Regelungen hinsichtlich des Alkoholgenusses zu Lasten des Arbeitgebers geht. Dieses Arbeitsgericht hat im Rahmen einer Kündigungsschutzklage gegen die ausgesprochene Kündigung damit argumentiert, daß der Arbeitgeber den Alkoholgenuß im Betrieb in gewissem Umfange toleriert habe.

Für den Alkoholgefährdeten gilt jedoch das bereits vorher Gesagte, daß nämlich eine zusätzliche Hürde eingebaut wird und bei richtiger Anwendung immer wieder deutlich gemacht wird, welches Risiko der Mitarbeiter bei Verstoß gegen dieses Verbot eingeht.

*»Es gibt keinen Unterschied im Trinkverhalten der Mitarbeiter solcher Betriebe, die ein absolutes Alkoholverbot haben und solcher, die das Trinken am Arbeitsplatz gestatten.«*

Untersuchungen, die sich empirisch über einen längeren Zeitraum erstrecken, gibt es bisher nicht. Es kann sich daher nur um Spekulationen handeln, daß das Trinkverhalten von Mitarbeitern in den Betrieben mit oder ohne Alkoholverbot keinen Unterschied ausmache.

*deutlich rückläufiger Alkoholkonsum*

Allein die zu überwindende Schwelle, von der bereits die Rede war, wird für deutlich rückläufigen Alkoholkonsum im Unternehmen sorgen.

Und schließlich ist auch daran zu denken, daß bei einem betrieblichen Alkoholverbot die vielen ›Anlässe‹ zum Genuß von Alkohol im Betrieb wegfallen.

*»Der Arbeitgeber schafft ein Instrument, um die Belegschaft zu disziplinieren.«*

*Alkoholverbot schafft für alle Beteiligten klare Verhältnisse*

Diese Möglichkeit hätte er auch bisher schon! Im Gegenteil soll durch das Alkoholverbot der Rahmen so abgesteckt werden, daß die Grauzonen künftig nicht mehr vorhanden sind und jeder sein Verhalten danach einrichten kann. Das schafft für alle Beteiligten klare Verhältnisse.

Die Arbeitssicherheit wird erhöht und die sich aus dem Alkoholgenuß häufig ergebenden zwischenmenschlichen Probleme haben keinen Boden mehr.

*»Ein Alkoholverbot führt zu Einnahmeausfällen in Kantinen und bei Automaten.«*

Das Argument ist zwar richtig, die Unternehmen sind aber keine Kneipen!

## Voraussetzung: Konsequentes Handeln

Natürlich spielen die Vorgesetzten bei der Bewußtseins-
veränderung in der Belegschaft nach Einführung eines
absoluten Alkoholverbots die entscheidende Rolle.
Wenn diese Grundsätze im Unternehmen einheitlich
durchgeführt werden, verläuft dieser Prozeß ohne
Schwierigkeiten und ohne Rückfälle. Man trägt ganz
einfach einer veränderten Situation Rechnung (7. Kapitel, Seite 126).

*Bewußtseins-*
*veränderung*

In sehr vielen Betrieben sind nach den vor Ort gemach-
ten Erfahrungen die Betriebsräte daher auch durchaus
bereit, einem absoluten Alkoholverbot zuzustimmen,
insbesondere dann, wenn dieses auf wirklich allen Ebenen und bei allen Anlässen strikt befolgt wird.

In jüngster Zeit ist auch bei den Gewerkschaften in zunehmendem Maße die Bereitschaft zur Vereinbarung
absoluter Alkoholverbote in den Betrieben vorhanden.
Man kommt einfach nicht um die Einsicht herum, daß
das zum Schutze der Mitarbeiter und zur Erhöhung der
Sicherheit in den Betrieben unerläßlich ist.

# Die Mitwirkung des Betriebsrats bei der Einführung eines absoluten Alkoholverbots

Die Maßnahmen bei der Einführung eines absoluten Alkoholverbots sind im 7. Kapitel, ab Seite 117, eingehend beschrieben.

Gott sei Dank gehen immer mehr Unternehmen dazu über, sich für ein absolutes Alkoholverbot während der Dienstzeit zu entscheiden. Die Mitwirkung des Betriebsrats ist hierbei von entscheidender Bedeutung. Es liegt dabei hauptsächlich an der Unternehmensleitung, die Absichten und Ziele eines Alkoholverbots deutlich zu machen.

Im Grunde sind das Ziele, die der Betriebsrat gleichermaßen auf seine Fahne schreiben kann, nämlich

1. Erhöhung der Arbeitssicherheit
2. Erhaltung der Gesundheit der Mitarbeiter
3. Hilfe für Mißbrauchsgefährdete und Abhängige
4. Ausnahmslose Einhaltung des Alkoholverbots in allen Hierarchiestufen (Gleichbehandlung).

Unter Berücksichtigung der Ausführungen im 7. Kapitel zur Einführung des Alkoholverbots ist hinsichtlich der umfassenden Information des Betriebsrats dafür zu sorgen, daß der Betriebsrat als Multiplikator im Unternehmen entscheidenden Anteil hat; um den Erfolg der Einführung eines Alkoholverbotes zu sichern, muß die Unternehmensleitung gerade in der vorbereitenden Phase mit dem Betriebsrat einen intensiven Kontakt pflegen und ihn über alle Argumente, die für die Einführung des Alkoholverbotes sprechen, informieren.

## Fakten sammeln

Es ist von Bedeutung, daß anhand von Beispielen aus der Praxis des Unternehmens – möglichst aus der jüngsten Zeit – dargelegt wird, welche Auswirkung Alkoholgenuß während der Arbeitszeit hat.

Dieses Material läßt sich mit nachprüfbaren Beispielen aus Nachbarbetrieben oder dem lokalen Umfeld erweitern.

Ich halte es für wichtig, hier sehr sorgfältig vorzugehen und nur mit belegbaren Fakten zu arbeiten. Die Arbeitnehmervertretung wird, sofern dies nicht schon durch Erfahrungen aus dem Umfeld geschehen ist, für dieses Thema sensibilisiert.

Die Arbeitnehmervertretung wird sich bewußt sein, welcher Wunsch an sie herangetragen wird, denn Alkoholverbote stoßen auf sehr unterschiedliche Reaktionen derer, von denen die Betriebsräte ihr Mandat erhalten. Das ist zu berücksichtigen.

## Fazit:

Ein sowohl in Theorie als auch in praxisnahen Fällen gut informierter Betriebsrat wird in der Einführung eines absoluten Alkoholverbots für das Unternehmen und seine Mitarbeiter eine Chance sehen und seine Mitarbeit nicht versagen.

*Chance*

Bei klar geregelten Verhältnissen ergibt sich am wenigsten Zündstoff, der sonst durch die Grauzone von 1000 Ausreden (vom Anlaß zum Trinken bis zum Trunkenheitsgrad) vorhanden wäre.

Auch die unterschiedlichen Einstellungen der jeweiligen Vorgesetzten zum Alkohol ist kein Thema mehr, da bei einem Alkoholverbot gleiches Verhalten der Vorgesetzten, im Sinne der Gleichbehandlung aller Mitarbeiter, automatisch gegeben ist.

Es ist sicher richtig, daß in Unternehmen, in denen traditionell zum Durstlöschen Alkohol (Bier) getrunken wird, der Betriebsrat bei der Durchsetzung in seiner Belegschaft eine schwierige Situation vorfinden wird. Mit entsprechender Aufklärungsarbeit, sowohl des Gremiums als auch der Belegschaft, ist aber diese Hürde (selbst in Bayern!) zu überwinden.

## Betriebe ohne Betriebsrat

*Direktionsrecht*  In betriebsratslosen Betrieben wird eine Regelung zur Handhabung von ›Alkohol am Arbeitsplatz‹ durch Direktionsrecht einseitig eingeführt. Der Arbeitgeber kann also z. B. einseitig festlegen, daß der Genuß von Alkohol in seinem Unternehmen grundsätzlich nicht gestattet ist. Er kann auch andere, differenziertere Vorgaben machen, muß allerdings die allgemeinen gesetzlichen Bestimmungen zum Dienstvertrag, die arbeitsrechtliche Gesetzgebung und die hierzu ergangene Rechtsprechung beachten.

# Entscheidungshilfen für Führungskräfte

1. Betriebsräte sind oft **die erste betriebliche Institution**, die von der Alkoholabhängigkeit eines Mitarbeiters erfahren; in Zusammenarbeit mit dem betrieblichen Suchthelfer können sie frühzeitig Hilfe leisten.

2. Die Betriebsvereinbarung zum Thema Alkohol wird unter **früher Einbeziehung** des Betriebsrates erarbeitet.

3. Ein rechtswirksam vereinbartes Alkoholverbot zum Zweck des Arbeitnehmerschutzes **berührt keine Persönlichkeitsrechte** des Arbeitnehmers.

4. Der Betriebsrat hat als **Multiplikator im Unternehmen** entscheidenden Anteil daran, ob die Einführung eines Alkoholverbots erfolgreich ist.

5. Die Haltung der Gewerkschaften ist im Wandel; beobachtbar steigt die Bereitschaft, betriebliche Alkoholverbote auch aus Arbeitnehmersicht als sinnvoll anzusehen.

**Fazit:** Führungskräfte sorgen dafür, daß Betriebsräte und gewerkschaftliche Interessenvertreter **rechtzeitig in die Diskussion** und Realisierung betrieblicher Maßnahmen gegen den Alkoholmißbrauch eingebunden sind.

# Manager und ihr ›Schutz‹

Fest steht: Führungskräfte, die zum Alkohol neigen oder alkoholabhängig sind, in welchem Grad auch immer – sie werden von der Unternehmensleitung erst sehr spät entdeckt.

Die folgenden 4 Faktoren begünstigen das Mißbrauchsverhalten bei Managern:

*Mißbrauchs-verhalten bei Managern*

## 1. Trinkanlässe und Trinkzwänge im Business bei leichter Zugänglichkeit zu alkoholischen Getränken

Früher war es ein besonderer Gag, Schnapsflaschen in Buchhüllen zu verschenken. Neuerdings gibt es sogar Aktenordner, die beliebig zu beschriften sind. Aber auch der alte Whisky, der edle Cognac ist häufig beliebtes Beiwerk der Büroausstattung.

*Trinkanlässe und Trinkzwänge*

Und neuerdings: die Flasche Sekt auf dem Frühstücksbuffet der mittleren und gehobenen Hotellerie. Champagner satt!

Das ganze Spektrum der innerbetrieblichen Feiern und Anlässe, häufig mehrere an bestimmten Tagen, ist hier präsent: Kundenbewirtungen, und hier als besonderes Extrem das häufig mehrtägige ›Kampftrinken‹ auf Messen; das Meeting, wo zum Kaffee ein ›Beschleuniger‹ gereicht wird – das sogenannte ›Kellnerfrühstück‹ (Kaffee/Cognac), Dienstfrühstück, Power Lunch, abendlicher Umtrunk – alles mehr Trink- als Speiseanlässe.

*mehr Trink- als Speiseanlässe*

Hierzu ein authentisches Beispiel als Gast bei einem Maschinenbauer, 7500 Mitarbeiter:

Das Mittagessen im exklusiv eingerichteten Casino für Vorstand und Geschäftsfreunde, insbesondere Kunden, begann mit einem

- Himbeergeist nach Art des Hauses
  (46 Vol.%; 4 cl; 14,2 g Alkohol)
- Sherry in der Vorsuppe der Lady Curzon
  (18 Vol.%; 5 cl; 7,1 g Alkohol), dann

*ein authentisches Beispiel*

217

– ein trockener badischer Wein zum Hauptgang,
2 Schoppen à 0,2 l
(10 Vol.%; 0,4 l; 32 g Alkohol)

zum Nachtisch reichte die Nouvelle Cuisine
– Kiwi-Frucht-Sorbet in Marc de Champagne
(Weinbrand-Art; 42 Vol.%; 2 cl; 7 g Alkohol)

Das Gespräch endete mit einem
– Espresso/Cognac (38 Vol.%; 2 cl; 6 g Alkohol)

*1,3 Promille*  Dieses entspricht real 66,3 Gramm Alkohol und führt wahrscheinlich zu einem Blutalkohol von 1,3 Promille. Fahren Sie selbst jetzt von Werk A zu Werk B, ist der Führerschein weg. (Die Formel zur Berechnung erfahren Sie im 3. Kapitel, Seite 48)

Zugegeben, es wurde niemand genötigt; es ›harmonierte‹ halt mit dem Essen.

## 2. Freiheit von Beaufsichtigung und Kontrolle

*windstille*  Die Art der Tätigkeit des Managers verlangt weniger
*Posten*  motorische Fähigkeiten. Da ist es schwierig festzustellen, ob jemand, der am Schreibtisch sitzt und die Augen geschlossen hat, kreativ nachdenkt oder einfach ›voll‹ ist. Bei handwerklichen Arbeiten wird die motorische Ungeschicklichkeit viel früher auffallen. Beim Manager zeigt bestenfalls später die Handschrift die momentane Befindlichkeit.

Einzelbüros erweisen sich als besonders nachteilig, weil sie dem Betroffenen ein abgeschirmtes und nicht kontrollierbares Umfeld, einen sogenannten ›windstillen Posten‹ bietet.

*die Sekretärin*  Außerdem hat eine Führungskraft mindestens einen ›ge-
*als Verbündete*  heimen Verbündeten‹ (außer dem zuverlässigen Chauffeur): die Sekretärin.

Sie ist mit ihrem Chef langjährig dienstlich verbunden und erlebt nun das Abgleiten ihres Chefs in den Alkohol.

Keiner kann so gut wie die Sekretärin abblocken, wenn es um die momentane ›Rehabilitation‹, die teilweise

Wiederernüchterung, geht: ›Er ist gerade in einer Besprechung‹, ist das beliebteste Argument, zumindest bei Auswärtsanrufen.

Auffallend ist zum Beispiel, daß die Sekretärin nur wenige Termine für den Nachmittag bucht, weil sie weiß, daß nach einem Geschäftsessen der Chef nicht mehr so gut funktioniert.

Sie befindet sich in einer subjektiv loyalen Position zu ihrem Chef, wenn sie versucht, ihn zu schützen oder Unheil von ihm abzuwenden. So schirmt sie ihn bei Abwesenheit oder in kritischen Phasen von Vorgesetzten oder dem Umfeld ab. Sie ist sich nicht bewußt, daß sie damit objektiv der fortschreitenden Alkohol-Abhängigkeit ihres Chefs Vorschub leistet. Beispiele hierfür gibt es leider viel zu viele.

*subjektiv loyale Position*

Auch in der unmittelbaren Umgebung eines Managers, seinem Stab, bei seinen Kollegen ist seine Neigung zum Alkohol häufig ein offenes Geheimnis. Dennoch erfährt die Unternehmensleitung lange nichts davon.

Die Mitarbeiter des Managers spielen eine weitere wichtige Rolle, indem sie den Alkoholkonsum ihres Vorgesetzten zum großen Teil dulden oder sogar bewußt verschleiern. Häufig sind dabei egoistische Motive im Spiel. Viele versprechen sich Vorteile davon, über die Schwächen ihres Chefs Bescheid zu wissen.

*Mitarbeiter*

Eine weitere Spielart der Praxis ist, den Vorgesetzten bewußt zum Alkoholkonsum zu verleiten – sein Fall könnte mein Aufstieg sein.

Solidarität ist ungeschriebenes Gesetz; wer möchte schon gern einen Kollegen oder Vorgesetzten anschwärzen. Schließlich kann jeder auch einmal in eine derartige Situation geraten. So kommt es, daß beim Bekanntwerden das Mißbrauchsverhalten dann schon so weit fortgeschritten ist, daß nur noch radikale Maßnahmen helfen können.

*Solidarität von Kollegen und Vorgesetzten*

## 3. Extremer Leistungsdruck

*Streß fördert*
*Alkoholkonsum*

Führungskräfte stehen unter einer starken psychischen Belastung. Diese setzt sich zusammen aus der Beanspruchung durch ihre Position, dem in aller Regel hohen Eigenanspruch bezüglich Leistung und Erfolg, dem Unvermögen, beruflichen und privaten Erfordernissen in gleicher Weise gerecht zu werden, der relativen Unsicherheit, den jeweils erreichten Status halten und weiterentwickeln zu können sowie überdurchschnittlichen körperlichen Belastungen (z. B. Schlaflosigkeit auf Reisen, insbesondere bei Zeitverschiebungen und dergleichen.)

Dazu kommen das Fremd-Bestimmt-Werden, das Ohnmächtig-Sein, das Gegen-die-eigene-Überzeugung-etwas-tun-müssen, kurzum: krankmachende Streßbelastung.

Da wird die Arbeit zur Durststrecke! Im doppelten Sinn.

Das Nichtvorhandensein von Bewältigungsstrategien, gekoppelt mit einer Konditionierung durch die Erziehung sind die ungünstigsten Voraussetzungen und häufigsten Ausgangspunkte für eine Alkoholiker-Persönlichkeit im Management.

---

**Die entscheidende Grundfunktion des Alkohols ist die Angstreduktion. Alkohol ist die Selbstmedikation dazu.**

---

Deshalb ist es meine These, daß wir nicht nur den Alkohol, sondern zuerst die inneren Spannungen abbauen müssen.

Hier setzen dann die Präventivmaßnahmen für Führungskräfte ein!

*Erwartungen an*
*Alkohol*

Die Eigenschaften des Alkohols werden vom Management beschrieben mit:
... schafft Atmosphäre
... macht frei und witzig
... gibt Energie
... vertreibt Sorgen.

Alle Aussagen sind falsch. Das Gegenteil ist richtig.

Gerade extremer Leistungsdruck zusammen mit star-     *Folgen*
kem Alkoholgenuß bewirkt:

- Verlust des Verantwortungsbewußtseins
- Flucht in eine Scheinwelt
- erhebliche Minderung des Konzentrationsvermögens
- Beeinträchtigung der Leistungs- und Kritikfähigkeit
- eine Veränderung der Gesamtpersönlichkeit
- Organschäden an Herz, Magen und Leber
- eine Schädigung der Nerven- und Gehirnzellen

So summieren sich verschiedene Faktoren, die typisch     *typisch für das*
für das Management sind:     *Management*

- die Trinkanlässe und Trinkzwänge
- die Freiheit von Beaufsichtigung und Kontrolle
- der extreme Leistungsdruck

## 4. Kreativität und Entscheidungsfreude

Ein Argument der Führungskräfte ist, daß Alkohol die     *bessere kreative*
kreativen Leistungen fördert.     *Leistungen*

Sicherlich ist die Selbsteinschätzung nach Alkoholgenuß häufig euphorischer, freundlicher, leider auch häufig falsch.

Unstreitig ist, daß die Stimmung nach geringer Alko-
holzufuhr euphorisch und heiter wird, daß mehr geredet
wird (›Quasselwasser‹).

Viele sprechen von der alkoholischen Euphorie. Warum     *alkoholische*
spricht niemand von der alkoholischen Melancholie?     *Euphorie*
Und den häufigen Selbstmordhandlungen, die daraus
resultieren? Und warum spricht niemand von den vielen
unvorhersehbaren aggressiven Impulsen?

## 0,5 Promille

Aktuelle Untersuchungen zeigen, daß schon bei einem     *gereizt, müde,*
Blutalkoholspiegel von 0,5 Promille die Untersuchten     *weniger*
depressiv, gereizt, müde, dagegen weniger ängstlich,     *ängstlich*
aber auch weniger freundlich wurden. Bei diesen Trink-

221

versuchen[1] in Gruppen zeigte sich ein Ansteigen von Anspielungen auf körperliche Aggression, Sex, eine Steigerung zu extremer Kreativität ( = ›scharf kontrastierende Ideen‹) bei gleichzeitigem Abbau der Aggressionshemmung.

JA      zu mehr Stimmung und Emotionalität;
NEIN   zu konstruktiver Kreativität und damit die Neigung zu riskanten Entscheidungen

## 0,8 Promille

*starke Ermüdungs-erscheinungen*

Bei einem Blutalkoholspiegel von etwa 0,8 Promille lassen sich Ermüdungserscheinungen nachweisen, die denen einer durchwachten Nacht entsprechen. Die Ermüdungserscheinungen sind bei gleichen Alkoholmengen nachts wesentlich stärker. Auch das Steh- und Gehvermögen wird durch Alkohol verschlechtert.

## 1,0 Promille

*Arbeitstempo sinkt*

Ist der Alkoholspiegel größer als 1 Promille (3 Bier à 0,4–0,5 l), leiden Sprachfluß und Konzentrationsfähigkeit. Das Arbeitstempo sinkt.

Fest steht weiterhin, daß sprachliche und nicht-sprachliche intellektuelle Leistungen durch Alkohol erheblich verschlechtert werden. Streß beeinflußt zusätzlich noch einmal negativ.

*dosisabhängige Effekte*

FEUERLEIN berichtet über die Wirkung des Alkohols auf Gedächtnis und Lernen: »Hohe Dosen von Alkohol erzeugen einen dosisabhängigen Effekt der Registrierung von Gedächtnisinhalten. Obwohl das unmittelbare Behalten intakt ist, werden zahlreiche Ereignisse innerhalb der ersten 20 bis 30 min vergessen.«

Das heißt im Klartext:

*Alarmzeichen*

Alles, was an Wissen unter Alkoholeinfluß in den Schädel hineingeht, kommt auch nur unter Alkoholeinfluß

---

1 KISSIN, B., BEGLEITER: The Biology of Alcoholism, Bd. II: Physiology and Behavior. Plenum Press, New York 1972

aus dem Schädel wieder heraus. Hier kann eine Ursache der sogenannten ›Kreativität‹ liegen. Das Sicherinnern unter Alkoholeinfluß ist also beileibe kein Zeichen der Kreativität, sondern mehr ein Alarmzeichen des Alkoholkonsums.

Und was heißt ». . . innerhalb der ersten 20 bis 30 min vergessen«? *blackouts*

Das heißt, es kommt nach dieser Zeit zu dem sogenannten Filmriß, dem blackout. Das, was während der Zeit unter Alkoholeinfluß gesagt, getan wurde, ist ›weg‹.

Besonders problematisch ist der totale Gedächtnisverlust[2], das heißt, es sind noch nicht einmal mehr Reste des vorangegangenen Geschehens vorhanden.

Wissen Sie jetzt, woher die Aussage kommt: Du mußt mal einen trinken, dann fällt es dir wieder ein?

**Es gibt niemanden mehr, der beweist, daß Alkohol der Leistung förderlich ist** (Ausnahme ist der Alkoholiker, der eine begrenzte Menge Alkohol benötigt, um überhaupt leistungsfähig zu werden).

Dagegen gibt es eine Fülle von Beweisen, die zeigen, welchen Schaden Alkohol an Mensch und Ergebnis anrichtet.

Und ein letzter Beweis:

Karrieresprünge nach oben von stark trinkenden (= trinkfesten) Führungskräften sind mir nicht bekannt. Eine Laufbahn-Untersuchung bei Erkrankten ergibt: *keine Karriere- sprünge*

nur  7% der Führungskräfte sind aufgestiegen,
    51% stagnierten und
    42% sind in ihrem Berufsleben abgestiegen.

Alkoholgefährdete Manager, die ihre Erkrankung verbergen, versuchen oft, kritische Entscheidungen mit weitreichenden Auswirkungen anderen zu überlassen; auch sonst ziehen sie sich mit einem 7. Sinn aus besonders kritischen Situationen heraus. *Entscheidungs- mangel*

---

2 Medizinisch: Amnesie = Gedächtnisverlust

Der Vorgesetzte des Managers ist deshalb bei seinem
Eingreifen häufig auf erheblich weniger Materialien angewiesen als bei einem Mitarbeiter unterer Hierarchien.

# Das außerbetriebliche Umfeld

## Auswirkungen bei Freunden und Bekannten

Dieser Personenkreis spielt für den Alkoholgefährdeten eine sehr wichtige – leider häufig negative – Rolle. Deren Verhalten ist für den Verlauf der Krankheit von entscheidender Bedeutung.

*von der Stimmungskanone zur unerwünschten Person*

Zum einen als leitend, häufig im Rampenlicht der Öffentlichkeit stehend und zum anderen als immer unterhaltend, gut gelaunt, Späßen gegenüber aufgeschlossen, ist er ein gefragter Mann. Selbstverständlich: trinkfest.

Im Laufe der Zeit machen sich in seinem Umfeld Ermüdungserscheinungen breit, der Unterhaltungswert sinkt, es kommt zu ersten peinlichen Zwischenfällen. Zuerst sind es spitze Bemerkungen wie »Wir sind es nicht gewohnt, so viel zu trinken« über »Hier hast du eine Flasche für dich alleine« bis zu der rüden Ausladung »Wenn du nüchtern bist, kannst du ja kommen«.

Die Einstellungen schwanken zwischen Schadenfreude und Abneigung. Anläßlich eines besonders krassen Zwischenfalls kommt es dann zum Bruch – diejenigen, die ihn früher besonders hoch gehoben haben, lassen ihn jetzt besonders tief fallen.

## Auswirkungen in der Familie und Partnerschaft

Die Alkoholkrankheit bei Führungskräften entsteht nicht über Nacht. Sie hat ihre Vorgeschichte.

Ein zunächst von der Natur her Abstinenter wird irgendwann im Laufe seines Lebens aus gesellschaftlichen Anlässen mit Alkohol in Berührung kommen.

Zwei bekannte ›männliche‹ Einsteigeranlässe sind beispielsweise Bundeswehr und Studentenverbindung mit ihren ritualisierten Trinkgewohnheiten.

*Einsteigeranlässe*

Es wird dann zur Gewohnheit, bei allen entsprechenden Anlässen Alkohol zu trinken. Häufig ist der erste Eindruck des späteren Ehepartners, daß ›der was abkann‹.

Wer als lebenslustig gilt und dazu noch unterhaltend ist, wird eben häufiger eingeladen und ist damit der Versuchung, viel Alkohol zu trinken, häufiger ausgesetzt.

Mitgliedschaften in Vereinen und Organisationen, in denen zum Teil unmäßig getrunken wird, haben schon manchen in die Alkoholgefährdungs-Situation getrieben.

Griffnähe am Arbeitsplatz, Familientrinker und Mitgliedschaften im alkoholgeneigten Freizeitbereich sorgen

*3 Stadien*

– anfangs für eine große ›Verträglichkeit‹,
– werden dann zur Gewohnheit und
– enden in der Abhängigkeit.

*der Janus-*
*köpfige*

Der Manager als Selbstbetroffener ist der Janusköpfige der Alkoholszene:

Tagsüber der Dynamiker, der Macher, auch: der Unterhaltende, der Witzige, der Streitbare, der fachlich Kompetente, der Erfolgreiche ... und zu Hause der Angetrunkene, der Erschöpfte, der Gereizte, der Aggressive, der Unberechenbare.

*Familiäre*
*Schwierigkeiten*

Häufig behaupten Führungskräfte, daß die Beanspruchung durch ihre Arbeit familiäre Schwierigkeiten auslöst. Die Familie soll also der Verursacher sein, der ihn zum Trinken verleitet.

Auffallend ist, daß die gemeinsame Freizeitgestaltung in der Familie eines Trinkenden sehr gering ist. Das häufigste Argument: extreme Belastung am Arbeitsplatz.

---

**Es ist erheblich wahrscheinlicher, daß das Trinken Schwierigkeiten verursacht.**

---

Es ist müßig, nun darüber zu philosophieren, ob familiäre oder berufliche Probleme den Einstieg bedingen. Wahrscheinlich werden mehrere nachteilige Faktoren zusammenkommen. Das mir bekannteste Bedingungsgefüge setzt sich bei Führungskräften aus den folgenden Faktoren zusammen:

1. eine zumindest eingeschränkte Fähigkeit, eigene Konflikte akzeptabel zu klären;
2. eine unsystematische Arbeitstechnik, häufig verbunden mit der Unfähigkeit zur Delegation;
3. eine zu hohe Zielformulierung, das heißt aus einem ›Bezirksmeister‹ einen ›Olympiasieger‹ machen zu wollen.

*Bedingungs-gefüge*

## Gewöhnung und Ausrede: Betriebliche Anlässe

Es kommt zu Reaktionen und Diskussionen.

Die Argumente des häufig Betrunkenen sind noch verständlich und nachvollziehbar. Der häufigste Grund: betriebliche Anlässe.

Die Familie gewöhnt sich daran, daß der Betroffene ein ›Macher‹, ein ›Aktivist‹, ein vielgefragter Mann ist. Offizielle und inoffizielle Anlässe reihen sich nahezu lückenlos in den Terminkalender.

So häufen sich die Gelegenheiten, die immer wieder den Stein des Anstoßes bilden. Das muß nicht spektakulär sein und auch für das Umfeld nicht erkennbar werden. Doch können in dieser Anfangsphase der Auseinandersetzungen mit dem Betroffenen ganz schön die Fetzen fliegen. Der Betroffene hat erste blackouts, weiß mehr oder weniger deutlich, daß irgendetwas war (aggressive Auftritte), tritt als reuiger Sünder auf und versucht ehrlichen Herzens solches Fehlverhalten zu vermeiden.

## Ein Denkmal kommt ins Wanken ...

Die ersten, die Kritik offen aussprechen, sind die Kinder, weil sie dem Alkohol und dem Alkoholisierten die geringste Toleranz entgegenbringen.

*Kinder, ein sehr sensibles Instrument*

Kinder sind ein sehr sensibles ›Instrument‹ bei der Beobachtung des Alkoholkonsums des Elternteils; das abstoßende »Du hast ja schon wieder getrunken« oder »Du stinkst nach Bier« sind Warnzeichen. Und es ist dann meist auch ein Kind, das den Alkoholisierten von sich weist: »Du stinkst schon wieder nach Schnaps. Laß mich . . .«

Ältere Kinder kommentieren es lapidar mit »Der Herr Direktor ist mal wieder voll . . .«.

Wohl erkennt die Führungskraft auch in dieser Situation, daß das Trinkverhalten nicht normal ist, aber zur Lösung der anstehenden Probleme wird wiederum die Droge Alkohol benötigt. Zweifellos leistet der Betroffene in diesem Stadium außergewöhnlich viel, die Belastung ist tatsächlich – auch für einen Außenstehenden – erkennbar und erklärbar.

Der Fehler des Umfeldes ist es, den dauerhaft hohen Konsum zu tolerieren, in angespannten Situationen sogar dazu zu animieren.

### . . . und stürzt

*Ehekrise*

Alle negativen Folgen des Trinkens bekommt die Familie direkt zu spüren; Resignation und Gleichgültigkeit verbreiten sich. Der Betroffene wird als Außenstehender der Gemeinschaft und ein sie Gefährdender angesehen. Der Wunsch, sich von ihm zu lösen wird groß, eine Ehekrise ist häufig die Folge des dauernden Alkoholmißbrauchs. Sie wird jetzt sogar zur Ursache des verstärkten Trinkens, wenn die Partner sich trennen.

Gerade im betrunkenen Zustand wird der sonst so ›Mächtige‹ angegangen, die natürliche Autorität und der Respekt sind verfallen. Kraftproben folgen, es wird auf die Autorität gepocht – und wer das tut, hat sie schon verloren. Und weiß das.

Nach Meinung des Alkoholikers haben sich nun alle gegen ihn verschworen.

**Ein Denkmal kommt ins Wanken und stürzt schließlich zusammen.**

## Führungskraft = Verpflichtung zum Vorbild

Die Berufsrolle eines Managers verlangt permanente Verantwortlichkeit, Zuverlässigkeit, Fachkenntnis, Durchsetzungskraft, Leistungsverhalten. Diese Anforderungen muß die Führungskraft erfüllen, um die Aufgaben zu bewältigen, zum anderen aber auch, um die Vorbildfunktion, die der Manager gegenüber seinen Mitarbeitern hat, zu gewährleisten. Wenn er erfolgreich sein will, darf er das Vertrauen seiner Mitarbeiter zu ihm nicht erschüttern. Damit ginge ein Autoritätsverlust einher, der sich in vielerlei Hinsicht, namentlich in der Leistungsbereitschaft der Mitarbeiter bemerkbar macht.

*Vorbildfunktion*

Der Manager muß daher sehr sorgfältig und immer wieder in die kritische Prüfung seines Verhaltens eintreten. Häufig wird er kraft seiner beruflichen Aufgaben in Situationen gebracht, die er einfach nicht abwenden kann. Wenngleich der Autor der Meinung ist, daß Alkoholgenuß bei Geschäftsabschlüssen vermieden werden kann, so muß doch andererseits zugestanden werden, daß mancher Exportmanager ein Lied davon singen kann, welche Mengen Alkohol in bestimmten Ländern getrunken werden müssen.

*Selbsttest*

Bei aller Vernunft: In gewissen Situationen ist der trinkfeste Manager leider doch noch gefordert. Um so wichtiger ist es daher für ihn, für sich selbst und im Rahmen seiner Vorbildfunktion, immer wieder selbstkritisch zu überprüfen, um Anzeichen einer beginnenden Abhängigkeit rechtzeitig zu erkennen. Die Stadien der Erkrankung nach JELLINEK (Seite 29 ff.) und die folgende Check-Liste zum Selbsttest leisten dabei Hilfe.

*In gewissen Situationen ist der trinkfeste Manager noch gefordert*

# Der Selbsttest

*Standort-*
*bestimmung* Die Übergänge der einzelnen Phasen und Stufen sind
fließend. Für den, der nicht nur gelegentlich, privat
und/oder geschäftlich mit dem Alkoholkonsum konfrontiert ist, ist es wichtig, eine Standortbestimmung vorzu-
nehmen.

Mißbrauchsverhalten und Abhängigkeit in der Früh-
phase medizinisch eindeutig zu diagnostizieren, ist für
einen Außenstehenden ungewöhnlich schwer, weil fast
alle Symptome auch andere Ursachen als den Alkoholmißbrauch haben können. Dazu kommt noch erschwe-
rend, daß es keine Mitarbeit des Betroffenen gibt.

*Inventur* Das sieht anders aus, wenn Sie selbstkritisch einmal
›Inventur‹ im Sinne einer Bestandsaufnahme machen
wollen.

In drei Ansätzen finden Sie hier Zugang:

1. die Einschätzung des eigenen Trinkverhaltens durch
   die Feststellung der Trinkmenge und der Trinkfre-
   quenz
2. die Einschätzung der eigenen Verhaltensänderung
   im seelischen und sozialen Bereich, und die körperliche Entwicklung und dadurch
3. die Einschätzung der Alkoholabhängigkeit

FEUERLEIN und seine Mitarbeiter am Max-Planck-
Institut für Psychiatrie in München haben hierzu einen
Fragebogen[3] entwickelt:

---

3 Aus: BfA Alkohol – Roulette in Blau

## Check-Liste

### I

1. Leiden Sie in der letzten Zeit häufiger an Zittern der Hände?      Ja Nein
2. Leiden Sie in der letzten Zeit häufiger an einem Würgegefühl (Brechreiz), besonders morgens?      Ja Nein
3. Wird das Zittern und der morgendliche Brechreiz besser, wenn Sie Alkohol trinken?      Ja Nein

### II

4. Vertragen Sie zur Zeit weniger Alkohol als früher?      Ja Nein
5. Leiden Sie an Gedächtnislücken nach starkem Trinken?      Ja Nein
6. Empfinden Sie nach dem Trinken Gewissensbisse (Schuldgefühle)?      Ja Nein
7. Essen Sie in Zeiten erhöhten Alkoholkonsums weniger?      Ja Nein
8. Hatten Sie in letzter Zeit öfter Schlafstörungen oder Alpträume?      Ja Nein

### III

9. Fühlen Sie sich ohne Alkohol gespannt und unruhig?      Ja Nein
10. Haben Sie nach den ersten Gläsern ein unwiderstehliches Verlangen weiterzutrinken?      Ja Nein
11. Wehren Sie sich entschieden gegen jedes Gespräch über Alkohol?      Ja Nein
12. Haben Sie schon einmal ein bestimmtes Trinksystem versucht (zum Beispiel nur zu bestimmten Zeiten oder nicht vor einer bestimmten Uhrzeit zu trinken)?      Ja Nein
13. Trinken Sie gern und regelmäßig Alkohol, wenn Sie allein sind?      Ja Nein
14. Fühlen Sie sich sicherer und selbstbewußter, wenn Sie Alkohol getrunken haben?      Ja Nein
15. Haben Sie einen versteckten Vorrat an Alkohol?      Ja Nein
16. Trinken Sie Alkohol, um Streßsituationen besser bewältigen oder/und Ärger und Sorgen vergessen zu können?      Ja Nein

### IV

17. Sind Ihnen an Ihrer Arbeitsstelle schon einmal Vorhaltungen wegen Ihres Alkoholkonsums gemacht worden?      Ja Nein
18. Mußten Sie wegen Ihres Trinkens schon einmal Ihre Arbeitsstelle wechseln?      Ja Nein
19. Sind Sie weniger tüchtig, wenn Sie trinken?      Ja Nein
20. Sind Sie bzw. Ihre Familie wegen Ihres Trinkens schon einmal in finanzielle Schwierigkeiten geraten?      Ja Nein
21. Sind Sie schon einmal wegen Fahrens unter Alkoholeinfluß mit der Polizei in Konflikt gekommen?      Ja Nein

## Ergebnis

*Fragen kostet nichts*

Wer von diesem Fragenkatalog nur zwei Fragen bejahen muß (in den Kategorien I und III genügt in der Regel bereits die Bejahung nur einer Frage), sollte sich mit seinem Hausarzt oder einer Beratungsstelle in Verbindung setzen.

Wer mehr als zwei Fragen mit Ja beantworten muß, gilt als gefährdet, und bei fünf Bejahungen wird bereits Alkoholkrankheit attestiert.

## Sind Sie auch erschrocken?

Wenn ja, dieses ist keine Panikmache. Das ist die klinische Realität! Sie sollten als Leser die Investition in dieses Buch nutzen und sofort das Gespräch in einer kompetenten Beratungsstelle suchen.

Wie gesagt, die Übergänge sind fließend, und bei der Alkoholkrankheit kann niemand für sich die Hand ins Feuer legen.

*Testverfahren*

Dann gibt es noch einen sehr zuverlässigen Test für Ärzte und Therapeuten: Der ›Münchener Alkoholismustest (MALT)‹; Testbögen und Testmanual sind beim BELTZ-VERLAG in Weinheim erhältlich.

## So bekommen Sie das Problem in den Griff:

## Handreichungen

In welcher Eigenschaft das Getränk Alkohol auf Sie wirkt, hängt davon ab, wie Sie damit umgehen. Alkohol bleibt Genußmittel bei folgenden ›Spielregeln‹:

**Trinken** Sie alkoholische Getränke nur zum Genießen, in entspannten Situationen

*Spielregeln*

**Trinken** Sie langsam und bewußt, verlieren Sie nie den Überblick

**Trinken** Sie Alkohol nicht zwangsläufig bei sich wiederholenden Gelegenheiten, z. B. wenn Sie von der Arbeit kommen, nach dem Essen, bei jeder Besprechung, beim Fernsehen, usw.

**Trinken** Sie nicht während der Arbeit und auf keinen Fall, wenn Sie anschließend noch mit dem Auto unterwegs sind

**Trinken** Sie nicht schon tagsüber und nicht auf leeren Magen

**Trinken** Sie nicht, wenn Sie sich schlecht fühlen, Ärger haben, nervös sind

**Trinken** Sie nicht vor oder nach der Einnahme von Medikamenten

**Trinken** Sie an einigen Tagen überhaupt keinen Alkohol

---

**Maßvolles Trinken erhält Ihnen das Wichtigste, was Sie haben – die Gesundheit und ist Grund dafür, daß Sie sich auch künftig an dem gelegentlichen Genuß alkoholischer Getränke erfreuen können.**

---

## Sie können sich helfen

Lassen Sie uns bis hier einmal zusammenfassen:

*Inventur*
- Es ist für jede Führungskraft, die in einem alkoholgeneigten Umfeld arbeitet, regelmäßig wichtig, ›Inventur‹ zu machen: Wo stehe ich mit meinem Konsum?

- Im 3. Kapitel erfahren Sie etwas über die konsumierten und noch verträglichen Mengen (Seite 47 f.).
  60 bis 80 Gramm reinen Alkohols pro Tag für Männer, 20 bis 40 Gramm für Frauen, sind ein erstes Indiz, daß Sie nicht ›normal‹ konsumieren.

- Lesen Sie jetzt bitte im 2. Kapitel Seite 29 ff. (Stadien der Erkrankung) und anschließend von Seite 41 ff. (Typologie der Mißbrauchsgefährdeten):

  a) Erkennen Sie, daß Ihr Konsum hoch, aber noch kein Mißbrauch ist, helfen Ihnen die vorgenannten Trinkregeln (Seite 233); beachten Sie aber, daß Zeit und Menge die auslösenden Faktoren einer Suchterkrankung sind. Deshalb Ihr Merksatz: Nicht jeder, der Alkohol trinkt, wird Alkoholiker; aber jeder, der Alkohol trinkt, und insbesondere der, der viel Alkohol trinkt, kann Alkoholiker werden.

*Rehabilitationsmaßnahme einleiten*
  b) Sie befinden sich im akuten Zustand der Gefährdung, sind vielleicht sogar schon abhängig.
  Hier ist entscheidend, welchen individuellen Leidensdruck Sie im Verhältnis zum Suchtdruck spüren.
  Beschäftigen Sie sich bitte einmal mit dem folgenden Gedanken:
  Alkohol ist todsicher nicht der Stoff aus dem Karrieren sind; auf alkoholische Ausfälle reagiert Ihr Unternehmen stocknüchtern.
  Ist noch kein Porzellan zerschlagen, empfehle ich Ihnen als betroffenen Manager, in der nächstmöglichen Urlaubsphase 4 Wochen zur Rehabilitation zu nutzen: 4 Wochen, die Ihnen das Erreichen Ihres Ruhestands ermöglichen.

## Die private Fachklinik für Führungskräfte mit Abhängigkeitsproblemen

## Die einzelnen Schritte:

Ich empfehle Ihnen in ein spezielles Privatsanatorium als Privatpatient zu gehen.

*Hilfe zur Selbsthilfe*

1. Absprache, Klärung und Planung mit dem (Ehe-)-Partner.

2. Kontaktaufnahme mit einer privaten Suchtklinik; Adressen erfahren Sie aus Anzeigen in den überregionalen großen Tageszeitungen und in der Wochenzeitung DIE ZEIT. Sie können auch irgendeine Krankenkasse (es muß nicht Ihre sein) und dort den Rehabilitationsberater anrufen und sich geeignete Adressen für eine private Klinik nennen lassen.

3. Vereinbaren Sie mit dem Leiter der Klinik ein persönliches Gespräch. Er wird Ihnen auf Ihren Wunsch auch samstags oder sonntags zur Verfügung stehen.

*persönliches Gespräch*

Die Maßnahmen sind durchgängig beihilfefähig, wenn Sie ein Attest Ihres Hausarztes vorweisen. Sofern Sie die verbleibenden Restkosten von der Steuer absetzen wollen, lassen Sie sich unter Vorlage des ärztlichen Attests eine amtsärztliche Bescheinigung ausstellen.

*Steuerliche Hinweise*

Der Vorteil dieser freiwilligen Therapiemaßnahmen – die allerdings geordnete soziale Beziehungen/Partnerschaften voraussetzen, die an der Therapie flankierend mitarbeiten, ist, daß sie in mindestens 4 höchstens 8 Wochen durchführbar sind.

4. Wahren Sie das absolute und uneingeschränkte Prinzip der Vertraulichkeit für solch eine Kur. Das geht niemanden, noch nicht einmal die Kinder, etwas an, außer natürlich Ihren Partner.

*uneingeschränkte Vertraulichkeit*

Sie verabschieden sich von Ihrem privaten und beruflichen Umfeld für einige Wochen. Sagen Sie zu Freunden »Ich will einmal total ausspannen . . .«, »Nichts sehen, nichts hören; am . . . seht Ihr mich wieder . . .«

235

*allerdings:* | Diese Vorgehensweise funktioniert nur, wenn Sie
*rechtzeitig* | **rechtzeitig** von dem abfahrenden Zug ›Abhängigkeits-
erkrankung‹ abspringen. Hat dieser Zug jedoch schon erhebliche Geschwindigkeit erreicht, bedarf es anderer Mittel.

*fortgeschrittene* | Hier empfehle ich Ihnen zuerst das Gespräch mit einem
*Erkrankung* | Suchtberater; diesen Kontakt soll Ihnen Ihr Hausarzt vermitteln. Geeignet ist solch ein Gespräch für 1 bis 3 Tage in einer der vorgenannten Kliniken.

Sind Sie in der Suchterkrankung soweit fortgeschritten, daß das erstgenannte Verfahren nicht mehr funktioniert, müssen Sie mit Ihrem Vorgesetzten sprechen.

*günstige Voraus-* | Können Sie das, und haben Sie Kraft dazu, ist die Pro-
*setzungen* | gnose für eine Rehabilitation außerordentlich günstig. Dann sollten Sie sich auch nicht scheuen, in eine Langzeitmaßnahme, d. h. bis zu 6 Monaten zu gehen.

Sie werden sich selbst dann mit diesen Fragen beschäftigen:

*Fragen*
– Werde ich meinen Status verlieren, wenn ich Hilfe in Anspruch nehme oder in Behandlung gehe?
– Wenn Behandlung heißt, daß ich für einige Wochen in der Fachklinik bin: Werde ich meinen Job noch vorfinden? Muß ich Einkommenseinbußen hinnehmen?
– Wer weiß, ob die Beratungsdienste wirklich vertraulich arbeiten?
– Werde ich wirklich die Achtung und das Vertrauen meiner Familie, Kollegen, Freunde und Kunden wiedergewinnen, wenn ich zurückkomme?

*gespenstische* | Ja, diese Fragen stellen Sie sich zu Recht. Die andere
*Alternative* | Alternative ist allerdings der dramatische berufliche und soziale Abstieg. Todsicher! Achten Sie aber auf jeden Fall darauf, daß **Sie** die Initiative für eine Behandlung in der Hand halten und diese aktiv mitgestalten!

## Ein Therapie-Beispiel

Prof. Dr. M. GOTTSCHALDT, Leiter einer Klinik, beschreibt die in seinem Sanatorium angewendete Thera-

rapie. Aus einer Veröffentlichung werden die folgenden
Abschnitte zitiert:

## Grundlagen der Therapie

*1. Führungskräfte mit hohem intellektuellen Niveau
können und müssen anders behandelt werden. Moti-
vation, Bildung, Ausbildung, allgemeines Wissen
(fachlich und sozial), gelernt haben zu lernen, Selbst-
disziplin und Arbeitsenergie sind Voraussetzung (›rationale Werkzeuge‹), um unserer Therapie folgen zu
können.*

*Dennoch haben es die ›Kopfmenschen‹ schwer: Grund-
lage unseres therapeutischen Konzeptes ist: Sucht ist
ein emotional-kognitives Problem. Zu seiner Handhabung gehören folglich geeignete, nämlich ›emotionale
Werkzeuge‹. Rationale Werkzeuge, meist reichlich vorhanden, genügen nicht. Die Therapie muß irrational-
emotional erfaßt werden, also ›mit dem Bauch‹, nicht
(nur) ›mit dem Kopf‹.*

*Was emotionale Werkzeuge sind und wie man sie
handhabt, wird ebenso erlernt wie die Selbstdiagno-
stik der jeweiligen, subjektiv-emotionalen Lagebefind-
lichkeit. Erst danach kann man sie auch handhaben.
Diesen therapeutischen Ansatz hat der Autor nach
eigener Erfahrung und Betroffenheit zunächst als
Hypothese aufgestellt. Inzwischen ist er, oft und von
vielen kritisch beleuchtet und ergänzt, zu einer erprob-
ten theoretischen Grundlage unserer Therapie geworden und hat sich in drei Jahren bewährt. Diese
Grundlage wurde mit unserem Beirat (Prof. Feuerlein, Poser und Ladewig) erarbeitet und laufend weiter entwickelt.*

## Durchführung der Therapie

*a) Vorbemerkung*

*Alle therapeutischen ›Bausteine‹ unserer Klinik wer-
den nach den Erfordernissen jedes einzelnen und in
täglicher Anpassung an den Therapieverlauf und
-stand eines jeden Patienten zusammengestellt und
ggf. variiert. Daher hat jeder ein individuelles, auf ihn*

237

*zentriertes Programm. Einzeltherapie nimmt einen breiten Raum ein. Weil deshalb Patienten, Zeitplan, beteiligte Therapeuten und Raumverteilung sich ständig verändern, haben wir zur Koordination aller dieser Variablen ein eigenes Computerprogramm (›Zeitplanungsprogramm‹) entwickelt und setzen es seit einem Jahr ein.*

*Wir sind nicht der Meinung, daß eine Verschlechterung gewohnter Lebensumstände, womöglich mit persönlicher Erniedrigung, den therapeutischen Zweck fördert. (Es sind nicht alle Menschen gleich, auch nicht als Abhängige. Nur die Krankheit ist dieselbe.)*

*Die Erhaltung bzw. die Wiedergewinnung der Individualität ist für unsere Therapie wichtig. Die Beobachtung der Patienten erfolgt nicht penetrant, Rückfälle werden bearbeitet, ebenso ein Pairing. In solchen Fällen zu entlassen, wie anderswo üblich, erleichtert es u. E. zwar den Therapeuten, dem Patienten ist aber dann nicht geholfen. Erst wenn ein Motivationsmangel oder die Unfähigkeit, sich auf die Therapie einzulassen, erkennbar wird, unterbrechen wir. Dem gehen mehrere eingehende Gespräche, ggf. unter Einschluß der Bezugsperson, voraus. Die Grenze zu ziehen zwischen Verständnis für die Nöte des einzelnen und therapeutisch-klinischen Erfordernissen, fällt oft recht schwer. Einzeltherapien (3 bis 5 pro Woche), Gruppen- und Fachtherapien, Informationsveranstaltung, Betroffenengruppen und Trainingszirkel ergeben wöchentliche Therapiezeiten von durchschnittlich 20 bis 25 Stunden pro Patient.*

*Weil der Patient bei fast allen mit ihm in Zusammenhang stehenden Entscheidungen mitbeteiligt wird und nichts über seinen Kopf hinweg geschieht, ist er weniger Objekt als Subjekt seiner Therapie. Das erleichtert es ihm auch, die suchtbezogene Eigenverantwortung für das ›Jetzt‹ und ›Später‹ zu erkennen und zu akzeptieren.*

*Um eine Klinik so führen zu können, bedarf es vieler und guter Mitarbeiter (Patienten : Therapeuten-Schlüssel = 2,1 : 1). Jeder muß mindestens eine der großen anerkannten Therapiemethoden (Analyse,*

238

*analytische Psychotherapie, Gesprächstherapie, Psychodrama, Familientherapie, Verhaltenstherapie) beherrschen und in ihr ausgewiesen sein. Fast alle sind Fachärzte oder Psychologen mit Zusatzausbildungen und mehrjähriger, einschlägiger Berufserfahrung. Etliche haben eigene Führungs- und Suchterfahrung. Letzteres gilt auch für das Pflege- und sonstige Personal. Das Team unterliegt einer internen und externen Supervision, jeder muß sich wöchentlich intern und mindestens 10 Tage im Jahr extern fortbilden.*

*b) Programm*

*Die gesamte Therapie besteht einmal in der Behandlung der Sucht selbst (Säule A). Hier folgen wir weitgehend den Prinzipien der AA, Anonymen Alkoholiker, denn »es gibt wohl nichts Besseres« (Joe Pursch). Diese Prinzipien sind bekannt.*

*Parallel dazu erfolgt eine Therapie des psycho-pathologischen Umfelds, das bei einer Abhängigkeitsproblematik immer besteht. Damit wollen wir (vereinfacht gesprochen) vermeiden, daß ein Patient schließlich zwar abstinent aber am Ende der Therapie in fast genau derselben Situation ist, aus der heraus eine Sucht einmal entstanden ist.*

*Weitere Entstehungsfaktoren der Sucht, etwa genetische, habituelle, alimentäre usw. halten wir für möglich bzw. wahrscheinlich, lassen sie aber mangels therapeutischen Zugangs außer acht. Der Programmablauf gliedert sich in vier Phasen, wovon die ersten drei obligatorisch sind und sich weitgehend überlappen.*

**Phase 1:** *Bei Aufnahme erfolgt eine eingehende medizinische und (sobald als möglich) psychologische Diagnostik. Aus den Ergebnissen ergeben sich die medizinischen (ggf. auch intensivmedizinischen), die sucht- und die psychotherapeutischen Maßnahmen.*

**Phase 2:** *Bei der Psychotherapie wird auf die Ursachen und Brennpunkte der aktuellen und kausalen Schwierigkeiten und die psychischen Mechanismen, die sie aufrecht erhalten, fokussiert. Unsere Therapie ist analytisch orientiert mit verhaltenstherapeuti-*

239

*schen, verhaltensorientierten und erlebnisreaktiven Ansätzen. Diese Phase ist das Kernstück der Behandlung.*

**Phase 3:** *dient der Orientierung und Reintegration in das personale und soziale Umfeld der Patienten. Im letzten Drittel des Aufenthaltes ziehen wir deswegen die Bezugspersonen hinzu. Diese drei Phasen werden aus unterschiedlichen Richtungen angegangen, wobei verbal von der kognitiven in die emotionale Richtung und nonverbal umgekehrt verfahren wird.*

*Als* **Phase 4** *bezeichnen wir eine ambulante Nachbetreuung (über ca. 6 Monate in länger werdenden Abständen, mit oder ohne Bezugsperson). Dieses Angebot nehmen etwa ⅔ der Patienten wahr. Kann es wegen der Entfernung nicht bei uns realisiert werden, versuchen wir, geeignete Therapeuten am Wohnort der Patienten zu finden. Viele Patienten kommen auch nach längerem Intervall zu kurzzeitigen stationären ›Auffrischungen‹ für einige Tage wieder. Weil sich Fest- und Feiertage dazu für die Patienten besonders eignen, arbeiten wir auch an diesen Tagen.*

### Kosten der Therapie

*Daß eine solche Behandlung zunächst (pro Tag) teurer als durchschnittlich ist, leuchtet ein, und daß eine solche Therapie nicht zu den vorgeschriebenen Sätzen der gesetzlichen Rententräger zu haben ist, auch. Immerhin liegen bei uns die Gesamtkosten (Unterbringung in einem gehobenen Ambiente, Einzelzimmer mit Bad, Speisesaal mit Service, Hallenbad, Sporthalle, Freizeitsport) incl. aller Honorare immer noch niedriger als der einfache Tagespflegesatz einer Universitätsklinik. Unsere 6–8wöchige Therapie kostet dasselbe wie eine 6monatige Behandlung in einer ›normalen‹ Fachklinik. Das Haus ist beihilfefähig. Einige private Krankenkassen aber auch RVO-Kassen übernehmen freiwillig Kostenanteile im Kulanzweg oder nach 184a RVO.*

### Ergebnisse der Therapie

*Man muß vor Augen haben, daß die Resultate sich nur auf unsere Therapie bei diesen Patienten beziehen. Sie*

240

*alle haben insgesamt ›bessere Karten‹ im Leben und
wenig soziale Probleme. Deswegen sind Vergleiche mit
anderen Fachkliniken kaum möglich. Hinzu kommt,
daß wir die Patienten auch intoxiniert aufnehmen.
Viele andere Häuser tun das nicht. Ein Jahr nach der
Entlassung waren noch 69,2% aller Patienten abstinent ... Abbrüche kamen bei diesen Patienten in
12,9% vor, Rückfälle während des stationären Aufenthaltes in 18,8%, dann meist am Anfang, als es den
Patienten noch nicht gelungen war, sich auf unsere
Therapie emotional einzulassen.*

# Entscheidungshilfen für Führungskräfte

1. Das **unentdeckte Mißbrauchsverhalten** bei Managern wird aufgrund ihrer Position besonders begünstigt.

2. Verantwortlich handelnde Führungskräfte verhalten sich auch bei den zulässigen Möglichkeiten und vermeintlichen Notwendigkeiten beim Alkoholkonsum zurückhaltend.

3. Führungskräfte haben eine besondere Verpflichtung zur **Vorbildfunktion** beim Thema Alkohol.

4. Manager sind zur selbstkritischen ›Inventur‹ ihres Alkoholverhaltens aufgefordert, um präventive **Rehabilitationsmaßnahmen selbständig einzuleiten**.

5. **Spezielle Therapieeinrichtungen** und -angebote auch für die Zielgruppe Management liegen vor.

**Fazit:** Führungskräfte, die aufgrund ihrer hervorgehobenen Leistungssituation oft besonders gefährdet sind, sind deshalb aufgefordert, **systematische Selbstkontrollen** durchzuführen und eigenständig Gegenmaßnahmen einzuleiten.

## 13. Kapitel

# Die Institutionen

**Die Krankenkassen**
- Wie können die Krankenkassen sich einschalten?
- Was können die Krankenkassen noch tun?
- Die Rolle der Betriebskrankenkassen

**Die Rentenversicherungen**

**Die Berufsgenossenschaften**
- Die Haltung der Berufsgenossenschaften zum Thema Alkohol
- Kritik an den Berufsgenossenschaften
- Die Berufsgenossenschaften als Berater
- Die Vorgesetzten im Dilemma
- Verlust des Versicherungsschutzes
- ... und die Folgen
- Gemeinsame Initiativen der Versicherungen
- Eigene Primärerhebung

**Private Initiativen**
- Wie helfen diese Organisationen?
- Zeitpunkt der Kontaktaufnahme
- Datex J

**Entscheidungshilfen für Führungskräfte**

# Die Institutionen

In diesem Kapitel werden Fragen beantwortet wie:

- welche gesetzlichen und privaten Institutionen leisten bei Alkoholproblemen Hilfe?
- auf welche Art wird die Hilfe geleistet
- welche Wege sind hierzu nötig? und
- wie sind diese Stellen zu erreichen?

Zur Erinnerung noch einmal die Stellen, die innerhalb des Betriebes/der Behörde zur Hilfe bei Alkoholproblemen zur Verfügung stehen sollten: *innerbetrieblich*

- die Personalabteilung
- der Betriebsrat
- ›trockene‹ Alkoholiker, die über Kontakte zu Selbsthilfegruppen verfügen
- der Werksarzt oder der werksärztliche Dienst (Sanitätswesen)
- der soziale Dienst (Sozialarbeiter, Werksfürsorge, Suchthelfer)

Nun zu den Institutionen, die außerhalb der Betriebe bei Mitarbeitern mit Alkoholproblemen Funktionen besitzen und Hilfe leisten: *außerbetrieblich*

# Die Krankenkassen

Die Krankenkassen erfahren aus den ärztlichen Diagnosen aus erster Hand die im Zusammenhang mit Alkohol auftretenden Krankheitserscheinungen. Auch wenn die Diagnosen einwandfreie Rückschlüsse nicht sofort zulassen, so haben die Krankenkassen aufgrund ihrer Erfahrungen aber insbesondere bei sich häufenden Kurzerkrankungen und bestimmten Diagnosen die Möglichkeiten, Rückschlüsse zu ziehen.

*Schweigepflicht* Übrigens: Die Krankenkassen unterliegen der Schweigepflicht und können Informationen an den Arbeitgeber grundsätzlich nicht liefern. Wenn allerdings, wie im 9. Kapitel, Seite 169 erwähnt, der Betroffene seine Krankenkasse von der Schweigepflicht entbindet, so kann ein helfendes Gespräch Krankenkasse/Arbeitgeber zustande kommen.

## Wie können die Krankenkassen sich einschalten?

*Beratungs-angebot* Die Krankenkasse hat von der Alkoholgefährdung des Betroffenen sehr früh Kenntnis. Sie kann von dieser Kenntnis aufgrund des Datenschutzes nur insofern Gebrauch machen, daß sie dem Erkrankten ein Beratungsangebot macht.

Das kann so aussehen:

*Musterbrief* *Rehabilitation*

*Sehr geehrte(r) . . .*

*Ihre . . . Krankenkasse betrachtet es als eine besondere Aufgabe, ihren Versicherten in Krankheitsfällen umfassende Hilfe zu gewähren. Darunter verstehen wir nicht nur die Bereitstellung der Leistungen, sondern auch die Ausschöpfung aller Möglichkeiten zur Wiederherstellung der Gesundheit.*

*Nach den uns vorliegenden Unterlagen . . . lagen Sie vom/bis wegen einer Alkoholkrankheit im . . . Kran-*

*kenhaus. Wir möchten Ihnen in Ihrer schwierigen Situation gerne helfen und Sie beraten, welche weiteren Behandlungsmaßnahmen angezeigt sind.*

*Sofern Sie an einem Beratungsgespräch interessiert sind, bitten wir um Ihren Anruf unter oben genannter Telefonnummer oder um Ihre schriftliche Nachricht. Dafür können Sie den beigefügten Abschnitt verwenden (Freiumschlag liegt bei).*

*Wir können Ihnen vorab folgenden Terminvorschlag machen:*
*. . .*
*Sie erreichen uns . . . (Name der Geschäftsstelle)*
*Bitte senden Sie uns den Abschnitt auf jeden Fall bis
. . . zurück, auch wenn Sie ein Beratungsgespräch nicht wünschen.*

*Freundliche Grüße*
*(Rehabilitationsberater)*

Der Betrieb erfährt aufgrund des sich für die Krankenkasse ergebenden Krankheitsbildes grundsätzlich nichts.

Aber eine Möglichkeit haben Sie: Sprechen Sie die Krankenkasse an, beziehen Sie sich auf die häufigen Fehltage und bitten Sie im Rahmen Ihrer Fürsorgepflicht um eine Beratung Ihres Mitarbeiters.

*Tip:*

Mit einer Initiative der Krankenkassen im Interesse des Betroffenen zur rechtzeitigen Einleitung von Rehabilitationsmaßnahmen ist nicht zu rechnen. Ist der Fall von Alkoholgefährdung oder -abhängigkeit offenkundig geworden, muß die jeweilige Krankenkasse mit eingeschaltet werden. Hier muß der Betroffene seine Krankenkasse von der Schweigepflicht entbinden, damit ein Dialog Arbeitgeber – Krankenkasse im Interesse des Betroffenen eingeleitet wird (Seite 169).

## Was können die Krankenkassen noch tun?

Sie können bei Verdacht mit dem behandelnden Arzt Kontakt aufnehmen. Es ist von Bedeutung, daß der Be-

*Hausarzt einbeziehen*

247

troffene sich durchschaut fühlt. Gelingt es, dem Betroffenen seine Gefährdung klarzumachen und ihm frühzeitig Hilfen anzubieten, ist ein wichtiger Schritt in Richtung der Verhütung schlimmerer Folgen getan.

*Verbesserungen erreichbar*

Auf diesem Gebiet sind noch Verbesserungen erreichbar. Krankenkassen haben für derartige Präventivmaßnahmen aus verschiedenen Gründen nicht die nötige Zeit. Dabei spielt die Personalstärke eine entscheidende Rolle. Andererseits ist es auch nötig, die Sachbearbeiter für diese Aufgaben zu schulen und zu motivieren. Die Krankenkassen können damit einen entscheidenden

*Beitrag zur Kostensenkung*

Beitrag zur Kostensenkung leisten und gleichzeitig ihren Betroffenen Mitgliedern eine frühzeitige und wirksame Hilfe bieten.

Im Rahmen der häufigen Kurzerkrankungen bei Alkoholabhängigen sind die Krankenkassen mit der Zahlung von Krankengeld nicht belastet. Die ständigen ärztlichen Konsultationen und die verordneten Medikamente spüren die Kassen jedoch fühlbar. Es steuert, wenn nicht rechtzeitig reagiert wird, unweigerlich auf kostenintensive Rehabilitationsmaßnahmen zu.

*Kosten*

Die Maßnahmen einer Entziehungskur werden von den Rentenversicherungsträgern gezahlt, die vorgeschaltete Entgiftungsphase ist für die Krankenkassen kostenpflichtig.

So können Arbeitgeber und Krankenkasse
– im Interesse des Patienten sinnvoll zusammenwirken und bei den Rehabilitationsmaßnahmen begleitend tätig werden
– den Kontakt zu den behandelnden Ärzten der Kuranstalt halten
– später bei der Auswertung des Kurberichtes im Sinne des künftigen Einsatzes des Patienten im Unternehmen und
– bei der Einbindung des Patienten in Selbsthilfegruppen entsprechend tätig werden

## Die Rolle der Betriebskrankenkassen

Es besteht bei den dort versicherten Mitarbeitern oft der Eindruck, die Betriebskrankenkassen hätte ein engeres Verhältnis zu ihren Trägerbetrieben. Das würde den Informationsfluß begünstigen und die Datenschutzgesichtspunkte würden vernachlässigt.

Das ist nicht der Fall. Im Gegenteil!

Die Betriebskrankenkassen sind wegen ihrer Nähe zum Trägerunternehmen sehr darauf bedacht, die Datenschutzgesichtspunkte genau zu beachten Demzufolge befleißigen sie sich einer besonderen Geheimhaltung gegenüber dem Trägerunternehmen.

*besonders starke*
*Geheimhaltung*

In der Informationsschrift der Betriebskrankenkassen in Niedersachsen ›ASPEKTE‹ Nr. 2/87 ist im Leitartikel auf diesen Punkt besonders eingegangen worden. Darin wird betont, daß Betriebskrankenkassen als Körperschaften des öffentlichen Rechts den gleichen gesetzlichen Vorschriften wie alle anderen Krankenkassen unterliegen und denselben Aufsichtsbehörden unterstehen. Auch im Hinblick auf die Strafvorschriften sei es ganz undenkbar, daß die Betriebskrankenkassen vertrauliche Informationen an den Arbeitgeber weiterleiteten.

# Die Rentenversicherungen

Zuständig sind für gewerbliche Mitarbeiter die jeweiligen Landesversicherungsanstalten (LVA), für angestellte Mitarbeiter die BUNDESVERSICHERUNGSANSTALT FÜR ANGESTELLTE in Berlin (BfA).

*Haupt-*
*Kostenträger*

Die Rentenversicherungsträger haben bei Rehabilitationsmaßnahmen den Hauptteil der Behandlungskosten zu tragen. Die Krankenkassen tragen, wie bereits bemerkt, lediglich die Kosten für den Teil der akuten Entgiftung des Patienten in der Rehabilitation.

Wirksame Entziehungskuren in entsprechenden Kuranstalten sind zeitaufwendig und dauern bis zu 6 Monaten. Um so mehr ist es erforderlich, daß diese Reha-Kliniken nach modernsten Erkenntnissen eingerichtet sind und entsprechend geführt werden.

Dadurch erklären sich auch die Kosten. Die Versichertengemeinschaft, deren Beiträge je zur Hälfte von den Arbeitnehmern und den Arbeitgebern geleistet werden, belasten diese Aufwendungen enorm.

Die Rentenversicherungsanstalten sind ferner dafür zuständig, zu entscheiden, ob ein Versicherter aufgrund der bereits erlittenen organischen Schäden berufs- oder erwerbsunfähig wird oder ob eine derartige Feststellung zumindest auf Zeit getroffen werden muß.

# Die Berufsgenossenschaften (BG)

Die Berufsgenossenschaften, nach Branchen gegliedert und als Körperschaften öffentlichen Rechts installiert, sind die gesetzlichen Unfallversicherungsgesellschaften für alle Arbeitnehmer.

Sie finanzieren sich über die Beitragspflicht der Unternehmen. Die Höhe der Beiträge werden durch die Satzungen und die jeweiligen Beschlüsse der Organe für die laufenden Perioden festgelegt, wobei als Basis die nach bestimmten Grundsätzen bereinigten Lohn- und Gehaltssummen der Unternehmen für das vorangegangene Jahr maßgebend sind. *Finanzierung*

Die Satzungen der Berufsgenossenschaften sehen vor, daß solche Unternehmen, die einen besonders günstigen Kostenverlauf erzielen, in ihrer Beitragspflicht Nachlässe erhalten. Auch die Gefahrenklasse des jeweiligen Unternehmens spielt für die Beitragshöhe eine wichtige Rolle.

Die BG's wachen (neben den Gewerbeaufsichtsämtern) darüber, daß die Unfallverhütungsvorschriften eingehalten werden, die gesetzlich vorgeschriebenen Institutionen eingerichtet sind (Sicherheitsingenieur, Sicherheitsfachkräfte, Sicherheitsbeauftragte, werksärztlicher Dienst) und kümmern sich um die Schulung dieses Personenkreises. *Unfall-verhütungs-vorschriften*

Die Berufsgenossenschaften kommen für alle im Zusammenhang mit Arbeitsunfällen entstehenden Kosten auf, die den Arbeitnehmern für Behandlung, Rehabilitation, Lohnausfall entstehen und zahlen bei Erwerbsminderungen unter bestimmten Voraussetzungen Unfallrenten oder im Todesfall Hinterbliebenenrenten. *Leistungen*

Als Arbeitsunfälle zählen dabei diejenigen Unfälle, die eine Arbeitsunfähigkeit von mehr als drei Tagen zur Folge haben. *Definition: Arbeitsunfall*

251

## Die Haltung der Berufsgenossenschaften zum Thema Alkohol

Was haben nun die Berufsgenossenschaften mit dem Thema Alkohol im Betrieb zu tun?

Der Anteil alkoholbedingter Unfälle am Arbeitsplatz und auf dem Arbeitsweg wird in Deutschland von den Berufsgenossenschaften auf mindestens 5% bis 30% geschätzt.[1] Genauere Zahlen über Arbeits- und Wegeunfälle im Zusammenhang mit Alkoholmißbrauch liegen aber weder den Berufsgenossenschaften als Träger der gesetzlichen Unfallversicherung noch bei anderen Stellen vor. Alle Angaben auf diesem Gebiet beruhen auf Schätzungen oder Hochrechnungen mit erheblichen Fehleranteilen und großen Dunkelziffern.

## Kritik an den Berufsgenossenschaften

So sind drei Dinge an den Berufsgenossenschaften zu kritisieren:

1. Für die Berufsgenossenschaften zählen nur solche Unfälle, die eine mehr als drei Tage lange Arbeitsunfähigkeit eines Mitarbeiters nach sich ziehen, ›weil erst dann die Berufsgenossenschaft in Anspruch genommen wird‹. Für alle anderen kurzfristigen Ausfallzeiten sehen die BG's keinen Handlungsbedarf.

2. Den Berufsgenossenschaften liegen Zahlen vor, daß etwa 50% derjenigen, die in Betrieb oder Büro Alkohol getrunken haben, anschließend mit Auto oder Zweirad nach Hause fahren. Das ist ein größerer Anteil als nach dem Gaststättenbesuch (44%) oder dem privaten Konsum (33%).
In der gleichen Publikation weist die BG darauf hin:

*Obwohl sich die Menschen in der Regel täglich 8 Stunden am Arbeitsplatz aufhalten, während sie im Durchschnitt nur 1 Stunde am Straßenverkehr teilnehmen, verunglücken mehr Personen tödlich*

---

1 Alkohol am Arbeitsplatz und im Berufsverkehr, DIE BG, 10/87, Seite 594/595.

*auf berufsbedingten Wegen im Straßenverkehr als bei Unfällen am Arbeitsplatz ...*

*... Die Aufwendungen der Berufsgenossenschaften für Verkehrsunfälle sind im Vergleich zu den Entschädigungskosten für innerbetriebliche Unfälle immer mehr gewachsen. Rund 40% der Entschädigungsleistungen entfallen zur Zeit auf Verkehrsunfälle, deren Anteil an der Gesamtzahl der meldepflichtigen Unfälle nur 17% beträgt. Das heißt: Unfälle im Straßenverkehr verlaufen oft folgenschwerer als Unfälle im Betrieb. Ein großer Teil dieser Unfälle ist sicher auch auf Alkoholeinfluß zurückzuführen.*

So der Text der Berufsgenossenschaften, die immer noch keinen Handlungsbedarf sehen.

Und deshalb der nächste Kritikpunkt:

3. Die Berufsgenossenschaften kritisieren, daß es für Journalisten reizvoll sei, die Öffentlichkeit mit hohen Zahlen auf dem Gebiet ›Arbeit – Auto – Alkohol‹ aufzuschrecken. Gleichzeitig gestehen sie aber auch, daß hier ›allerdings zunächst erhebliche Widerstände gegen die Behandlung des Themas überhaupt zu überwinden‹ sind.

Ich glaube, daß es den Berufsgenossenschaften ähnlich geht.

**So haben die Berufsgenossenschaften in bestimmten Fällen die Möglichkeit, Beitragszuschläge und Beitragsnachlässe zu gewähren. Warum wird ein Alkoholverbot am Arbeitsplatz nicht mit einem Nachlaß anerkannt und gefördert?**

*Beitragsnachlässe bei Alkoholverbot am Arbeitsplatz?*

Soweit zur Kritik.

## Die Berufsgenossenschaften als Berater

Bei der Prävention, bei der Beratung und bei der Schulung kommt den Berufsgenossenschaften ein ganz entscheidender Beitrag zu.

*Prävention*

253

*Beratung*  Die Berufsgenossenschaften unterstützen die Unternehmen zum Beispiel beim Abschluß von geeigneten Betriebsvereinbarungen, Arbeitsordnungen, Dienstanweisungen, die den Alkoholkonsum während der Arbeitszeit vermindern oder sogar ausschließen. Die Berufsgenossenschaften haben auf diesem Gebiet umfangreiche Hinweise und Empfehlungen für betriebliche Vorgesetzte vorbereitet.

*Publikationen*  Broschüren, Filme und Schulungen sind ebenfalls in der Angebotspalette der Berufsgenossenschaften; beachten Sie auch hierzu den Film ›Arbeit – Auto – Alkohol‹, der von dem DEUTSCHEN VERKEHRSSICHERHEITSRAT für die BG's erstellt wurde.

*Hüter der Arbeitssicherheit*  Die Berufsgenossenschaften als Hüter der Arbeitssicherheit haben in ihren Unfallverhütungsvorschriften § 38 die Regel aufgestellt:

*§ 38 UVV*  *Versicherte dürfen sich durch Alkoholgenuß nicht in einen Zustand versetzen, durch den sie sich selbst oder andere gefährden können.*

*Versicherte, die infolge Alkoholgenusses oder anderer berauschender Mittel nicht mehr in der Lage sind, ihre Arbeit ohne Gefahr für sich oder andere auszuführen, dürfen mit Arbeit nicht beschäftigt werden.*

In der Kommentierung der Berufsgenossenschaften hierzu heißt es unter anderem:

*Kommentierung*  
**Am besten sollte sich jeder verantwortungsbewußte Mitarbeiter sagen: Kein Alkohol während der Arbeit.**

An anderer Stelle der Kommentierung dieses § 38 heißt es dann

*Ein Vorgesetzter darf nicht dulden, daß ein Mitarbeiter, der infolge Alkoholgenusses nicht mehr in der Lage ist, seine Arbeit ohne Gefahr für sich selbst oder andere durchzuführen, weiterhin am Arbeitsplatz bleibt. Er muß ihm dann untersagen weiterzuarbeiten und muß ihn aus dem betrieblichen Gefahrenbereich herausnehmen.*

254

Das schafft für die Betriebe eine Grauzone des Ermessensspielraums. Wann ist ein Mitarbeiter noch in der Lage seine Arbeit ohne Gefahr für sich und andere auszuführen? Von welchem Glas, welcher Menge getrunkenen Bieres, welchem Kräuterschnaps gegen die ›Magenverstimmung‹ an, ist der Mitarbeiter ein Risiko?

*schafft eine Grauzone*

Wer durch betriebliche Erfahrung erlebt hat, welch schwerwiegende Arbeitsunfälle insbesondere bei gefahrgeneigter Arbeit durch angetrunkene Mitarbeiter verursacht werden, wie häufig es zu kritischen Situationen kommt, die nur durch glückliche Zufälle oder beherztes Eingreifen von Kollegen und Vorgesetzten im letzten Augenblick abgewendet werden, der ist erstaunt darüber, daß das Thema ›Alkoholverbot im Betrieb‹ bisher von den Berufsgenossenschaften nicht aufgenommen wird.

## Die Vorgesetzten im Dilemma

Die Berufsgenossenschaften plädieren dann auch dafür, daß die Unternehmen den Vorgesetzten konkrete Regeln an die Hand geben.

Sie selbst haben allerdings in ihren Unfallverhütungsvorschriften diese konkreten Regeln nicht aufgestellt. Nun müssen die Arbeitgeber sehen, welche Schritte sie ergreifen, um die Last von den Vorgesetzten zu nehmen, die der Ermessensspielraum diesen läßt.

Den letzten beißen die Hunde. Und das ist der Vorgesetzte.

*Den letzten beißen die Hunde*

## Verlust des Versicherungsschutzes

Und ein weiteres kommt hinzu:
der Unfallversicherungsschutz der Berufsgenossenschaften wird zwar grundsätzlich nicht dadurch aufgehoben, daß der Arbeitnehmer verbotswidrig Alkohol zu sich genommen hat. Verbotswidriges Handeln schließt grundsätzlich nicht aus, daß trotzdem ein Arbeitsunfall mit der Folge der Zahlungspflicht der Unfallversicherung vorliegt.

*Achtung!*

Das setzt aber immer voraus, daß der Mitarbeiter trotz des Alkoholgenusses noch in der Lage war, seine Arbeit so auszuführen, daß sie ›dem mutmaßlichen Willen des Unternehmens entsprechend verrichtet‹ wurde und dem Unternehmen noch in irgendeiner Weise dient. Das hat das Bundessozialgericht in einem Urteil vom 28. 6. 1979 ausgeführt.

*Loslösung vom Betrieb*

Anders verhält es sich aber dann, wenn der Arbeitnehmer im Vollrausch oder doch so stark betrunken war, daß er zu keiner dem Unternehmen förderlichen Arbeit mehr fähig war. Das wird in der Juristensprache ›Loslösung vom Betrieb‹ genannt. Hat der an dem Unfall beteiligte Mitarbeiter weniger getrunken, so muß er dennoch für die Folgen persönlich haften und genießt keinen Versicherungsschutz, sofern es keinen ursächlichen Zusammenhang zwischen der versicherten betrieblichen Tätigkeit und dem Unfall gibt. Dies ergibt sich aus einem Urteil des Bundessozialgerichts vom 25. 11. 1977.

*Haftung*

Ein solcher Fall liegt vor, wenn der alkoholbedingte Leistungsabfall oder Leistungsausfall des am Unfall beteiligten Mitarbeiters die rechtlich allein wesentliche Ursache des Unfalls war.

*Beweispflicht*

Die Berufsgenossenschaft als Unfallversicherung wird aber auch dann die Zahlung verweigern, wenn Alkohol die allein wesentliche Unfallursache war. Im Zweifel muß nämlich der verunglückte Arbeitnehmer beweisen, daß die versicherte betriebliche Tätigkeit oder der Weg von oder zur Arbeit für den Unfall ursächlich war und nicht der Alkoholgenuß.

*Verlust des Versicherungs- schutzes ab 1,1‰*

›Ist ein Unfall auf dem Weg zur Arbeit oder auf dem Rückweg nach Hause – im wesentlichen allein auf Alkoholgenuß – zurückzuführen, so entfällt der Schutz der gesetzlichen Unfallversicherung.‹[2] Hat der versicherte Arbeitnehmer, der an dem Unfall beteiligt war, am öffentlichen Straßenverkehr teilgenommen, so gilt als Beweis des ersten Anscheins die Unterstellung, daß Alkohol die allein wesentliche Unfallursache war, wenn die entsprechenden Promillegrenzen der Fahrtüchtig-

2 Landessozialgericht Niedersachsen – L 6 U 42/87.

keit überschritten waren. Urteil LSG Mainz von April 1991 – Az.: L 3 U 139/88.

Den Gegenbeweis wird der verunglückte Mitarbeiter nur schwer führen können.

## ... und die Folgen

Hinzu kommt, daß die Lohnfortzahlung des Unternehmens ausfällt, daß die Haftpflichtversicherung möglicherweise bei dem Unfallverursacher für den entstandenen gegnerischen Schaden Regreß nimmt.

Die Auswirkungen können also für den Unfallverursacher so katastrophal sein, daß er für sein Leben finanziell ruiniert ist.

*für sein Leben finanziell ruiniert*

## Gemeinsame Initiativen der Versicherungen

Diese Risiken für die versicherten Arbeitnehmer, die Vorgesetzten und die Arbeitgeber lassen sich erheblich minimieren, wenn ein Alkoholverbot im Arbeitsleben eingeführt wird.

*Forderung*

Der Alkohol als Alltagsdroge Nummer 1 macht allen Versicherern, den Krankenkassen, den Rentenversicherungsanstalten und den Berufsgenossenschaften gleichermaßen zu schaffen. Diese Institutionen dürfen sich einfach nicht darauf zurückziehen, daß die Folgen des mißbräuchlich angewendeten Alkohols mit den Beiträgen der Beitragspflichtigen möglichst kostengünstig behandelt oder behoben werden. Das mündet in eine weitere Forderung:

Warum schließen sich die genannten Versicherungsinstitute, die ja alle auch über Dachverbände verfügen, unter Berücksichtigung der ständig steigenden Kosten durch Alkoholmißbrauch nicht zu einer Initiative zusammen, die dem Problem Alkohol am Arbeitsplatz nun endlich auch aus dieser Richtung wirksam zu Leibe rückt? Letzten Endes wird das auch die Beitragshöhe der Beitragspflichtigen beeinflussen und die Volkswirt-

257

schaft fortlaufend jährlich von Schäden in Höhe von vielen Milliarden DM entlasten.

## Eigene Primärerhebung

Die im 6. Kapitel, Seite 110 erwähnte, durch den Autor durchgeführte Primärerhebung hat interessante Aufschlüsse zum Thema Alkoholmißbrauch am Arbeitsplatz gebracht.

So hatten 76,9% der befragten Unternehmen im Jahre 1986 alkoholauffällige Mitarbeiter, 15% der aufgefallenen Mitarbeiter mündeten übrigens in Entziehungskuren.

Auch die Fragen, welche Maßnahmen im Falle der Alkoholabhängigkeit ergriffen wurden, beantworteten die befragten Unternehmen noch relativ offen. Den Unternehmen war bei der Befragung auch vertrauliche Behandlung ausdrücklich zugesichert worden.

*Fragen zur Unfallsituation kaum beantwortet*

Dennoch wurden die Fragen zur Unfallsituation von kaum einem Unternehmen beantwortet. Die meisten wollten weder Auskunft darüber geben, wieviel Arbeitsunfälle sie 1986 hatten, noch wieviele davon unter Alkoholeinfluß stattgefunden und bei wievielen Alkoholeinfluß vermutet wurde.

Das wirft ein Schlaglicht auf die Versicherungssystematik und die Gepflogenheiten in den Unternehmen. Das Unfallgeschehen im Unternehmen ist mitbestimmend für die Beitragshöhe des Unternehmens. Die betriebliche Solidargemeinschaft gebietet es, einen unter Alkoholeinfluß verunglückten Mitarbeiter vor dem Verlust des Versicherungsschutzes zu bewahren.

*Schluß- folgerungen*

Das sind Schlußfolgerungen des Autors. Sie lassen sich durch Erfahrungen aus der Praxis belegen und sollen den Berufsgenossenschaften zu denken geben.

# Private Initiativen

Es gibt zahlreiche Organisationen, deren Hauptaufgabe darin besteht, sich mit den Suchtgefahren, insbesondere Alkohol, zu befassen, präventiv zu wirken, also besonders Aufklärungsarbeit zu leisten, und den Suchtkranken tätige Hilfe zu gewähren.

Sie sind zumeist als eingetragene Vereine organisiert, haben den genannten ideellen Zweck und verfügen oft über ein Heer von ehrenamtlichen Mitarbeitern.

Ab Seite 265 sind Organisationen aufgeführt, wobei zu bemerken ist, daß dem Leser nur einige Organisationen (zum Teil mit Angabe der Leistungen) genannt werden. Die genannten Institutionen sind weder nach Wichtigkeit gegliedert, noch erheben sie Anspruch auf Vollständigkeit. Das würde den Rahmen dieses Buches sprengen.

Die örtlichen Anschriften von entsprechenden Organisationen erfahren Sie bei Ihren Gesundheitsämtern. Einen vollständigen Adressennachweis der einschlägigen Organisationen finden Sie auch im Jahrbuch 93 ›Zur Frage der Suchtgefahren‹, herausgegeben von der DEUTSCHEN HAUPTSTELLE GEGEN DIE SUCHTGEFAHREN, erschienen in der NEULAND VERLAGSGESELLSCHAFT MBH, Hamburg 1.

*vollständigen Adressennachweis:*

*Jahrbuch 93*

Besonders bewährt haben sich die für die Einbindung Suchtkranker bzw. Suchtgefährdeter gebildeten Selbsthilfegruppen. Die inzwischen etablierten Einrichtungen sind wirksame Begleiter bei Entziehungsmaßnahmen, bei denen es entscheidend auf die Nachsorge ankommt.

Der suchtkranke Patient wird dadurch aufgefangen, er steht mit seinen Problemen nicht allein und der Rückfallgefährdung wird erfolgreich entgegengewirkt. Diese Stellen verfügen zum Teil über eine lange Tradition. Einige sind konfessionell gebunden, andere sind weltliche Einrichtungen.

## Wie helfen diese Organisationen?

*Der Hilfsbe-
dürftige wird
akzeptiert*

Der Hilfsbedürftige wird grundsätzlich mit seinen Problemen akzeptiert, unabhängig von Alter, Geschlecht, sozialer Stellung, Einkommen oder Herkunft.

Den genannten Organisationen stehen erfahrene Therapeuten zur Verfügung, die in der Lage sind, den Zugang zur Persönlichkeit des Patienten zu finden und ihn für die Therapie – einzeln oder in Gemeinschaft – zu öffnen.

Natürlich werden auf diesem schwierigen Gebiet keine Erfolgsgarantien gegeben. In vielen Fällen springen Teilnehmer ab. Andererseits zeichnen sich die Verbände durch Beharrlichkeit und Bereitschaft zu immer neuen Therapieversuchen aus.

*ehemalige
Alkoholiker*

Die größtenteils ehrenamtlichen Mitarbeiter dieser Organisationen sind häufig ehemalige Alkoholiker, die durch die Therapie der Organisation gegangen sind. Sie wissen aus eigener Erfahrung, welches Durchhaltevermögen erforderlich ist und wie oft der Kranke besonders in der Anfangsphase der Behandlung versucht ist, sich der ›unangenehmen‹, weil unter die Haut gehenden, Therapiearbeit wieder zu entziehen.

Die Organisationen zeichnen sich durch ständige Fortbildung ihrer ehrenamtlichen Mitarbeiter aus, so daß Sie davon ausgehen können, daß der aktuelle Kenntnisstand der Wissenschaft über die Alkoholkrankheit und die Möglichkeiten der Therapie vorhanden ist.

## Zeitpunkt der Kontaktaufnahme

In welchem Stadium der Erkrankung bzw. der Gefahr der Alkoholabhängigkeit sollte nun der Kontakt zu einer der genannten Hilfsorganisationen hergestellt werden?

*es ist nie zu spät*

Hier können Sie grundsätzlich davon ausgehen, daß es für das Herstellen der Verbindung des betroffenen Mitarbeiters zu der genannten Organisation nie zu spät ist.

Es muß aber das Ziel sein, den Kontakt so früh wie möglich herzustellen – um so größer ist die Erfolgschance.

Das gelingt am ehesten, wenn im Unternehmen ›trockene‹ Alkoholiker vorhanden sind, die vermittelnd wirken. Sie kennen das Krankheitsbild aus eigener Erfahrung und finden schnell den Draht zu ihrem Gesprächspartner. Es kommt darauf an, daß der Alkoholgefährdete und Alkoholkranke sich nicht mehr versteckt, sondern sich öffnet und die Bereitschaft entsteht, über seine Probleme zu sprechen.

So ist in einigen Fällen die aufwendige Entziehungskur nicht nötig gewesen. Der gefährdete Mitarbeiter hat mit einer Selbsthilfegruppe die Lösung vom Alkohol geschafft und bleibt auch trocken. Das funktioniert aber nur,

– wenn die Gefahr rechtzeitig erkannt wird,
– hilfsbereite Kollegen zur Verfügung stehen und
– die frühzeitige Einbindung in eine Selbsthilfegruppe gelingt

Deswegen ist es wichtig, den Kontakt zu den Hilfsorganisationen so früh wie möglich herzustellen.

Selbst wenn sich Entziehungsmaßnahmen nicht vermeiden lassen, wirkt sich doch positiv aus, wenn der Patient schon vorher einen Kontakt zu einer Gruppe hat, von der er weiß, wie sie funktioniert und was ihn im Rahmen einer Nachsorge dort an Hilfe erwartet.

Ist ein Suchthelfer, der sich in der Kollegenberatung bewährt, im Unternehmen vorhanden, so ist dies ein richtiger Weg, um mit dem betroffenen Kollegen ins Gespräch zu kommen.

*Verbindung zu einer Organisation*

Es gilt, daß nicht *über* den Kollegen hinter seinem Rükken gesprochen wird, sondern daß kompetente Mitarbeiter des Betriebes *mit* dem Betroffenen sprechen. Hat der Vorgesetzte von dem Alkoholverhalten Kenntnis (5. Kapitel, Seite 90), so ist er natürlich aufgefordert, das Gespräch zu führen und den Suchthelfer, Werksarzt, Betriebsrat oder gegebenenfalls auch die Personalabteilung mit einzuschalten.

So kann die Verbindung zu einer der Organisationen hergestellt werden, um weiteren Schaden von dem Betroffenen abwenden zu helfen.

Die Therapeuten werden in den Selbsthilfegruppen aufgrund ihrer Sachkenntnis erkennen, ob sie in dem aktuellen Stadium der Gefährdung bzw. Erkrankung des betroffenen Mitarbeiters sinnvolle Hilfe leisten können, oder ob Therapiemaßnahmen im Sinne von Entgiftung und Entziehungskur vorgeschaltet werden müssen.

## Datex J

Wichtige Informationen erhalten Sie auch über Datex J (früher BTX).

Gehen Sie in das Schlagwortverzeichnis und rufen Sie ›Alkoholismus‹ auf. Es erscheinen zur Zeit:

1. BfA Bundesversicherungsanstalt für Angestellte
2. Bundeszentrale gesundheitliche Aufklärung
3. Mehrere Krankenkassen
4. Kirchliche Einrichtungen

Das Beispiel: BfA, Bundesversicherungsanstalt für Angestellte. Unter dem Stichwort ›Entwöhnungsbehandlung‹ können Sie am Bildschirm erfahren:

– Anspruchsvoraussetzungen
– Antragstellung
– Telefonberatung
– Bescheid
– Rechtsbehelf
– Wer trägt die Kosten?
– Tips
– Broschüren
– Antragsvordruck

Übrigens: Auch einige Berufsgenossenschaften sind über Datex J erreichbar.

# Entscheidungshilfen für Führungskräfte

1. Es gibt viele **gesetzliche und private Institutionen** außerhalb des Betriebes, die vorbeugende, begleitende und nachsorgende Betreuung bei Alkoholproblemen leisten.

2. Die **Berufsgenossenschaften** nutzen ihre Einflußmöglichkeiten beim Thema Alkohol im Betrieb zu wenig; einige Krankenkassen sind leider immer noch nicht Vorbild.

3. Die Kontaktaufnahme mit helfenden Institutionen muß so früh wie möglich stattfinden, aber: ›**Es ist nie zu spät**‹.

4. Betriebliche Mitarbeiter-Beratungsprogramme und Suchthelfer kennen die **örtlichen Beratungs- und Hilfsinstitutionen**.

5. Suchen Sie sich **externe Berater**, die mit Ihnen ein unternehmensspezifisches Trainingsprogramm entwickeln und einführen.

**Fazit:** Führungskräfte sind über die regionalen und überörtlichen Angebote von Krankenkassen, Selbsthilfegruppen und kompetenten Trainingsgesellschaften informiert, um **gezielte Hilfsangebote** an Mitarbeiter machen zu können.

# Adressen

Und das leisten sie . . .

(1)
**AIDA**
Adenauerallee 45, 20097 Hamburg
Tel: 0 40/2 80 37 00, 80 58 80

AIDA ist eine Gründung des Guttempler-Ordens und des Guttempler-Hilfswerks

Angebote (Auszug) zum Themenkreis ›Alkoholprobleme in der Arbeitswelt‹

1. Beratungsgespräch mit der engeren Firmenleitung, evtl. unter Einbeziehung des Betriebsrates, der Sozialabteilung oder des werksärztlichen Dienstes. Erforderliche Gesprächsdauer ca. 120 min.
2. Vortrag vor Mitarbeitern ab mittlerer Führungsebene aufwärts, und/oder Mitarbeitern der unteren Führungsebene. Gelegenheit für Klärungsfragen. Dauer ca. 120 Minuten – incl. kleiner Pause.
3. Tagesseminar für Mitarbeiter mit Personalverantwortung, Vortragsform mit Möglichkeit zur Aussprache. Teilnehmerzahl begrenzt, Dauer 6–8 Zeitstunden einschließlich Frühstücks- und Mittagspause.
4. Mehrtägige Seminare mit verschiedenen Arbeitsformen für Mitarbeiter mit Personalverantwortung. Teilnehmerzahl begrenzt. Betriebsspezifische Situationen und typische Einzelfälle können besprochen werden.
5. Beratung bei der Erarbeitung von Betriebsvereinbarungen, betrieblichen Hilfsmodellen. (Nur in Verbindung mit einer der aufgeführten Maßnahmen). Informationen über Individual-Programme und -Möglichkeiten auf Anfrage, ebenso die Kosten.

(2)
**Blaues Kreuz in Deutschland e.V.**
Wuppertal-Barmen Bundesgeschäftsstelle
Freiligrathstr. 27, 42289 Wuppertal (Barmen)
Tel.: 02 02/62 00 30

Das Selbstverständnis:

Das Blaue Kreuz ist als selbständiger Fachverband dem Diakonischen Werk der EKD und der Deutschen Hauptstelle gegen die Suchtgefahren angeschlossen.

Vorbeugen, Helfen und Heilen aus christlicher Verantwortung für Suchtmittelabhängige und ihre Angehörigen.

Die Angebote umfassen Besinnungswochen, Freizeitangebote, Mitarbeiterschulung und die Öffentlichkeitsarbeit, Grundausbildung für freiwillige Suchtkrankenhelfer (Informationsbroschüre anfordern)

Zielgruppen sind Vereine, Gruppen, Einzelmitglieder, Kinder- und Jugendarbeit mit den folgenden Einrichtungen:

Beratungsstellen, Fachkliniken, Reha-Häuser, Familien- und Ferienheime

Außerdem gehört dazu ein Fachverlag mit angeschlossener Versandbuchhandlung (gleiche Adresse wie oben). Dort können Sie beispielsweise die folgenden Unterlagen kostenlos anfordern:

– Verlagsverzeichnis des Blaukreuz-Verlages
– Liste über Poster und Schautafeln zum Suchtproblem
– Liste über bunte Aufkleber des Blauen Kreuzes
– Fachliteraturlisten SUCHT AKTUELL

(3)

**Bundesversicherungsanstalt für Angestellte**
Dezernat für Presse- und Öffentlichkeitsarbeit
Postfach, Ruhrstr. 2, 10709 Berlin
Tel.: 0 30/86 51

(4)

**Bundeszentrale für Gesundheitliche Aufklärung**
Ostmerheimer Str. 200, 51109 Köln
Fax: 8 99 23 00, Tel.: 02 21/8 99 21

(5)

**Bundesministerium für Gesundheit**
Am Probsthof 78 A, 53121 Bonn
Tel.: 02 28/9 41-0, Fax: 02 28/9 41-49 00

**BM für Familie und Senioren**
Godesberger Allee 140, 53175 Bonn
Tel.: 02 28/3 06-0, Fax: 02 28/3 06-22 59

**BM für Frauen und Jugend**
Kennedyallee 105–107, 53175 Bonn
Tel.: 02 28/9 30-0, Fax: 02 28/9 30-22 21

(6)
**Bund gegen Alkohol im Straßenverkehr e.V.**
Bundesgeschäftsstelle
Alsterchaussee 17, 20149 Hamburg
Tel.: 0 40/44 07 16

(7)
**Arbeitskreis Alkohol**
Bundesverband der Deutschen Spirituosen-Industrie
Urstadtstr. 2, 53129 Bonn
Tel.: 02 28/23 80 61

(8)
**Deutsche Hauptstelle gegen die Suchtgefahren**
**(DHS)**
Westring 2, 59065 Hamm
Tel.: 0 23 81/90 15-0, Fax: 15 331

(9)
**Deutscher Caritasverband e.V.**
Referat Gefährdetenhilfe/Suchtkrankenhilfe
Karlstr. 40, 79104 Freiburg
Tel.: 07 61/20 00

(10)
**Katholische Sozialethische Arbeitsstelle**
Ostenallee 80, 59071 Hamm
Tel.: 0 23 81/98 02 00

(11)
**Kreuzbund e.V.**
Selbsthilfeorganisation und Helfergemeinschaft für
Suchtkranke
Münsterstr. 21, 59065 Hamm
Tel.: 0 23 81/67 27 20

(12)
**Gesamtverband für Suchtkrankenhilfe**
**im Diakonischen Werk**
**der Evangelischen Kirche in Deutschland e.V.**
Kurt-Schumacher-Str. 2, 34117 Kassel
Tel.: 05 61/10 95 70

(13)

**Blaues Kreuz in der Evangelischen Kirche e.V.**
Kanalufer 48, 24678 Rendsburg
Tel.: 0 43 31/59 30

(14)

**Bundesarbeitsgemeinschaft der Freundeskreise**
Kurt-Schumacher-Str. 2, 34117 Kassel
Tel.: 05 61/78 04 13

(15)

**Deutscher Guttempler-Orden (I.O.G.T.) e.V.**
Adenauerallee 45, 20097 Hamburg
Tel.: 0 40/24 58 80

(16)

**Anonyme Alkoholiker (AA)**
Postfach 422/10 04 22, Landwehrstr. 9, 80336 München
Tel.: 0 89/55 56 85

(17)

**Verband ambulanter Beratungs- und Behandlungsstellen für Suchtkranke/Drogenabhängige e.V.**
Karlstr. 40, 79104 Freiburg
Tel.: 07 61/20 03 03, Zentrale 2000

(18)

**Verband der Fachkrankenhäuser für Suchtkranke**
Kurt-Schumacher-Str. 2, 34117 Kassel
Tel.: 05 61/77 93 51

(19)

**Deutscher Paritätischer Wohlfahrtsverband**
Referat Gefährdetenhilfe
Heinrich-Hoffmann-Str. 3, 60528 Frankfurt
Tel.: 0 69/6 70 60

(20)

**Arbeiterwohlfahrt**
Bundesverband
Oppelner Str. 130, 53119 Bonn
Tel.: 02 28/6 68 51 69

(21)

**Fachverband Drogen und Rauschmittel (FDR)**
Brüderstr. 46, 30159 Hannover
Tel.: 05 11/1 31 64 74

(22)

**Arbeitsgemeinschaft der deutschen Abstinenzverbände (AGAV)**

Heilbronner Str. 180, 70191 Stuttgart

Tel.: 07 11/16 56-1 63

(23)

**Landesstelle gegen die Suchtgefahren in Baden-Württemberg der Liga der freien Wohlfahrtspflege**

Augustenstr. 63, 70178 Stuttgart

Tel.: 07 11/61 96 70

(24)

**Badischer Landesverband gegen die Suchtgefahren**

Renchtalstr. 14, 77871 Renchen

Tel: 0 78 43/7 03 40

(25)

**Bayerische Landesstelle gegen die Suchtgefahren**

Lessingstr. 1, 80336 München

Tel.: 0 89/53 65 15

(26)

**Landesstelle Berlin gegen die Suchtgefahren e.V.**

Gierkezeile 39, 10585 Berlin

Tel.: 0 30/3 48 00 90

(27)

**Bremische Landesstelle gegen die Suchtgefahren e.V.**

Lessingstr. 9, 28203 Bremen

Tel.: 04 21/40 27 67

(28)

**Hamburgische Landesstelle gegen die Suchtgefahren e.V.**

Brennerstr. 90, 20099 Hamburg

Tel.: 0 40/2 80 38 11

(29)

**Hessische Landesstelle gegen die Suchtgefahren e.V.**

Metzlerstr. 34, 60594 Frankfurt a. M.

Tel.: 0 69/61 60 92

(30)

**Niedersächsische Landesstelle
gegen die Suchtgefahren e.V.**
Leisewitzstr. 26, 30175 Hannover
Tel.: 05 11/85 20 68

(31)

**Landesstelle gegen die Suchtgefahren
in Rheinland-Pfalz**
Sichelstr. 10–12, 54290 Trier
Tel.: 06 51/71 93-58

(32)

**Saarländische Landesstelle
gegen die Suchtgefahren**
Feldmannstr. 92, 66119 Saarbrücken
Tel.: 06 81/5 30 89

(33)

**Landesstelle gegen die Suchtgefahren
für Schleswig-Holstein e.V.**
Schauenberger Str. 36, 24105 Kiel
Tel.: 04 31/56 47 70

(34)

**Arbeitsausschuß ›Drogen und Sucht‹
in Nordrhein-Westfalen**
Friesenring 34, 48147 Münster
Tel.: 02 51/2 70 92 72

# Publizistische Angebote

Bücher:

*Christians, Robert*
**Suchtprobleme in der Arbeitswelt**
Neuland Verlag, 1992, 16 Seiten, DM 3,50

*Doll, Antje*
**Endlich reden – Frauen von alkoholabhängigen Männern berichten**
Serie Piper Frauen, 1992, 129 Seiten, DM 12,80

*Feuerlein, Wilhelm*
**Alkoholismus, Mißbrauch und Abhängigkeit**
**Entstehung – Folgen – Therapie**
Georg Thieme Verlag, Stuttgart 1989, 329 Seiten,
DM 24,80

*Geisbühl, Wolfgang (Hrsg.)*
**Alkohol- und Medikamentenprobleme am Arbeitsplatz**
Neuland Verlag, 1991, 138 Seiten, DM 29,80

*Harsch, Helmut*
**Hilfe für Alkoholiker und andere Drogenabhängige**
Verlag Kaiser, 1991, 240 Seiten, DM 32,–

*Herhaus, Ernst*
**Kapitulation – Aufgang einer Krankheit**
Diogenes Taschenbuch Verlag, 1986, 368 Seiten,
DM 16,80

*Hexel, Dietmar; Löffert, Karl*
**Alkoholmißbrauch am Arbeitsplatz**
Helfen statt Disziplinieren
Bund-Verlag GmbH, Köln, 1983, 144 Seiten, DM 12,80

*Hrsg.: Deutsche Hauptstelle gegen die Suchtgefahren*
**Jahrbuch Sucht'93**
Zur Frage der Suchtgefahren mit sämtlichen Namen
und Anschriften aus dem Suchtbereich
Neuland-Verlagsgesellschaft mbH, Geesthacht, 1992,
256 Seiten, DM 19,80

*Katz, Fritz; Dittmar, Bertram; Klement, Heinz*
**Alkoholismus – Hilfe ist möglich!**
Blaukreuz-Verlag, 1992, 60 Seiten, DM 8,80

*Keil, Winfried u. a.*
**Alkohol am Arbeitsplatz**
Fachhochschul-Verlag, Frankfurt/M., 1992, DM 18,–

*Krause, Gerhard*
**Alkoholismus**
rororo, 1991, 190 Seiten, DM 9,80

*Langner, Doris*
**Alkohol am Arbeitsplatz**
Ein Beispiel medizinischer Prävention im Industriebetrieb
Hartung-Gorre Verlag, 1989, 120 Seiten, DM 29,80

*Mühlbauer, Hellmut*
**Kollege Alkohol – Betreuung alkoholgefährdeter Mitarbeiter**
Kösel-Verlag, 1992, 168 Seiten, DM 28,–

*Schied, Hans-Werner; Heimann, Hans; Mayer, Klaus (Hrsg.)*
**Der chronische Alkoholismus**
Gustav-Fischer-Verlag, 1989, 320 Seiten, DM 76,–

*Schultze, Stephan*
**Alkohol und Alkoholismus aus arbeitsrechtlicher Sicht**
Concare Verlag, 1990, 108 Seiten, DM 24,80

*Werner, A.*
**Wege weg vom Alkohol**
Econ-Verlag, 1992, 216 Seiten, DM 12,80

*Werner, Gunda*
**Teufels Zeug – Stationen einer Trinkerin**
Serie Piper Frauen, 1993, 140 Seiten, DM 12,90

*Zocker, Horst*
**betrifft: Anonyme Alkoholiker**
Selbsthilfe gegen die Sucht
Beck'sche Reihe München 1989, 152 Seiten, DM 14,80

Die Deutsche Hauptstelle gegen die Suchtgefahren e. V.
(DHS)
Westring 2, 59065 Hamm,
Tel.: 0 23 81/90 15-13 (Durchwahl)
Die Deutsche Hauptstelle gegen die Suchtgefahren e. V.
stellt umfangreiche und gut recherchierte **Litaratur-
listen zu besonderen Schwerpunktthemen** auf An-
forderung zusammen.

Periodika:

**Blaues Kreuz/Rettung füreinander – Blaues Kreuz
in Deutschland e. V.**
Freiliggrathstraße 27, 42289 Wuppertal
Tel.: 02 02/6 20 03 60, Fax: 02 02/6 20 02 81

**Blutalkohol – Bund gegen Alkohol im Straßenver-
kehr e. V.**
Alsterchaussee 17, 20149 Hamburg
Tel.: 0 40/44 07 16, Fax: 0 40/4 10 76 16

**DHS-Infodienst – Deutsche Hauptstelle gegen die
Suchtgefahren**
Westring 2, 59065 Hamm
Tel.: 0 23 81/9 01 50, Fax: 0 23 81/1 53 31

**drogen-report/aids-informationen, Verband Freier
Einrichtungen in der Suchtarbeit**
Königstraße 12, 90402 Nürnberg
Tel.: 09 11/22 27 77, Fax: 09 11/22 77 22

**Guttempler – Deutscher Guttempler-Orden (IOGT)
e. V.**
Adenauerallee 45, 20097 Hamburg
Tel.: 0 40/24 58 80, Fax: 0 40/24 14 30

**Partner-Magazin – Gesamtverband für Suchtkran-
kenhilfe im Diakonischen Werk der evangelischen
Kirche in Deutschland**
Kurt-Schumacher-Straße 2, 34117 Kassel
Tel.: 05 61/10 26 38, Fax: 05 61/77 83 51

**Pressespiegel ›Drogen und Sucht‹ – Archiv für
Sozialpolitik**
Brönnerstraße 9, 60313 Frankfurt
Tel.: 0 69/29 67 97, Fax: 0 69/28 91 81

Eine in der Arbeit mit Suchtpatienten erfolgreiche Klinik ist die Klinik Bad Herrenalb, Fachklinik für psychosomatische Medizin
Kurpromenade 42, 76332 Bad Herrenalb
Tel.: 0 70 83/50 90, Fax: 0 70 83/50 96 06

Die Obernberg-Kliniken für psychosomatische Medizin, Ltg.: Prof. Dr. Gottschaldt
Süd: Obernberg 1, 78132 Hornberg
Tel.: 0 78 33/7 7 92-0, Fax: 0 78 33/92-8 25
Nord: Brede 29, 32699 Extertal/Laßbruch
Tel.: 0 57 54/87-0, Fax: 0 57 54/87-2 31

In jeder regionalen Tageszeitung sind außerdem die Termine und Adressen der örtlichen AA-Gruppen (Anonyme Alkoholiker, u. a.) zu finden. Bundesweit wird es in naher Zukunft eine einheitliche Telefonnummer geben (1 92 37), die den Kontakt zu Drogenberatungsstellen ermöglicht.

In den überregionalen Tages- und Wochenzeitungen beachten Sie die Rubriken »Ärztlich geleitete Sanatorien und Kliniken«.

**SUCHT-Zeitschrift für Wissenschaft und Praxis – Deutsche Hauptstelle gegen Suchtgefahren**
Westring 2, 59065 Hamm
Tel: 0 23 81/9 01 50, Fax: 0 23 81/1 53 31

**SuchtReport – Synonym**
Bernburger Straße 10, 10963 Berlin
Tel.: 0 30/25 00 01 70, Fax: 0 30/25 00 01 73

Broschüren:

**Bundeszentrale für gesundheitliche Aufklärung**
Ostmerheimer Straße 200, 51109 Köln
Tel.: 02 21/8 99 21, Fax: 02 21/8 99 23 00

hält zur Zeit folgende aktuelle Informationen bereit:

**Materialien zur Suchtprävention**
Bestelliste u. a. mit folgenden Angeboten:

**Unsere Kinder frei von Drogen?**
Broschüre; Hinweise und Hilfen zur vorbeugenden Drogenerziehung

274

**Infoset Jugend & Drogen**
Arbeitshilfe für Mitarbeiter aus der Jugendarbeit, u. a.
mit einem Lexikon mit den wichtigsten Begriffen aus
dem Feld der Suchtprävention, Beispiele für suchtvor-
beugende Projekte, Spiele und Aktionen

**FORUM 90, Neue Wege der Suchtprävention**
Dokumentation über Projektmesse in Nürnberg mit
neuen Perspektiven zur Weiterentwicklung der Suchtprävention

**Kinder stark machen**
Informationsmappe mit Poster-Set für alle Erwachsene,
die Kinder und Jugendliche betreuen

**Ein Angebot an alle, die einem nahestehenden
Menschen helfen wollen**
Broschüre über Abhängigkeit von Alkohol, Medika-
menten, illegalen Drogen, Nikotin

**»Sucht-Vorbeugung« gegen legale und illegale Dro-
gen**
Presse-Info, Informationsmaterial zu neuen TV- und
Kino-Spots

weitere Broschüren:

**Mit Promille im Straßenverkehr?**
Deutscher Verkehrssicherheitsrat e. V.

**Sucht und Drogen**
Hrsg.: Deutsche Hauptstelle
gegen die Suchtgefahren e. V. (DHS)
Westring 2, 59065 Hamm
Tel.: 0 23 81/90 15-0

**Alkoholismus**
Eine Information für Ärzte
Hrsg.: Deutsche Hauptstelle
gegen die Suchtgefahren e. V. (DHS)

**Frau sucht Gesundheit**
Ich will da raus! . . . aber wohin?
Die Bewältigung der Krankheit Sucht . . . aber wie?
Das Angebot der Suchtkrankenhilfe
Hrsg.: Deutsche Hauptstelle
gegen die Suchtgefahren e. V. (DHS)

**Frau sucht Gesundheit**
Frau sucht Liebe
»Co-Abhängigkeit« und »Beziehungssucht«
Hrsg.: Deutsche Hauptstelle
gegen die Suchtgefahren e. V. (DHS)

Therapieangebote:

Informationen zu unterschiedlichen Therapieangeboten
und Adressen von Kliniken (Broschüre: *Drogenbera-
tung – wo,* kostenlos) sind zu erhalten über:

**Deutsche Hauptstelle**
**gegen die Suchtgefahren e. V. (DHS)**
Westring 2, 59065 Hamm
Tel.: 0 23 81/9 01 50, Fax: 0 23 81/1 53 31

**Bundeszentrale für gesundheitliche Aufklärung**
Ostmerheimer Straße 200, 51109 Köln
Tel.: 02 21/8 99 21, Fax: 02 21/8 99 23 00

Psychotherapeutische Angebote für die Entwicklung
der eigenen Potentiale, um selbst die Lösung aus dem
Alkoholproblem zu finden, vermittelt bundesweit das

Milton-Erikson-Institut, Im Weiler 12, 69121 Heidelberg,
Tel.: 0 62 21/41 09 41

Weitere bundesweite Adressen für Therapieangebote in
Wohnortnähe vermitteln die Zentralen:

AA, Anonyme Alkoholiker, Postfach 460 227,
80336 München, Tel.: 0 89/55 56 85

Al-Anon Familiengruppen, Zentrales Dienstbüro
Emilienstraße 4, 45128 Essen, Tel.: 02 01/77 30 07

# Stichwortverzeichnis